성경과 영적 체험

서사라 목사의 신학평가

하늘빛출판사

성경과 영적 체험

초판 인쇄   2021년 11월 03일
초판 발행   2021년 11월 11일

저 자   권호덕 외 2인
발 행   최 성 열
펴낸곳   하늘빛출판사
출판등록   제 251-2011-38호
주   소   충북 진천군 진천읍 중앙동로 16
연 락 처   010-2284-3007
이 메 일   csr1173@hanmail.net
ISBN   979-11-87175-27-8   (03230)
가   격   값 18,000원

차 례

발 간 사

강 영 철 목사(Ph.D.)

(서울 동노회 노회장)

　서사라 목사의 '천국과 지옥 간증 수기'는 신학 가운데 가장 기대하는 곳까지 성도를 인도해 주며 서사라 목사는 신앙을 점검할 수 있게 해 주는 특별한 은사를 갖고 있습니다.

　그는 대한예수교장로회 대신총회 서울동노회 주님의사랑교회 담임목사이며 교단의 신학을 존중하며 따르기로 고백하여 절차를 거쳐 가입하였습니다.

　천국·지옥 영적 체험의 간증 수기는 하나님의 다양성이며 무한성으로 하나님의 일하시는 현장이며 객관성을 띠기 위하여 그 체험이 성경적이어야 하며 또한 신학적으로 옳고 그름의 판단도 필요하지만, 이 모든 것이 하나님의 영광을 위하여 이루어져야 합니다.

　천국과 지옥에 대한 간증과 그의 성경해석이 정통 기독교회의 주장과 일치하는지 간담회 및 논문 발표회 세미나를 통하여 서사라 목사의 신학 사상에 대해 여러 가지 의견을 나누며, 계속해서 보완했습니다.

　'성경과 영적체험'이라는 제목으로 발간된 서사라 목사 신학평가에 대한 포럼논문집은 서사라 목사의 간증과 성경해석을 개혁신학적으로 평가하는데 초점이 맞추어졌습니다. 조직신학 주제로 국내외 유명한 신학자가 참여하였습니다.

　특별히 서울동노회가;

"서사라 목사는 성경 66권을 하나님의 정확 무오(無誤)한 말씀임을 믿는다. 서사라 목사는 유일하신 삼위일체 하나님을 믿는다. 서사라 목사가 본 천국과 지옥에 대한 간증은 하나님이 한 개인에게 보여준 것으로, 성경의 계시를 이해하는 데 도움을 준다. 성경에 묘사되지 않는 천국 지옥에 대한 서사라 목사의 증거는 개인의 체험으로서 많은 사람을 회개시켜 구원받게 하는 데 목적이 있다. 서사라 목사는 자기가 본 내용을 절대화하지 않는다. 그 이유는 하나님은 어떤 사람에게 새로운 것을 보여주실 때 각 사람 은사와 세계관을 고려하시기 때문이다. 서사라 목사는 자신이 본 천국과 지옥을 하나님의 말씀을 증거하는 도움 자료로 사용할 뿐이다. 서사라 목사의 천국과 지옥에 대한 간증과 그의 성경해석에 관한 내용은 필요할 경우 공개적인 학술적인 논의 대상으로 삼을 것이다."

라는 선언문을 채택하였습니다.

끝으로 하나님의 다양성이며 무한성으로 하나님의 일하시는 현장이며 객관성을 띠기 위하여 성경과 신학적으로 정리를 해 주신 교수님들과 서울동노회 신학위원회에 감사를 돌리며 모든 것을 하나님께 영광을 드립니다.

2021년 10월 20일

추 천 사

구 문 회 목사
(예장대신교단 증경총회장)

"나의 달려갈 길과 주 예수께 받은 사명 곧 하나님의 은혜의 복음 증
거하는 일을 마치려 함에는 나의 생명을 조금도 귀한 것으로 여기지
아니하노라."(행 20:24)

사도 바울은 하나님의 은혜의 복음을 전하는 일을 마치려 함에는 그의
생명을 조금도 귀한 것으로 생각하지 않았다.

사도 바울은 또한 빌립보서 3장에서 "7그러나 무엇이든지 내게 유익하
던 것을 내가 그리스도를 위하여 다 해로 여길뿐더러 8또한 모든 것을 해
로 여김은 내 주 그리스도 예수를 아는 지식이 가장 고상함을 인함이라 내
가 그를 위하여 모든 것을 잃어버리고 배설물로 여김은 그리스도를 얻고
그러나 무엇이든지 내게 유익하던 것을 내가 그리스도를 위하여 다 해로
여길뿐더러 예수 그리스도를 아는 지식이 가장 고상하다"고 하였고 그는
이것을 얻기 위하여 다른 모든 것들은 배설물로 여긴다고 했다.

사도 바울은 이 지상에 있을 때에 천상인 삼층천을 다녀온 사람이다. 이
렇듯이 서사라 목사님도 사도 바울 선생과 같이 세상적으로는 많은 학문을
공부하였으나 하나님께서 부르셔서 지금까지 오직 그 나라와 그의 의를 구
하면서 달려온 인생이다. 그러한 가운데 하나님께서 은혜로 천국과 지옥을
보게 하여 주셔서 천국지옥 간증수기 8권을 성경을 바탕으로 써내었다.

특별히 서사라 목사는 그의 간증 수기 전체를 통하여 주님 다시 오심을

대비하여 우리가 철저한 회개로 예복을 입고 기름등불을 준비하고 있어야 한다고 강조하고 있으며 또한 특히 이 마지막 시대에는 계시록 7장에서 나오는 하나님의 종들의 이마에 하나님의 인을 맞아야 첫째부활에 들어간다고 강조하고 있다. 또한 서 목사님은 크리스천이면서 신앙생활을 잘못하면 성밖으로 쫓겨난다(계 22:14-15)는 사실을 말하고 있으며 믿음으로 구원을 받은 후에 하나님의 말씀으로 잘 살아야 성안으로 들어간다고 전하고 있다.

이에 대하여 작년에 국내 유수한 신학자들이 대거 참가하여 서사라 목사의 8권의 저서에 대한 신학포럼을 열고 각자 논문주제에 대하여 연구한 결과 『성경해석의 새지평』이라는 책을 출간하게 되었다. 그들의 결론은 서사라 목사님은 하나님 앞에 참으로 충성된 종이며 그리고 그가 쓴 간증수기들은 지극히 성경적이라는 것이었다.

이번에도 몇몇 유명한 신학 교수들이 서사라 목사의 저서에 나타난 교리에 대한 신학사상을 평가하여 『성경과 영적체험』이라는 책이 나오게 되었다. 이전에 나온 책 『성경해석의 새지평』이라는 책도 그러하지만 이번에 나온 『성경과 영적체험』이라는 책은 여태까지의 우리의 신학에 있어서 신선한 새로운 도전을 주는 책으로서 많은 지금까지의 있어온 신학에 새로운 발전을 도모하는 계기가 될 것임을 확신하는 바이다.

2021년 10월 27일

추 천 사

강 문 호 목사
(충주 봉쇄수도원 원장)

축하합니다.

서사라 목사님에 대한 책이 출판됩니다. 서사라 목사님이 저술한 책이
아니라 서 목사님에 대한 일종의 평가서입니다.

큰 나무는 바람 잘 날이 없습니다. 반대로 바람 잘 날이 없는 나무는 큰
나무입니다. 서 목사님을 좋아하는 사람은 생명 걸고 좋아합니다. 서 목사
님이 바람을 많이 타는 것은 큰 나무라는 증거입니다. 싫어하는 사람은 극
단적으로 부정적인 평가를 합니다. 나는 가까이에서 서 목사님을 보아왔습
니다. 그에 대하여 나는 이런 생각을 합니다.

1. 서 목사님은 성경의 사람입니다.

성경 66권 전체를 정확무오한 하나님의 말씀으로 고백하고 있습니다.
우리가 보편적으로 알고 있는 해석과 다른 해석을 할지라도 잘못됨을 알려
주면 언제든지 수정할 수 있는 공간이 있습니다. 성경을 성경으로 해석하
려고 발버둥치고 있습니다.

2. 서 목사님은 남다른 체험의 사람입니다.

나는 서 목사님을 옆에서 보면서 하나님은 인간차별하시는 것같은 서운
함을 느낄 때가 있습니다. 우리가 체험하지 못하는 엄청난 특별한 체험을
주셨습니다. 지극히 개인적인 체험이지만 많은 이들에게 감동을 줍니다.
서 목사님에게는 하나님이 만져 주신 하나님의 특별한 지문이 있습니다.

3. 서 목사님은 전파의 사람입니다.

그의 특별한 설교는 많은 사람들을 하나님 곁으로 이끌고 있습니다. 언

어의 연금술을 하나님으로부터 부여받았습니다. 서 목사님은 우리가 가보지 못한 미지의 세계로 우리를 인도하여 주고 있습니다. 그의 설교를 듣고 잘못된 사람은 한 사람도 없습니다. 그의 설교를 듣고 나면 새로워지고, 헌신자가 되고, 더 진한 그리스도의 향기를 품어 내게 됩니다. 나무는 열매를 보아 알 수 있습니다.

서 목사님!
응원합니다. 본질로만 전진하십시오. 이 책은 서 목사님에게 최고의 응원 함성입니다. 최고의 학자들이 성경적으로, 학문적으로, 잘 정리한 책입니다.

거친 파도는 사공을 유능하게 합니다.
사랑만으로 성장할 수 없습니다.
물은 길이 없다고 멈추지 않습니다.
방향이 속도보다 중요합니다.
꿈은 꿈꾸는 자를 가혹하게 합니다.
장수는 전쟁터에서 죽어야 합니다.
무지개를 보려면 비를 맞아야 합니다.
1000번 흔들려야 어른이 됩니다.
과정이 힘들면 결과는 아름답습니다.
하나님은 실패자는 안아주시지만 포기자는 버리십니다.

이 책을 손에 들고 또 다음 책을 기다립니다.
여기에서 멈추지 마시고 더 깊이, 더 높이, 더 넓게 그리고 더 많이 일하십시오. 빨리 가려면 혼자 가고 멀리 가려면 같이 갑니다. 우리 같이 멀리 가기를 기대합니다.

2021년 10월 30일

기조강연

성경과 영적 체험

권 호 덕 교수

지난해 '제 1차 한미신학포럼'이 사단법인 '기독교국제선교협회'의 주체로 종로 5가에 있는 '한국기독교회관'에서 열렸다. 그때 발제자들은 서사라 목사 저서에서 각기 한 가지 주제를 취하여 논문을 발표했다. 이 포럼의 목적은 서사라 목사의 간증 내용과 선교활동, 그녀의 가르침을 신학적으로 평가하기 위함에 있었다. 신학자는 교회와 교회 주위의 상황에 대해 해석하여 성도들에게 바른길로 가는 로드맵을 제공하는 의무가 주어져 있기 때문이다.

그 후에 일어난, 이에 대한 반응은 매우 다양했었다. 더러는 매우 비난하듯이 발제자들을 함부로 짓밟는 듯이 비판하는가 하면, 더러는 비판하되 이 포럼에 발표된 논문들을 제대로 이해하지도 못하거나 곡해하여, 쉽게 받아들일 수 없는 비판을 했다. 학문 활동에는 비판이 반드시 따르게 되어 있다. 이런 비판이 없이는 학문은 발전할 수 없기 때문이다. 그런데 이런 상식에 어긋난 비판들은 정당한 비판인가 하는 것이다. 비판에는 반드시 판단의 기준이 있다. 따라서 비판자들은 자신의 비판 기준이 무엇인지 생각해 봐야 한다. 매우 나이브한 비난자들은 성경이 자기들의 판단 기준이라고 말할 것이다. 그러면 그 성경을 어떤 주석방법으로 해석했는가 하는 질문에 대답해야 할 것이다.

더러는 유튜브에서 학문적인 차원에서 비판하는 것을 보았다. 뭐 그럴수도 있을 것이다. 나의 질문은 그 사람은 무슨 신학적인 기준으로 그렇게 판단하는가 하는 것이다. 학문적인 비판을 하고 싶다면 신학포럼에 연락해서 공개적인 질의를 하며 당사자의 대답을 듣고 판단을 내리는 것이 온당할 것이다. 상대방이 대답도 할 수 없는 상황에서 일방적으로 비판하는 경우 시청자들은 왜곡되게 이해하고 발제자를 오해할 것이다.

필자가 보기에는 한국교회는 이제 복음이 이 땅에 들어온 이후에 사용하여 온 여러 신학에 대해 전반적으로 반추(反芻)하며 그 잘잘못을 따져봐야 할 시기가 된 것으로 보인다. 독일 개혁교회 에써(H.H. Esser) 교수는 오래 전에 한국의 보수측 신학교와 진보측 신학교 모두 각각 자기 이념(理念)에 사로잡혀 있다고 걱정하는 것을 들어본 적이 있다. 누구든지 하나의 이념에 사로잡히면 결국 인본주의로 전락하는 것이다.

한국 보수신학의 결정적인 약점은 옛날에 형성된 신학에 대하여 엄격히 반성하는 일에 매우 미흡하다는 것이다. 이들에게 과거의 유명 신학자는 비판에서 제외 된 채, 거의 절대적인 위치를 갖는 바, 기존의 신학에 대한 반성이나 자체 정화는 거의 불가능하다.

그런데 독일신학의 장점 중에 하나는 기존의 신학에 대한 공적 비판과 자체 반성, 정화(淨化)작용이 가능한 것이다. 진보신학 역시 서구의 유명 신학자들을 인용하되 상당히 아전인수(我田引水)적 이라는 비판을 면할수 없을 것이다. 다행히 최근 한국교회의 신학 풍토는, 몇몇 극단적인 보수 교회를 제외하고는 점차 이런 오류에서 벗어나는 경향으로 가는 것이다.

놀랍게도 한국교회는 사실 아직도 16세기 종교개혁운동의 핵심 역할을 한 구원론에 매몰되어 있다는 인상을 받는다. 물론 구원론은 기독인들에게 매우 중요한 주제(主題)로 보인다. 하나님이 설정하신 구원 방법대로 살지 않으면 우리의 구원이 성립될 수 없기 때문이다. 문제는 여기에 관심을 집중한 나머지, 성경이 가르치는 종말론에 관심을 가지지 않는다는 것이다. 아마 칼빈이 요한계시록 주석을 쓰지 않았다는 이유 때문인지도 모른다.

지금은 종교개혁의 주제인 구원론을 넘어서 종말론에 눈길을 줄 때로 보인다. 기존의 몇 가지 천년왕국설의 주장에 문제가 없는지 그리고 그것들이 교회에 과연 도움이 되는지 점검할 시기가 되었다고 본다. 구약의 예언서나 요한계시록 가운데 연구하기를 꺼리는 부분을 주석하되 기존 주석가들의 주장에 함몰되지 않고, 문제가 되는 성경 구절들을 보다 더 문법적으로 그리고 역사적으로 주석하며 때의 징조를 주목하는 일이 절실히 요망된다.

2021년도 한미신학포럼은 대신측 '서울동노회' 주체로 개최되었다. 이번 포럼은 '우한 코로나 팬데믹'으로 인해 발제 없이 발제자들의 논문들을 모아 점검하고 발간하는 것으로 대체(代替)하게 되었다. 이번 포럼의 전체 주제는 "성경과 영적 체험"으로 선택했다. 지금 수많은 영적 체험자들이 여러 가지 매체를 통해 나름대로 자기들이 본 것을 증거한다. 문제는 이런 증거들이 과연 성경의 증거와 어울리는가 하는 것이다.

이번에 조상열 박사는 서사라 목사가 가르치는 원죄론을 신학적으로 평가내리는 논문을 썼고, 서요한 박사는 그녀가 자기 저서에서 인용하는 성경 구절들이 과연 어울리는 것인지 점검하는 논문을 썼다, 그리고 본 필자는 그녀가 가르치는 삼위일체론이 성경적으로 맞는 것인지 점검하는 논문 등 4편이 발표되었다. 이 논문들은 서 목사의 가르침이나 간증에 대해 상당히 객관적인 평가를 내린 것 같다. 그녀의 한계와 공헌을 잘 규명해 주는 것 같다. 그리고 앞으로 더 객관적인 평가를 내리는 논문들이 나오길 기대한다. 그리고 바라기는 여러 독자들의 비난조의 비판이 아니라 객관적이고 정당하고 생산적인 비판하기를 기대해 본다.

2021. 10. 25

제1논문

서사라 목사의 원죄론 연구

조 상 열 교수

목차

서사라 목사의 원죄론 연구

조 상 열 교수

논문 요약

본 논문은 서사라 목사의 간증수기에서 다뤄진 그의 원죄 해석을 분석하고 그 신학적 성경적 타당성을 살펴보는 목적을 가지고 있다. 원죄론은 창조론과 더불어 가장 근원적인 역사 단계에서 발생한 사건을 근거로 한 이론으로 많은 해석자들이 관심을 두고 논의해온 기독교 신학이다. 서사라 목사는 그의 간증 수기에서 하와가 선악과를 먹었을 때 그는 자기의 죄성을 그 즉시 인지하게 되었다고 말한다. 인간에게 죄성이 생겨나게 된 결정적인 계기가 된 이 사건은 인류 역사의 처음과 마지막을 장식하는 전체 주제의 핵심이다. 따라서 원죄 이야기는 일반적인 에피소드로 치부될 것이 아닌, 성경의 처음과 끝을 관통하는 핵심 주제를 담고 있는 이야기로 전제하고 해석해야 할 것이다.

원죄에 대한 서사라 목사의 기본적인 이해는 아담과 하와가 선악과를 먹은 사건을 계기로 사람들이 선악을 스스로 판단하여 시비를 따져 다른 사람을 정죄함으로 인간의 원죄가 인류에 고착화되었으며 이후 그리스도를 통해 인류가 그 죄성을 해결할 수 있게 되었다고 보는 것이다. 이렇게 서사라 목사는 원죄 이야기를 성경의 핵심 주제로 여기고 있다. 이에 본 논문은 서사라 목사의 간증 수기에 나타난 원죄에 대한 그의 견해를 재구성하고, 관련 성경 구절을 분석, 고대 근동의 종주-봉신 조약과 비교함으로써 그의 원죄론의 타당성을 연구하고 있다.

중요 단어: 아담, 하와, 선악과, 원죄, 종주봉신조약, 양단법, 서사라

1. 들어가는 말

인간의 죄 개념은 창세기 낙원 기사의 기본 주제이다. 창세기 2-3장을 근거로, 선악과 사건을 통해 인간이 하나님과 분리되어 죄를 짓는 성향을 갖게 되었다는 원죄론은 바울을 통해 그리스도의 구원론과 연결되어 더 논리화되었고, 어거스틴(Augustine) 이래로 많은 해석자들이 관심을 갖고 논의해온 핵심적인 기독교 신학중의 하나이다. 17세기 영국 청교도 시인인 존 밀턴(John Milton)은 열두 권으로 구성된 그의 서사시인 '실낙원' (Paradise Lost, 1667)을 통해 아담과 하와의 원죄 이야기를 시적으로 재해석하였으며 이 작품에서 밀턴은 하와가 아담에게 선악과를 먹도록 권유한 이유를, 하와 자신이 죄로 인해 죽게 된 후 아담이 홀로 남게 되면 그가 새 여자와 살게 될 것을 질투하였기 때문인 것으로 묘사하였다. 짧은 길이의 본문에 대해 상상력을 동원한 다양한 해석이 존재할 수 있다. 반면 서사라 목사는 그의 간증 수기에서 하와가 선악과를 먹었을 때 그는 자기의 죄성(罪性)을 그 즉시 인지하게 되었다고 말한다. 그래서 하와가 선악과를 먹으면 반드시 죽게 된다는 하나님의 말씀을 기억하고, 혼자 죽는 것이 두려워 아담이 선악과를 먹도록 유혹했다고 설명한다.

> 하와는 그 선악과를 먹은 즉시 자신에게 일어나는 변화 즉 죄성이 없다가 갑자기 생겨난 죄성을 스스로 감지할 수 있었다.[1]

서사라 목사는 하와가 아담에게 하나님이 선악과를 먹으면 죽게 될 거라고 하였지만 자신은 죽지 않았으니 뱀의 말처럼 선악과를 먹어도 죽지 않고 오히려 하나님처럼 눈이 밝아져 선악을 알게 된다고 하며 유혹하였

---

1) 서사라, 『천국과 지옥 간증 수기 3: 성경편 제1권 - 창세기』 (수원: 하늘빛출판사, 2015), 33. 서사라는 물에 빠져 몸이 젖듯이, 하와가 죄를 범한 즉시 그가 이전에 없던 죄를 짓게 하는 마음, 즉 죄성을 입게 되었다고 말한다(ibid.).

다고 말한다.2) 즉 그는 여자가 먼저 범죄하여 죄성을 입고 의도적인 거짓
말로 남자의 범죄를 유도해 그를 공범으로 만들었으니 여자의 죄가 더 크
다고 본 것이다(딤전 2:14).

실낙원 이후 밀턴이 둘째 아담인 그리스도가 사탄을 이기고 인류에게
낙원을 회복시켜준다는 내용의, 네 권으로 구성된 복낙원(*Paradise Regained*,
1671)을 쓴 것처럼, 인간에게 죄성이 생겨나게 된 결정적 계기가 된 이 선
악과 사건은 인류 이야기의 처음(Paradise lost)과 마지막(Paradise regained)
을 장식하는 전체 주제의 핵심일 것이다.3) 따라서 원죄 이야기는 일반적
인 에피소드(episode)로 치부될 것이 아닌, 성경의 처음과 끝을 관통하는
핵심 주제를 담고 있는 이야기로 전제하고 해석해야 할 것이다. 서사라 목
사는 인간의 구원사라는 측면에서 원죄 사건을 처음으로, 그리스도 사건을
끝으로 보며 구약과 신약을 연결하고 있기에 그의 원죄 해석에는 그리스
도가 중요한 해석의 단초로 결부되어 있다. 따라서 그의 원죄론은 구원론
과 밀접하게 연결되어 있다. 이에 본 논문에서는 서사라 목사의 간증 수기
에 나타난 원죄에 대한 그의 견해를 재구성하고, 그의 해석 및 주장과 관
련된 성경 구절을 분석하여 그의 원죄론의 성서학적 타당성을 연구할 것
이다.4) 이전 연구5)에서 하와가 낙원에서 추방당한 후에 그가 자신의 범
죄를 회개하였는지에 관하여 살펴보았다면, 본 연구는 서사라 목사의 해석

---

2) 서사라, *ibid.*

3) 인간 역사의 종말을 예고하는 계시록에서는 아담과 하와의 원죄에 대한 명시적
인 언급은 없지만, 사탄을 '옛뱀'(계 12:9; 20:2)이라고 호칭하고 또한 생명나무(계 2:7;
22:2)를 언급함으로써 창세기 3장의 원죄 사건을 암시하고 있다. 원죄 이야기는 또한 땅
(낙원)의 실토와 회복이라는 성경 주제의 도입부에 해당하기도 하다. 이후 하나님이 아브
라함에게 젖과 꿀이 흐르는 땅(낙원)을 약속해주셨듯이, 인간이 영원히 머물고 안식할 새
땅에 대한 약속은 성경 역사의 큰 주제이며 이것은 인류 회복의 완성으로서 역사의 종말에
나타날 새 하늘과 새 땅(계 21:1)에 대한 약속으로 이어지고 있다.

4) 따라서 본 논문에서는 원죄(peccatum originale)에 대한 교회사적 논쟁 연구는
배제하여 연구를 전개할 것이다.

5) 조상열, "하와의 회개에 관한 연구", in 조상열 외, 『성경해석의 새 지평: 서사
라 목사 저서에 대한 신학적 평가』 (수원: 하늘빛출판사, 2020), 14-36.

을 중심으로 한, 하와에 관한 두 번째 연구로서 이전 연구의 보완적 연구
가 될 것이다.

2. 선악과의 의미 – 범죄의 이유

서사라 목사는 선악과의 의미를 시비를 가리게 하는 나무의 과실로서,
인간이 금지된 그것을 먹음으로써 선악을 스스로 판단하여 시비를 가리는
마음이 생겨, 남을 정죄하는 죄성을 갖게 되었고 그 죄성이 인류에 고착화
된 것으로 보고 있다.

> 뱀이[6] 말한 선악을 알게 하는 나무는 결국 하나님의 입장에서 보는 선과
> 악이 아니라 결국 인간의 자신의 판단에 옳고 그름을 논하게 되는 선과
> 악을 알게 하는 나무였던 것이다. 인간의 판단으로 선과 악을 논한다는 것
> 이 얼마나 잘못된 것인지...[7]

서사라 목사의 이러한 이해는 선악과에 대한 전통적인 해석과 다르지
않다. 그럼 하와는 왜 선악과를 먹었을까. 이는 원죄론 논의에서 먼저 선
행되어야 하는 근원적인 질문일 것이다. 창세기 2:9, 17절에 등장하는 선
악과(עֵץ הַדַּעַת טוֹב וָרָע)는 문자적으로 '선과 악의 지식의 나무'라는 뜻

---

6) 서사라는 사탄이 뱀의 형상으로 나타난 것이 아니라 사탄이 뱀에게 들어가 하
와를 유혹한 것으로 보고 있다. "주님은 이 뱀에게 천하를 꾀는 자 루시퍼가 들어갔음을
알게 하여 주신다. 즉 악한 영이 동물들에게도 들어갈 수 있다는 것이다."(서사라, 『천국과
지옥 간증 수기 3』, 32. 62). 서사라는 사탄이 하나님의 허락을 받고 욥을 시험했듯이(욥
1:6-12), 하나님의 허락 하에 인간이 하나님의 형상대로 얼마나 잘 지어졌는가를 시험하기
위해 사탄이 첫 인류를 유혹했는데, 하나님은 이로 인해 인간이 선악과를 먹게 될 것을 이
미 알고 있었다고 말한다. 이러한 뱀의 유혹은 그리스도에게도 나타나는데(마 4:1-11), 이
것 역시 하나님의 허락 하에 이루어진 것이다(서사라, ibid., 51-55). 더 근원적으로는, 창
세 이전에 인간이 창조되기도 전에 인간이 "사단에게 넘어가 메시야가 올 것을 예언하시고
하는 모든 것들이 하나님의 계획안에 이미 있었다"고 말한다(서사라, ibid., 55-56).

7) 서사라, ibid., 18; cf. 24.

이다. 여기서 '선과 악' (עֶרָ זֹוֹב)은 양단법(兩斷法, merism, merismus) 구
조로 나타나고 있는데, 양단법은 극과 극으로 쌍을 이루는 두 단어로 총체
성 혹은 완전성을 표현하는 문학 기법이다.[8] '하늘과 땅(天地)'을 통해
'온 세상' [9] 혹은 '우주' 를 은유하는 것처럼 히브리어에서는 일반적으로
두 개의 작은 개념을 함께 사용함으로 전체 개념이나 양 혹은 질을 나타
내는 경우가 있는데,[10] 창세기의 '선악'도 그 경우 중 하나이다. 창세기의
'선악'은 일반적으로 양단법으로 간주되지만,[11] 선과 악이라는 두 극단을
통해 정의될 수 있는 '선악'의 정확한 의미는 모호한 것으로 여겨졌다.[12]
구약에서 '선악' 은 본문의 문맥과 연계 어구에 따라 그 어감이 달라질 수
있으나, 창세기 2장의 '선악' 자체는 '옳고 그름의 구별'을 말하는 것으
로,[13] 총체적인 개념인 '정의(justice)'와 '의(righteousness)'를 대체하는 표

---

8) 양단법은 또한 '모든, 매, 항상' 과 같은 추상적 단어를 대체하는 경우에 사용
되며, 한 어구로 조합된 단어들은 상징적 혹은 은유적 의미를 갖기에 양단법 어구를 문자
적으로 해석하면 앞뒤가 맞지 않는 경우가 많다. 그리고 양단법은 양극의 반대되는 단어들
을 사용하지만, 상호 배타성을 가진 동일한 개념의 다른 상(相)을 전체적으로 표현하는데
사용된다: J. Krašovec, "Merism - Polar Expression in Biblical Hebrew", *Biblica* 64
(1983): 232. Also cf. A. M. Honeyman, "Merismus in Biblical Hebrew", *JBL* 71
(1952): 11-18.

9) M. H. Narrowe, "Another Look at the Tree of Good and Evil", *JBQ*
26 (1998): 185.

10) 구약의 다른 양단법 용례를 위해서는 다음을 참고 하라: A. M. Honeyman,
"Merismus in Biblical Hebrew", 11-18.

11) E. Fox, *In the Beginning*: A New English Rendition of the Book of
Genesis - Translated with Commentary and Notes by Everett Fox (New York, NY:
Schocken Books, 1983), 11; M. H. Narrowe, "Another Look at the Tree of Good
and Evil", 184-8.

12) 네로우(M. H. Narrowe, *ibid.*, 184-8)는 여기서 양단법으로 나타나는 선과
악의 의미가 분명하지 않다고 하며 더 나아가 나무나 열매에 선악은 없으며 큰 범죄도 일
어나지 않았다고 주장한다. 또한 인간의 죽음은 선악과가 아닌 생명과를 먹지 못함에서 온
것이라고 말한다. 그러나 에덴 이야기가 선악나무를 중심으로 전개된 인간의 범죄에 초점
이 맞춰져 있다는 사실은 부인하기 어렵다.

13) 고디스(R. Gordis, *ibid.*, 124-5) 자신은 동의하지 않지만, 이것을 '도덕적 판
단, 옳고 그름을 구별할 수 있는 능력' 으로 정의하는 이론을 소개하며 이를 지지하고 있는

현으로 보인다. '선악'을 '시비를 가리는 마음'으로 정의한 서사라 목사의
생각도14) 이와 크게 다르지 않다.

창세기 2장에서 '선악'은 '지식'(הַדַּעַת)을 수식하고 있는데, 폭스(E.
Fox)는 '선악의 지식'을 A부터 Z까지의 지식으로 본다면 그것은 양단법
으로서 '모든 것'을 의미한다고 보고 있다.15) 따라서 고든(C. H. Gordon)
과 더불어 부캐넌(G. W. Buchanan)은 이것을 '박학한 지식(universal
knowledge)'을16), 고디스(R. Gordis)는 '성적 지식과 경험(sexual
knowledge and experience)'을17) 의미하는 것으로 해석하고 있다. 그러나
아담이 독신인 것이 옳지 않아 그를 위해 돕는 자인 하와를 만들어 주겠
다는 것이 신의 생각과 결정이었다는 사실과(창 2:18) 선악의 지식이 원래
신에게만 속한 것이라는 사실은(창 3:22) 그것이 성적 열망이라는 주장의
설득력을 떨어뜨린다. 하나님이 남자와 여자를 그 목적에 맞게 각각의 성
별로 창조하고 나서 그들에게 성관계는 금지했다는 가정이 비논리적이며
생육하고 번성하여 땅에 충만해야할 인간에게(창 1:28) 그 목적을 위해 반
드시 필요한 성 지식과 경험이 왜 신의 독점적 영역으로만 남아야 하는지

학자들로 딜만(C. F. A. Dillman), 붓데(K. Budde), 하이니쉬(P. Heinisch), 쾰러(L
K?hler) 등을 언급하고 있다(ibid., 125 n. 9).

14) 서사라, 『천국과 지옥 간증 수기 3』, 48.

15) E. Fox, In the Beginning, 11. Cf. A. M. Honeyman, "Merismus in Biblical
Hebrew", 11-18.

16) G. W. Buchanan, "The Old Testament Meaning of the Knowledge of
Good and Evil", JBL 75 (1956): 114. 보다 이른 언급으로는, J. Wellhausen, Prolegomena
zur Geschichte Israels (Berlin: de Gruyter, 18831; 19056), 297 ff. 폰 라트(G. von
Rad, Genesis: A Commentary, OTL, Dallas, TX: Westminster Press, 1961: 79)는 유
사하게 이것을 전지(omniscience)로 정의한다.

17) R. Gordis, "The Knowledge of Good and Evil in the Old Testament
and the Qumran Scrolls", JBL 76 (1957): 123-138 (130-38). 따라서 고디스는 선악을
성적 문제와 관련하여 "정상과 비정상, 자연스러움과 비자연스러움"으로 해석한다. Also,
'성적 환경(sexual milieu)' : L. F. Hartman, "Sin in Paradise", CBQ 22 (1958): 26-40
(33). 이 밖의 '선과 악'에 대한 그럴듯하지 않은 많은 이론들이 있으나 여기서는 논의를
생략하겠다.

합리적 설명이 더 필요하기 때문이다.[18] 또한 선악과는 단순히 '선악'을 알게 하는 기능이나 지식을 줄 수 있는 과실을 말하는 것은 아닐 것이다. 그렇다면 고디스의 설명처럼, 아담이 선악과를 먹기 전 선(선악과를 먹지 않는 것)과 악(선악과를 먹는 것)을 판단하는 능력이 없었다는 말이 되기 때문이다.

금지된 과일을 먹기 전에, 아담에게 원래 [선악을 판단하는] 도덕적 능력이 부족했다면, 그는 신의 뜻을 위반하는 죄를 범했다고 공정하게 인정받을 수 없었다. 옳고 그름에 대한 의식이 전제되어야만 불복종은 죄다. 게다가, 성서 사상이, 그것의 압도적인 도덕적 의식을 가지고, 신이 도덕적 감각 없이 인간을 창조하는 것을 상상할 수 있다는 것은 상상도 할 수 없다. 그것이 그의 인간성의 본질이기 때문이다.[19]

또한 고디스는 "선악에 대한 지식이 자연의 모든 비밀, 지식의 전체 영역, 혹은 마술적 기술, 요컨대 '모든 것'에 대한 이해를 뜻하는 것이라 할 수 없다"고 반박한다. 왜냐하면 모든 살아있는 생물들에게 이름을 지어줄 정도로 아담은 지혜로운 인물로 묘사되고 있고(창 2:19-20), 모든 성경의 내적(겔 28:12; 시 82:6-7), 외적 출처가[20] 그를 완벽한 지혜를 갖춘 존재로 서술하고 있기 때문이다.[21] 이러한 사실은 아담과 하와가 선악과를 먹었

18) 고디스의 가설에 대한 충실한 반론으로는 다음을 보라: H. S. Stern, "The Knowledge of Good and Evil", *VT* 8 (1958) 405-18 (405-9, and esp. 408 n. 1).

19) R. Gordis, "The Knowledge of Good and Evil in the Old Testament and the Qumran Scrolls", 125.

20) 이와 관련한 방대한 자료를 제시하고 있는 긴즈버그(L. Ginzberg)를 인용하고 있는 고디스의 언급을 보라: R. Gordis, *ibid.*, 128 n. 17. 또한 고디스는 근거자료로 불멸의 축복을 잃어버린 에아(Ea) 신의 아들이자 '사람'이란 뜻을 가진 A-da-ap(아다아프)의 이야기인 아다파(Adapa) 설화(*Tablet* A, ii. 2 ff)와 영웅이자 뛰어난 지혜와 능력을 가진 길가메쉬(Gilgamesh)의 설화(*Tablet* A, col. E. 26-27; *Tablet I*, col. 5. 15-16, 22)를 인용하고 있다(ibid.).

21) R. Gordis, *ibid.*, 125-29, and n. 10.

을 때 그들이 하나님의 말씀에 순종하는 것이 선하고 불순종하는 것이 악한 것을 이미 알고 있었음을 암시해주고 있다.

선악의 지식이 어떠한 지식이나 능력을 말하든, 분명한 것은 애초에 첫 인류는 그것을 소유하고 있지 않았다는 것이며 하나님만 그 특권을 가지고 있다는 것이다. 따라서 창세기의 선악의 지식은 광범위한 지식이나 혹은 선악의 의미로 제한되는 지식을 의미하기 보다는 선악(즉, 정의나 의)을 판단하고 분별할 수 있는 전적인 능력 혹은 권한으로22) 이해하는 것이 자연스러워 보인다. 그것이 사실판단(진위)이든 가치판단(도덕률)이든 그것은 무엇이 옳고 그른지를 판단할 수 있는 신적인 능력 혹은 권한의 총체성을 내포한다(창 3:22). 무엇이 옳고 그른지를 판단하는 기준은 '하나님의 말씀'이었고(창 3:2-3), 그의 말씀을 통해 그것을 알 수 있었다(창 2:16-17; 3:11, 17; 혹은 '하나님의 소리': 창 3:8, 10). 즉, 선악의 판단 능력 혹은 권한은 신에게 속한 것이고 인간에게는 허용되지 않았다. 그것은 첫 인류가 창조될 때 본래 가지고 있던 기본적인 도덕적 의식 및 지혜와는 다른 것이다. 다시 말해 '선악의 지식'은 판단의 능력이자 권한을 말한다. 첫 인류가 범죄한 후 자신의 생각대로 판단하고 정죄하여 각자의 벗음을 부끄럽게 인식하게 된 사실은(창 3:7) 그들이 하나님의 말씀 혹은 소리를 듣지 않고, 불순종하여, 그들의 손을 뻗어 하나님께 속한 선악의 판단 권한을 취한 후 일어난 결과였다.

구약에서 선악의 판단은 사법적 상황(심판)과 결부된 지혜로 나타난다. 솔로몬이 하나님께 백성을 재판하며(שָׁפַט 동사) 선악을 분별할 수 있도록 [하나님의 말씀을] 듣는 마음을 자신에게 달라고 간구한(왕상 3:9) 기사에서, 기자는 이것을 하나님의 지혜로 정의한다(왕상 3:11-12, 28). 또 다

---

22) 소긴(J. A. Soggin, " 'And You Will Be like God and Know What is Good and What is Bad' : Genesis 2-3", in C. Cohen, A. Hurvitz, and S. M. Paul (eds.), *Sefer Moshe*: The Moshe Weinfeld Jubilee Volume (Winona Lake: Eisenbrauns, 2004): 192)은 선악이라는 표현이 전능(omnipotence)과 전지(omniscience)를 통해 능력을 얻는 것을 의미한다고 생각한다.

른 사법적 상황에서 선악의 구분이 적용된 예는 압살롬의 귀양을 확실히
하기 위해 왕의 사법적 판결을 이용하려고 요압이 드고아의 여인을 다윗
에게 보내 그녀의 아들에 관한 청원을 하게 할 때인데, 그녀는 다윗을 천
사와 같이 선과 악을 분간하는 이로(삼하 14:17), 이어 다윗의 지혜를 천사
의 지혜와 비교하며 그가 땅에 있는 일을 다 안다고 말한다(20절). 여기서
선악의 분별은 사법적 판결(심판권한)과 연결되며 그것은 다시 땅의 모든
것을 아는 신적인 지혜와 같은 것이라는 등식이 성립된다. 이러한 예로 구
약에서 선악의 지식은 지혜와 같은, 신성한 성질임을 알 수 있다. 이러한
이유로 클락(W. M. Clark)은 "그러한 사법적 상황에서 선악을 분별하는
능력은 신성한 특징으로 여겨진다"[23]고 설명한다. 즉 선악의 지식은 신성
에 속한다.

위에서 설명한 것처럼 '선악'이 부가적으로 '지식'을 수식하고 있는 것
이라면, 이는 보다 근본적으로 에덴의 중앙 무대에는 '지식의 나무'와 '생
명의 나무'가 쌍을 이루어 설치된 이중구조를 보여주고 있다.[24] 그러므로
여기서 선악의 '지식'은 궁극적으로 하나님께 속한 지혜(wisdom)를 의미한
다(왕상 3:9, 11-12, 28). 고대 근동과 이스라엘에서 지혜는 영생과 더불어
신성에 속하며[25] 인간의 영역과 신의 영역의 경계를 구분하는 특성이다.
그래서 하와는 단순히 선악을 알게 하는 과실을 탐했던 것이 아니라 선악
을 판단(심판)하는 능력과 권한, 즉 지혜의 신성을 탐함으로써 그는 스스로
'눈이 밝아져 하나님과 같은' 신이 되고 싶어 했던 것이다(창 3:5, 22). 따라
서 범죄의 근원적인 이유는 신성에 대한 하와의 탐욕이라 할 수 있다.[26]

23) W. M. Clark, "A Legal Background to the Yahwist's Use of 'Good
and Evil' in Genesis 2-3", JBL 88 (1969): 268.

24) W. M. Clark, ibid., 267 n. 4.

25) Cf. J. Pedersen, "Wisdom and Immortality", in Noth, M. and Thomas,
D. W. (eds.), Wisdom in Israel and in the Ancient Near East, Supplements to Vetus
Testamentum 3 (Leiden: E. J. Brill, 1960): 238-46; also cf. I. Engnell, "'Knowledge'
and 'Life' in the Creation Story", in Noth, M. and Thomas, D. W. (eds.), ibid.,
103-19.

따라서 지혜로 표상화된 선악나무는 신적 권위와 영역을 상징하면서 동시에 제한적인 인간과 완전한 신 사이의 경계성을 나타낸다. 인간은 지혜의 근원인 창조주를 선악을 판단하는 심판주로 섬기며 의존하는, 제한적인 존재이며 이러한 신인(神人) 관계는 우주 창조의 이치이며 원리이다(약 4:12). 그러나 본문에 나타난 하와의 행위는 이 이치를 받아들이지 않고 지혜의 능력과 권한을 손에 넣음으로 스스로 신이 되고 싶어 했던 그의 마음을 대변해주고 있다.27)

클락(W. M. Clark)은 "구약에서의 심판은 궁극적으로 신의 문제이다. 인간은 하나님의 대리인으로서만 심판을 집행하며, 이 심판을 왜곡하는 것은 그가 하나님 앞에서 책임을 져야 한다는 것을 의미한다."28)고 말한다. 따라서 지혜로 표상화된 선악나무는 신적 권위와 영역을 상징하면서 동시에 불완전한 인간과 완전한 신 사이의 경계성을 나타낸다. 인간은 지혜의 근원인 창조주를 선악을 판단하는 심판주로 섬기며 의지하는, 제한적인 존재이며 이러한 신인(神人) 관계는 우주 창조의 이치이며 원리이다(약 4:12). 그러나 본문에 나타난 하와의 행위는 이 이치를 받아들이지 않고 지혜의 능력과 권한을 손에 넣음으로 스스로 신이 되고 싶어 했던 그의 마음을 대변해주고 있다.

결론적으로 원죄의 결과로 인간이 서로 시비를 가리며 죄를 짓게 되었다고 보는 서사라 목사의 해석은 '선악의 지식'을 곧 심판의 능력 혹은 권

---

26) 신성을 탐한 하와에 대해서는 다음을 보라: 조상열, '하와의 회개에 관한 연구', 14-36.

27) 서사라(ibid., 50-51)는 인간은 불완전하게 창조되어 죄를 지을 수밖에 없는 존재이며 신만이 완전한 존재라는 신인론(神人論)을 가지고 있다. 여기서 그가 말하는 인간의 불완전성은 인간의 인격적인 불완전성을 말하는 것이 아니라 자유 의지를 갖고 있어 한편으로는 죄의 유혹으로 공략될 수 있는 그의 내면의 의식을 말한다. 그의 인간 창조론에 따르면, 하나님은 창조 전에 첫 인류가 범죄할 것을 이미 알고 있었고 그에 따라 그리스도를 통해 인간의 영생의 목적을 이루려는 계획을 갖고 있었다. 그의 인간창조론에 대한 신학적인 논의가 더 필요해보이지만 여기서는 생략하겠다.

28) W. M. Clark, "A Legal Background to the Yahwist's Use of 'Good and Evil' in Genesis 2-3", 272.

한의 총체성(지혜)으로 보고, 첫 인류가 선악과를 취하는 것을 신성을 탐한 행위로 설명한 지금까지의 해석과 크게 다르지 않다.

3. 종주(宗主)-봉신(封臣) 조약의 불이행과 처벌

육적인 죽음과 영적인 죽음

서사라 목사가 말하는 원죄로 인한 인간의 죽음은 육적인 죽음과 영적인 죽음 모두를 포함하는 개념이다.

> 그 명령을 불순종한 대가에 대하여 우리에게는 영적인 죽음과 육적인 죽음이 찾아왔다. 이 죽음은 하나님께서 그들에게 먹지 말라고 한 것을 먹은 것에 대한 불복종의 죄에 대한 결과였다.
> …
> 그러므로 선악과를 먹음으로 영적인 죽음이 찾아오게 되었던 것이다. 또한 하나님께서 말씀하신대로 육적인 죽음도 찾아오게 되었다. 하나님은 아담에게 '너는 흙에서 왔으니 흙으로 돌아가라' 했다. 이것은 육적인 죽음을 의미하였다.[29]

서사라 목사의 이분법적인 인간 죽음의 이해는 기독교 전승에서 말하는 육과 영의 죽음의 개념과 상통한다(고전 15:44). 성경에서 죽음의 의미는 육적인 죽음뿐만 아니라 영적인 죽음도 내포한다. 타락 이후 사람은 혼의 생각으로 살아가는 것 일뿐, 영은 닫혀 '죽은 자'로 취급되었으며(마 8:22; 눅 9:60; 롬 12:13; 고후 5:14; 엡 5:14; 히 6:1, 9:14, 11:12, 35; 약 2:17; 벧전 4:6), 특히 스스로 하나님을 아는 영적인 능력을 잃어버리게 되어 하나님과의 소통과 관계가 막히고 단절된 것이다(고전 15:45-47). 다시 말해 인간의 영혼은 육신에 내제되어 있으나 하나님으로부터 죽음의 판결을 받아(창 2:17) 그와의 관계가 단절되었기에 이러한 인간의 영적 상태는 사망한 것과 같다.

---

29) 서사라, *ibid.*, 25; cf. 34.

죽음의 판결의 정당성

선악과를 먹었다는 이유로 죽음의 판결을 내린 것은 정당한가. 신정론
과 관련된 이 질문에 대한 답을 얻기 위해서는 먼저 죽음의 판결에 대한
고대 근동의 조약 배경을 이해해야 한다. 창세기 2장에서 하나님과 아담의
대화는 고대 근동의 종주(the suzerain)와 봉신(the vassal)간의 조약 양식으
로 나타난다.[30] 성경에서 창조 사건은 왕으로서의 창조주 개념을 포함하
고 있다. 고대 시대에는 창조주가 왕과 개념적으로 동일시된다. 왕으로서
의 창조주 신학은 이집트 신화에서도 나타나는데, 창조주인 프타(Ptah) 신
은 만신전(pantheon)의 왕으로 묘사되고 있다.[31] 우가릿 신화의 엘도 우
주의 창조주이면서 왕권을 가진 신으로 나타나며 그의 왕권을 두고 2인자
신들인 바알 신과 얌 신이 결투를 벌이기도 한다.[32] 고대 근동의 신화와
비교하면 창세기에서 하나님이 창조주이면서 동시에 왕으로 나타나는 것
은 그의 우주적 통치 개념을 자연스럽게 반영하고 있는 것이다.

---

30) 코로쉑(V. Koroshec, *Hethitische Staatsverträge: ein Beitrag zu ihrer
juristischen Wertung*, Leipzig: Weicher, 1931)의 히타이트 문헌 연구 이래로 성서학자들
이 구약에 영향을 미친 고대 근동의 종주-봉신 조약을 연구하기 시작하였는데 멘덴홀(G.
E. Mendenhall, "Covenant Forms in Israelite Tradition", *BA* 17/3, 1954: 50-76; *Law
and Covenant in Israel and the Ancient Near East*, Pittsburg: Biblical Colloquium,
1955)의 연구가 이 두 문헌 사이의 개념과 사상을 비교하는 선구적인 연구가 되었다.

31) 따라서 프타는 그의 말로 모든 것을 창조한 창조주로서 대 보좌에 앉아 있는
것으로 묘사되고 있다(*Pth hrjś.t wr.t*, '대 보좌에 (좌정한) 프타': *Shabaka Text*, line
49). 보좌는 왕권을 상징하며 *wr*(대[great])는 프타의 별칭(epithet)으로 사용되기도 하
는데 이는 프타가 신들 중에서 가장 큰 신(대왕)임을 말해준다: R. B. Finnestad, "Ptah,
Creator of the Gods: Reconsideration of the Ptah Section of the Denkmal", *Numen*
23 (1976): 81-113, 특히 83.

32) N. Wyatt, *Power of Myths*: A Study of Royal Myth and Ideology in
Ugaritic and Biblical Tradition, UBL 13 (M?nster: Ugarit-Verlag, 1996), esp., 134-40.
우가릿 신화는 왕권을 가진 엘을 중심으로 그 주변에 바알과 얌, 모트와 같은 2인자 신들
이 군립하고 있고 그 외에 하위 신들이 형성된 최소 세 개 층의 만신전 구도를 가지고 있
다. 우가릿의 삼층 구조의 만신전 구도에 대해서는 필자의 다음 논의를 보라: S. Y. Cho,
Lesser Deities in the Ugaritic Texts and the Hebrew Bible: A Comparative Study of
Their Nature and Roles, DAAW 2 (Piscataway, NJ: Gorgias Press, 2007), 22-38.

종주-봉신 조약은 주로 대왕(종주)과 봉신 간의 이루어졌으며 이는 주전 제3천년 후반기부터 주전 8세기 중반까지 고대 근동의 여러 도시국가간의 국제 정치에서 일반적으로 이루어졌다. 예를 들어 주전 제3천년 후반기의 수메르 국가들의 종주-봉신 조약의 양식은 일반적으로 조약의 증인으로 선정된 신들의 명단과 수많은 조약의 책무, 저주(malediction), 조약체결을 위한 종교행사 증거 등으로 구성되어 있다.[33] 한편 제2천년기의 히타이트 조약 양식은 고대 근동 조약 양식의 표준이 되는데, 고대 가나안의 도시국 가인 우가릿에서도 발굴되어, 고대 근동의 여러 법률 양식에서 그 유사성 을 찾아볼 수 있어 구약성경의 율법 양식과도 가깝게 비교되곤 한다.[34]

조약 양식은 기본적으로 조약의 창시자인 대왕(종주)을 소개하는 서문 과 대왕이 봉신에게 과거에 베푼 은혜와 이에 근거해 앞으로 봉신이 복종 해야 한다는 입장 표명이 기술된 역사적 서언, 계약 조항들, 조약의 보증 인인 증인 신들의 명단[35], 저주와 축복 등으로 구성되어 있다. 이 중 역사 적 서언은 양식의 중요한 요소로서 상당한 분량으로 되어 있다. 그 외에 조약 비준을 위한 종교행사를 위해서, 조약 문서를 신들의 성전 중의 하나 에 기탁하는 규정과 봉신의 영토에서 정기적으로 조약 문서를 낭독할 것 에 대한 요구, 봉신의 수용을 확증할 맹세의 필요성 등이 기본 양식에 추 가되기도 하며 이러한 종교행사에는 가끔 동물 희생제사가 치러지기도 하 였다.[36] 특히 저주 단계에서는 봉신이 계약조항을 파기하였을 경우 그에

---

33) 고대 근동의 종주-봉신 조약의 개관을 위해서는, cf. J. A. Thompson, "The Near Eastern Suzerain-Vassal Concept in the Religion of Israel", *JRH* 3 (1964): 1-19; 특히 수메르 조약의 요약에 대해서는, see 2.

34) 멘덴홀(G. E. Mendenhall, *Law and Covenant in Israel and the Ancient Near East*, 35)은 출애굽기 19:3-8절은 하나님과 이스라엘 간의 조약인 율법의 역사적 서 언으로서 기능하며 이는 이스라엘에 언약 사상이 도입된 시기가 주전 제2천년기를 가리킬 수 있다고 보았다.

35) 조약의 증인으로는 여러 신들 외에 강이나 산, 하늘과 땅과 같은 지형도 증인 으로 선택될 수 있다. 고대 시대에는 이것들이 신을 내포하고 있는 신성한 것으로 여겨졌 기 때문이다. Cf. 마 5:34-35.

게 책임을 묻고 처벌을 가하기 위해, '네가 이것을 하면(전제조건: protasis), 그러면 내가 저것을 할 것이다(귀결절: apodosis)'라는 특정한 양식을 사용하게 되는데, 이러한 양식은 창조주가 종주 대왕으로, 아담이 봉신 왕으로 (창 1:26-28)[37] 등장하고 있는 창세기 2장에서도 찾아볼 수 있다:

16 여호와 하나님이 그 사람에게 명하여 이르시되 동산 각종 나무의 열매는 네가 임의로 먹되 17 선악을 알게 하는 나무의 실과는 **먹지 말라**(לֹא) 네가 먹는 날에는[protasis] **정녕 죽으리라**[apodosis] 하시니라(창 2:16-17 개역개정)

16-17절에서 첫 인류에게 모든 열매를 먹을 수 있으나 선악과는 먹지 말라고 경고한 것은 조약의 구조에서 계약조항들 중 일부분에 속하며 특히 17절은 금지조항 형식으로 나타난다. 한시적 금지를 뜻하는 히브리어 부정사 אַל(알)이 아닌 לֹא(로)로 시작하는 금지어구를 사용한 것은 이것이 단회적인 조항이 아니라 영구적인 성격으로서 반드시 지켜야 할 조항이라는 사실임을 말해준다. 이와 같은 구조는 십계명에서 찾아볼 수 있는데, 석판에 '명문화된' 십계명은 모든 어구가 부정사인 לֹא(로)로 시작하고 있기 때문이다. 따라서 17절에서 아담에게 구두로 내려진 '먹지 말라'는 칙령도 신인(神人)관계의 대전제이며 그가 봉신으로서 그의 종주를 경

---

36) J. A. Thompson, "The Near Eastern Suzerain-Vassal Concept in the Religion of Israel", 2-4. 제1천년기의 종주-봉신 조약에서는 역사적 서언과 축복, 이 두 가지 요소가 빠져 있으나 긍정(축복)과 부정(저주)이 함께 다뤄지는 것은 제2천년기 조약의 특징이다. 창세기에는 이 두 요소가 포함되어 있기에 제2천년기 양식에 상응한다. 긴 분량의 창세기 1:2-2:9절(1:1절은 서문)은 히타이트 조약에서 종주가 봉신에게 어떠한 일을 행했는지를 말해주는 역사적 서언에 해당한다. 축복은 남자와 여자에 대한 하나님의 축복(창 1:28)과 창조 후 제 칠일에 대한 축복(창 2:3)으로 나타난다. 특히 창세기 2장 본문에서는 축복과 저주가 함께 나타나는데, 축복은 아담에게 땅의 경작권과 생명나무를 포함하여 모든 나무의 열매를 먹을 수 있는 권한을 준 것이며(창 2:9, 15-16절) 저주는 선악나무의 과실에 대한 금지령이다(17절).

37) 1세기경에 이르러서 유대인의 의식에는 왕으로서의 아담이 확립되어 그를 모든 창조물 위의 통치자(ruler)로 해석하고 있다. cf. 4 *Ezra* 6:54.

외하며 영구적으로 지켜야 할 조약 중 대표적인 계명(commandment)으로 이해되어야 한다.

주전 제2천년기를 배경으로 하는 십계명은(조약의 갑과 을을 위해 동일한 내용이 각각 새겨진) 두 개의 석판으로 구성되었는데,[38] 이는 시내산에서 하나님과 모세가 맺은 종주-봉신조약의 증서이다. 종주와 봉신 간에 맺어진 조약의 증서는 이후 신성한 조약을 보증해주는 종주와 봉신 각각의 증인 신들의 신전에 증거로서 기탁되어 보관되는데[39] 이스라엘의 경우 광야에서는 상자(증거궤[출 25:16, 21-22; 40:20; 신 10:2] 혹은 언약궤[신 31;26])에 담아 성막의 지성소에(출 27:21), 에덴에서는 정원의 가운데에(창 2:9; 3:3) 위치하게 함으로써 조약의 신성한 상징성을 드러내고 있다. 따라서 정원은 성전의 모형이며 선악나무는 '계명의 나무'로서 구조적으로 이야기의 중심이 되고 있다.

이렇게 고대 근동의 종주-봉신 조약은 종교적 의미를 더해 봉신의 책무성을 강조하고 있다. 계약 조항에 대한 봉신의 의무는 신성하고 준엄하여 이를 지킬 시에는 생명이 존속되지만, 어길 시에는 합당한 처벌이 뒤따른다. 창세기의 생명나무와 선악나무도 조약의 신성함을 나타내며 또한 동시에 조약 준수에 따른 축복과 저주를 각각 상징하고 있다.

영생은 지혜와 더불어 쌍을 이루는 신성의 특성이다(창 3:22, 24). 영생이 에덴에서 물질적으로 형상화된 것이 곧 생명나무이다(창 2:9). 서사라

---

38) 유대교 전통에서는, 두 번째 석판에서는 다섯째 계명부터 기록되었을 것이라고 보는 반면, 메레디스 클라인(M. G. Kline, "The Two Tablets of the Covenant", *WTJ* 22, 1960: 133-146, esp., 139 and n. 15)은 종주-봉신 조약에 근거하여 전체 내용이 하나의 석판에 다 기록되어 있고 종주와 봉신 양자를 위하여 또 다른 석판에 동일한 내용이 복사된 것으로 보았다. 클라인은 많은 증거 중 하나로 조약 선서식에서 두 조약 당사자가 두 개의 조약 사본을 건네고 있는 것이 묘사되어 있는 우가릿의 비석(cf. *Ugaritica* III, plate VI)을 제시하고 있다.

39) V. Koroshec, *Hethitische Staatsverträge*, 100-101. 이스라엘의 경우 두 조약 당사자의 조약서가 모두 (조약의) 증거궤에 담겨 한 성소에 보관되었다. 또한 조약 비준식에서 조약문서 낭독식이 있었으나(출 24:7), 정기적인 낭독이 처음 이뤄진 것은 이후 40년 정도가 지난 후 출애굽 제2세대에서 이뤄졌다(신 5:6-21; 16:5 ff.).

목사는 "마지막 날에 우리가 부활된 몸으로 변하는 것처럼"⁴⁰⁾ 첫 인류가 "생명나무의 과일을 따먹는 순간에 하나님이 그들의 몸을 영원히 썩지 아니하는 영생하는 몸으로 바꾸셨을 것이라"고 보고 있다(창 3:22).⁴¹⁾

반면 사르나(N. Sarna)는 생명과(生命果)는 젊음을 갱신하게 해주는 것이지 한번 먹었다고 영생을 주는 것은 아니라고 해석한다.⁴²⁾ 즉, 생명과는 그것을 반복적으로 먹음으로 병사(病死)를 막아 인간의 수명이 연장되는 한시적 기능의 과실이었다는 것이다. 그러나 생명과가 인간에게 허용되었지만(창 2:16, 3:2), 그들이 범죄한 이후 그것을 먹어 죄인의 상태에서 영생할까 염려하여⁴³⁾ 그룹들과 화염검으로 생명나무로 가는 길목을 지키게 한 정황은(창 3:24) 그 과실이 단 일회의 취식으로도 영생을 얻을 수 있는 과실일 가능성을 높여주고 있다. 따라서 정원의 두 나무는 각각 종주-봉신 조약의 축복(영생)과 저주(죽음) 조항을 담당하고 있다.⁴⁴⁾ 이 두 조항 중 어느 조항을 선택할 지는 기본적으로 도덕적 의식과 지혜를 갖고 창조

40) 서사라, *ibid.*, 48.

41) 서사라, *ibid.*, 47.

42) N. Sarna, *Genesis*, The JPS Torah Commentary (Philadelphia: Jewish Publication Society, 1989), 18.

43) 따라서 서사라(*ibid.*, 48)는 다음과 같이 언급한다: "그들이 죄가 있는 몸으로 영생하게 되면 안 되니까 하나님이 그들로 하여금 죄 있는 상태에서 먹지 못하게 한 것이다. 그래서 하나님은 생명나무에 화염검을 두어 그들을 가까이 오지 못하게 하였던 것이다."

44) 서사라(ibid., 49-50)는 이 두 나무가 각각 그리스도(요 6:32-35; 6:48-51; 11:25-26; 14:6)와 세상을 상징한다고 말한다. 사실 생명나무와 선악나무는 대립과 대극의 관계로 설정되어 있는데 이 양극의 관계는 또한 신성이라는 단일성을 향해 있다. 한정된 시간과 육체에 갇힌 인간에게 있어서 신성의 궁극적인 의미는 자유, 즉 구원이다. 따라서 생명나무(영생-축복)와 선악나무(죽음-저주)는 궁극적으로 하나이며 이것은 구원을 얻기 위한 과정이자 설정이다. 조약에서 저주는 없애야 하거나 불필요한 것이 아니라 축복만큼 필요한 것이다. 신인(神人) 조약의 목적은 인류에게 구원을 주기 위한 것이며, 인간이 신성(구원)이라는 단일성으로 가기 위해서는 에덴 정원에 놓인 저주의 본질을 이해하고 의식하며 견제해야 한다. 이는 정반합의 원리로 대변되는 변증법의 원리와 상통한다. 따라서 구원을 얻기 위해 인류에게 허용된 저주 조항도, 종주의 은혜이다.

된 봉신의 몫이다.

두 왕국 사이에 맺어진 종주-봉신 조약에서, 만약 봉신이 조약을 깨게 되면 종주는 이에 대해 소송을 걸 수 있다. 따라서 구약의 예언자들이 종주인 하나님에 대한 의무를 다하지 않는 봉신인 이스라엘을 향해 하나님을 대신해 계약 소송을 걸기도 했듯이, 종주인 하나님은 그의 봉신인 아담에게 그의 조항 불이행과 이에 따른 책임을 묻기 위해서 그를 소송대상으로 소환한다(창 3:8-9). 그리고 증거 제시를 통해 아담의 조항 위반을 증명하는 과정을 거치게 되는데(창 3:10-13), 이때 사건의 관련자들은 죄의 책임을 서로에게 전가하게 된 것이다. 따라서 정당한 재판을 통한 하나님의 판결은 합법적이며 이를 통해 하나님의 정의가 상대적으로 드러나고 있다. 인간의 육적인 그리고 영적인 죽음은 재판 선고의 집행에 따른 당연한 결과이며 고대 근동의 정치적 관점에서 이는 준엄한 조약을 깬 봉신에 대한 처벌로서 합당하다.

죽음의 나무에 달린 선악과를 먹는 것이 조항을 어기는 것임을 첫 인류가 이미 잘 알고 있었다는 점은(창 2:16-17; 3:2-3) 최종 판결에 불리하게 작용한다(가인도 죄를 피할 수 있는 방법과 죄의 결과가 어떨지를 이미 알고 있었다[창 4:6-7]). 따라서 봉신의 불성실한 조약 이행으로 영생하도록 창조된 그가 자신의 근원이었던 흙으로 돌아가야 하는 죽음의 판결을 받게 된 것은 조약의 처벌이행에 있어서 당연해 보인다(창 3:19).

인류에게 영적인 죽음이 초래되어 그 결과 하나님과의 관계가 끊어지게 되었으며 육적인 죽음 또한 맞이하게 되었다고 보는 서사라 목사의 해석은, 종주-봉신 조약의 배경을 통해 죽음을 조약을 깬 봉신에 대한 합당한 처벌로 설명한 이제까지의 이해와 다르지 않으며, 죽음에 대한 그의 해석이 성서적 개념에 부응함을 알 수 있다.

4. 죽음의 결과 – 인본주의적 사고

서사라 목사는 첫 인류의 타락이 선악과를 먹음으로써 하나님과 영적으로 분리되었을 뿐 아니라 죄성을 입게 되어 그들 자신의 생각에 따라 선과 악을 판단하게 되었다라고 말한다. 즉, 하나님만 선하고 모든 사람은 악하기 때문에(롬 3:4, 10), 세상만사의 모든 판단(심판) 권한은 오직 종주인 창조주에게게만 있다는 것이 선악과 계약 조항에 담긴 핵심 사상이다. 따라서 봉신인 첫 인류가 종주의 신성한 권한을 넘보고 조항을 어긴 것은 종주-봉신 조약을 위반한 범죄로 정의될 수 있다. 이러한 범죄는 그들이 종주인 창조주 중심의 사고를 버리고, 대신 자기 중심적인 사고를 판단의 기준으로 삼게 되었음을 말해준다.

> 주님과 모세는 다음을 나에게 알게 하여 주는 것이었다. 즉 아담과 하와는 그들이 하나님 앞에 죄를 짓고 난 이후에 시비를 가리게 되었다는 것이었다. 즉 옳고 그름 말이다. 뱀이 그들에게 너희가 이 과일을 먹으면 눈이 밝아져서 하나님과 같이 선과 악을 구분하게 될 것이라 말했지만 진짜 선과 악은 하나님이 보시기에 선인 것이 선이고 또 악인 것이 악인 것이다. 하나님 안에서의 선과 악은 우리 인간의 생각과는 다른 것이다.[45]
> 즉 선악과를 먹지 말라고 한 명령을 거역한 것은 죄(원죄, Original Sin)이나 이것을 먹음으로 말미암아 우리 인간에게는 선과 악을 가리는 소위 이 선과 악은 하나님의 입장에서 보는 선과 악이 아니라 오로지 각자의 판단에 옳고 그름을 따지는 즉 시비를 따지는 그러한 자들이 되었다는 것이다.[46]

서사라 목사는 인간의 판단에 따른 옳고 그름은 그 구분의 한계성이 있으며 인간이 악하다고 판단한 것도 하나님의 판단에 따라 선이 될 수 있다고 말한다. 즉, 그 행위가 타당한지 아닌지를 평가하는데 있어서 선악은

---

45) 서사라, *ibid.*, 17.
46) 서사라, *ibid.*, 22.

행위자의 동기로 평가되며, 그 동기를 판단하는 것은 하나님의 권한에 속
한다는 것이다. 이것은 아담과 하와가 선악과를 먹은 후 그들이 벌거벗은
것을 부끄럽게 여겼으나 원래 그것은 하나님 보시기에 부끄러운 것이 아
니었다는 사실에서 알 수 있다(창 2:25; 3:7, 10-11). 즉 선과 악은 봉신인
인간에 의해 정해질 수 있는 가치개념이 아니라 종주인 창조주의 판단에
의해서만 결정될 수 있는 절대 영역이다. 그러므로 이것은 인간이 애초에
선과 악을 구분하여 정의내릴 수 있는 권한을 부여받지 못한 제한적인 존
재로 창조되었음을 말해준다. 서사라 목사의 이러한 신학적 이해는 인간이
애초에 창조주의 절대권한을 인정하고 따르며 그에게 종속되도록 디자인
되어 창조되었다는 그의 신본주의적 세계관을 보여준다.

> 그런데 인간의 자기 판단으로 말미암는 옳고 그름은 진정한 의미에서 선
> 도 아니고 악도 아닌 것이다. 왜냐하면 인간이 자기 자신의 판단에 옳다고
> 판단하는 것이 하나님 보시기에 악일수가 있고 인간의 판단에 악이라고
> 판단되는 것이 하나님 보시기에 선일 수가 있기 때문이다. 그러므로 그 선
> 악과를 먹음으로 선과 악을 알게 되었다기보다는 더 정확한 의미로 말하
> 자면 결국 인간은 옳고 그름을 따지게 되었다는 것을 나에게 알게 하여 주
> 셨다.[47]

> 진짜 선과 악이란 하나님의 입장에서 보아야 한다. 하나님이 없는 모든 것
> 이 악이다. 우리 인간은 무엇이 선인지 무엇이 악인지 잘 모른다. 다만 우
> 리가 아는 것은 하나님을 떠난 것이 악이요 하나님 안에 있는 것이 선이요
> 그 안에서 하는 모든 것이 또 선인 것이다. 그러므로 이 진짜 선과 악은
> 우리가 하나님과의 관계를 회복한 후에 알 수 있는 문제다.[48]

서사라 목사는 인간이 하나님을 떠나 자기중심적인 판단을 하게 된 것
을 모든 죄의 근원으로 보고 있다. 인간의 사고가 신본주의에서 인본주의
중심으로 전향된 근원적인 계기가 선악과 사건이었고 이것은 인간이 신의

---

47) 서사라, *ibid.*, 17-8.
48) 서사라, *ibid.*, 23.

영역을 부정하게 되는 결정적인 사건이 된다.

그리고 우리 인간은 선악과를 따 먹은 이후에 이 옳고 그름 때문에 즉 시비를 가리는 문제 때문에 얼마나 많은 싸움과 살인과 다툼 등이 우리 인간의 역사 속에서 일어나게 되었는가 하는 것이다. 오 주여! 이 시비를 가리게 된 것이 바로 선악과를 먹은 죄의 결과로 왔다는 것이다.[49]

그러나 아담과 하와가 그 선악과를 먹은 후에는 그들이 하나님과의 관계가 단절되면서 진짜 선과 악을 알게 된 것이 아니라 오히려 그들은 인간적인 판단으로 하게 되는 시비를 가리게 된 것이다. 지금도 마찬가지이다. 우리는 하나님을 떠나는 순간 우리는 서로에게서 시비를 가리는 것을 본다. 옳고 그름 속에서는 우리는 결코 사람을 사랑할 수 없는 것이다. 우리는 우리의 판단으로 시비를 가림으로 말미암아 모든 사람들을 정죄하고 사랑할 줄 모르게 된 것이다.[50]

특이한 것은 서사라 목사가 죄로 인한 인간의 죽음을 로마서 8장 13절과 연결시켜 해석하고 있다는 점이다. 그는 창세기의 인간의 원죄의 결과를 로마서의 육신의 일로 연결시키며 이러한 반복적인 육신의 일로 결국 인간이 사망에 이르게 되었다고 보고 있다.

이 옳고 그름을 따지는 것은 육신의 일로 이것도 사실은 죽게 된 것이다. 왜냐하면 롬 [8장][51] 13절에서는 '우리가 육신에게 져서 육신대로 살면 반드시 죽을 것이로되 영으로써 몸의 행실을 죽이면 살리니'라고 말하고 있기 때문이다. 즉 육신의 일을 하게 됨으로 말미암아 사망의 일을 하게 된 것이다. 이것도 하나님께서 하신 말씀 '너희가 먹는 날에는 정녕 죽으리라' 한 말씀에 맞는 말인 것이다. 사망의 일을 하게 된 것이다. 할렐루야. 즉 육신대로 살아서 늘 시비를 가리고 살면 그 삶은 사망의 삶이 되지만

49) 서사라, ibid., 18.
50) 서사라, ibid., 23-24.
51) 원문의 오기(12장)에 대한 교정.

영으로써, 하나님의 말씀으로써, 예수 그리스도로써 우리의 몸의 행실 즉
시비를 가리는 마음을 누르고 살면 오히려 용서하고 사랑하고 살면 너희
는 생명의 삶을 살게 된다는 것이다.[52]

로마서의 구약 인용을 연구한 바는 많지만[53] 로마서 8장의 구약 인용
에 대한 연구가 거의 이뤄지지 않은 점은 단 한 번의 명백한 인용만(36절)
찾아볼 수 있기 때문일 것이다.[54] 그러나 로마서의 구약 인용의 높은 빈
도수를 감안한다면,[55] 구약의 사상이 로마서 8장 13절에 암시적으로 반영
되어 있다고 할 수 있다. 로마서 8장에 따르면 생명을 얻을 수 있는 방법
은 성령으로써 몸의 행실을 죽이는 것뿐이다. 여기서 '생명의 성령'(τοῦ
πνεύματος τῆς ζωῆς, 롬 8:2; cf. 6, 11, 13절)은 에스겔 37장의 종말론
적인 환상에서 마른 뼈들에게 불어넣어 그들을 다시 살아나게 하는 생명
의 성령(5절, LXX: πνεῦμα ζωῆς)[56]의 개념을 반영한 것으로 보인다.[57]

---

52) 서사라, *ibid.*, 25-26.

53) 바울의 구약인용 연구사 관련 참고목록은, cf. 장해경, "로마서 8장에 나타난
바울의 암시적 구약성경 사용(Paul' s Implicit Use of the Old Testament in Romans
8)", 『신약연구』 4(2005): 193, no. 1. 로마서, 특히 9-11장의 구약인용에 대한 참고목록은,
cf. 194, no. 2.

54) 장해경, "로마서 8장에 나타난 바울의 암시적 구약성경 사용", 193-5.

55) 장해경, "로마서 8장에 나타난 바울의 암시적 구약성경 사용", 195-7.

56) MT('내가 생기를 너희에게 들어가게 하리니 너희가 살아나리라' [개역개정])
와 달리 LXX는 ἰδοὺ ἐγὼ φέρω εἰς ὑμᾶς πνεῦμα ζωῆς, '보라 내가 생명의 영을
너희에게 들어가게 하리라'로 읽음으로 성령의 성격을 정의내리고 있다.

57) T. R. Schreiner, *Romans*, BECNT 6 (Grand Rapids, MI: Baker, 1998),
400; 장해경, "로마서 8장에 나타난 바울의 암시적 구약성경 사용", 198에서 재인용. 특히
에스겔 37:9-11절에 나오는 루아흐(רוח)를 '생기'가 아닌 '성령'으로 해석하는 관점과 그
근거에 대해서는, see 조상열, "루아흐와 이스라엘의 회복", 복음신학대학원대학교 오순절
신학연구소 엮음, 오순절신학총서 3권 『성령과 하나님 나라』(대전: 복음신학대학원대학교
출판부, 2011): 23-38. 한편 개혁주의 조직신학자인 건톤(C. Gunton, "The Spirit
Moved Over the Face of the Waters: The Holy Spirit and the Created Order", *IJST*
4 [2002]: 190-4)은 성령론의 성서적 근거를 제시하기 위해 로마서 8장의 생명의 성령의
모티브를 창세기 1-3장에서 찾으며 시편 104:29-30절과 더불어 에스겔 37장도 역시 제시
하고 있다.

바울은 70인역(LXX)을 사용하였기 때문에 로마서에서 구약의 단어를 사용한 것이 자연스러울 수 있기 때문이다.[58] 또한 이와 반대적 개념인 로마서 8장의 (죽음의) 육신의 기원은 에스겔 36:26-27절에서 찾아볼 수 있다.[59]

한편 서사라 목사는 로마서 8장의 '죽음의 육신' 개념의 보다 근원적인 기원을 창세기의 원죄에서 찾고 있다. 그의 해석에 설명을 더하자면, 에스겔 37장에서도 죽음(마른 뼈)과 생명(부활)의 대비가 나타나지만, 로마서 8장의 죽음과 생명의 개념은 이분법적인 구도로 창세기의 에덴에 등장하는 죽음(선악나무)과 생명(생명나무)의 양극의 대비를 다시 재연하고 있는 것이다. 다시 말해서 죽음은 인본주의적 사고로 시비를 따지며 육신대로 사는 삶이며, 생명은 그러한 몸의 행실을 성령으로써 매일 죽이는 삶을 통해 얻을 수 있는 것이다. 즉 신본주의적 사고로 전환할 때 얻을 수 있는 것이다.

시비를 따지는 삶이 육신의 삶이며 이것이 인간을 죽음에 이르게 하였다고 보는 서사라 목사의 해석은 바울신학의 논조를 충실히 따르면서도 창세기의 원죄와 로마서의 몸의 행실(죽음의 육신)을 독창적으로 연결시키고 있다. 신약의 구약인용 연구에서 어휘가 가장 중요하지만 개념과 사상의 연결성도 간과할 수 없는 단서가 되므로 서사라 목사의 이러한 해석은 인간의 실패와 회복이라는 주제로 구약과 신약 사이의 연결고리를 제시하고 있다.

5. 한 혈통과 원죄

원죄는 유전되는가? 원죄는 아담 이후로 그의 후손들에게도 그 죄가 이

---

58) Cf. 장해경, "로마서 8장에 나타난 바울의 암시적 구약성경 사용", 197, no. 8.
59) 로마서 8장과 에스겔 36장의 연결성에 대해서는, cf. S. Kim, *Paul and the New Perspective: Second Thoughts on the Origin of Paul's Gospel* (Grand Rapids: Eerdmans, 2002), 159.

어지게 된 근원적인 타락이라는 신학적 개념으로 역사적으로 확대되었고 이는 혈통을 통해 이어지게 되었다는 것이 전통적인 시각이다. 따라서 아담의 원죄 이후 그의 모든 자손들도 범죄하게 되었다. 서사라 목사 역시 인간의 죄가 생물학적으로 다음 후손에게 이어진다는 신학적 전제를 갖고 있다.

> 이때의 영적인 죽음은 모든 인간이 원죄를 가진 채 태어나게 되었고 하나님 앞에서 죽은 자가 되었다. 그 영이 하나님을 모르는 자가 되었다. 그러므로 이 원죄의 결과로 아담 이후에 태어나는 모든 인간은 하나님을 모르는 채 이 세상에 태어났다. 원죄를 갖고 태어나는 것이다. 그러나 그 영이 죽은 채로 태어난 인간이 그 후에 예수 그리스도를 자신의 구세주로 영접하고 거듭나게 되면 이 원죄가 없어지고 하나님과 그 교통이 회복되는 것이다.[60]

즉, 원죄의 결과로 아담 이후 모든 인간은 하나님을 모른 채 태어나게 되었는데, 이것이 인간의 영적인 죽음이라고 할 수 있다. 다시 말해서, 원죄의 결과로 인간이 영적인 죽음을 유전적으로 이어받게 되었다는 것이다.

구약에서 아담은 인류의 기원이자(대상 1:1) 언약의 파괴자이며(호 6:7), 죽음의 형벌을 받은 왕이다. 앞서 고디스가 바르게 제시했듯이 시편 82:6-7절은 창세기 3장의 타락한 아담과 6장의 타락한 천사들의 모티브를 바탕으로 고위 통치자들을 비판하고 있다.[61] 특히 7절은 '그러나 너희는 **사람**처럼(כְּאָדָם) 죽으며 고관의 **하나**같이(וּכְאַחַד הַשָּׂרִים תִּפֹּלוּ) 넘어지리로다' (개역개정)로 주로 번역되지만, 이 구절에서 아담(אָדָם/사람)을 고유 인명으로 받아 '아담처럼'으로 읽을 수 있고[62] 아하드(אַחַד/하나)를 기수

---

60) 서사라, *ibid.*, 26.

61) R. Gordis, "The Knowledge of Good and Evil in the Old Testament and the Qumran Scrolls", 127-8.

62) R. Gordis, *ibid.*, 127 and n. 16. Cf. 호 6:7; 욥 31:33.

(one)보다 서수(the first)로 읽어[63], '통치자중의 첫째'로 해석할 수 있어서 다음과 같은 번역이 제시될 수 있다.[64]

내가 말하기를 너희는 신들이며 너희 모두는 지존자의 아들들이라 하였도다 그러나 너희는 **아담처럼** 죽으며 통치자들 중의 **첫째처럼** 넘어지리로다 (시 82:6-7)

이러한 번역은 '아담'과 '통치자중의 첫째'를 평행구로 보이게 하며 아담이 인류의 첫 번째 왕으로서 창조되었지만 그가 그의 죄로 인해 죽게 된 것으로 해석할 수 있다. 아담의 죽음은 그를 뒤따르는 모든 실패한 통치자들의 전형이 된다. 아담과 연관된 구약의 이 세 구절들은 아담을 인류 혈통의 근원이자 타락의 시초로 보고 있다. 이러한 시각은 신약 시대에까지 이어져 유대인 전승은 아담의 실패로 온 인류가 죽음에 이르게 된 것으로 해석한다(고전 15:22, cf. 45-47; 롬 3:23). 족보를 다루는 창세기 4, 5, 10장에서 아담 직계만 언급되고 있는 것은 성경 전승이 아담을 원 인류로 보는 시각을 반영하고 있는 것이다. 그러므로 구약은 하나님을 향한 이스라엘 배신의 근원적 원인을 아담에게서 찾고, 한 혈통을 따라(창 3:20) 대대로 이어져 내려오는 왕권(kingship)을 가진 자들의 죄를 고발하고 있는 것이다.[65]

뒤바를르(André-Marie Dubarle)는 창세기 3장의 원죄론을 입증하며 이것을 바울이 로마서 5장에서 독창적으로 재해석하였다고 생각한다.[66] 반

---

63) Cf. 창 1:5.

64) 이러한 본문 번역의 가능성에 대한 설명은, see N. Wyatt, *Myths of Power*, 362-3.

65) 다른 인류가 있었다면, 그들은 생물학적으로 또한 아담 가족의 범죄와 아무런 연관성이 없기 때문에 아담의 타락과 무관하여 원죄에 있어서 무죄성(innocence or sinlessness)을 갖고 있다고 할 수 있다. 아담 가족 이외의 사람들의 존재에 대해서는 다음을 보라: 조상열, 『가인의 표』, e-book edition (평택: 평택북스, 2019), 15-50.

66) O. P. André-Marie Dubarle, *The Biblical Doctrine of Original Sin*, E. M.

면 하아그(H. Haag)는 구약에서 원죄론의 근거를 찾아볼 수 없다고 주장한다.[67] 또한 최근에는 프린스턴신학교의 마크 스미스(Mark S. Smith)도 창세기 3장에서는 인간의 악한 성향을 말하고 있지만 원죄의 신학적 개념과 용어를 찾아볼 수 없기 때문에 원죄론의 근거가 창세기에 없다고 주장하고 있다.[68] 사실 신학적 개념은 신조(creed)와 같이 역사적 과정을 거치면서 더 정교해지고 간결해진 결과물이기 때문에 후대로 갈수록 이론적 논리가 더 분명하게 형성된다. 따라서 창세기에서 간결하게 기술된 원죄 스토리를 후대에 보다 발전되고 세련된 개념의 원죄론과 단순히 비교하며 그 역사적 신학적 연결고리를 부정한다면 역사 해석의 오류를 범할 수 있다.

전통적 견해와 반대로, 휘튼 대학의 왈톤(J. H. Walton)은 현대인이 고대 기록인 창세기 1-3장에서 물질적 기원을 찾아서는 안 된다고 말하며 첫 인류와 그 후손들의 관계도 생물학적 관계로 보지 않고 있다.[69] 또한 리전트 대학의 프로반(I. Provan)은 하와가 모든 산 자의 어머니인 것은(창 3:20) 생물학적 기원을 말하는 것이 아니라 인류에 악을 가져온 하와를 강조한 것이라고 해석한다. 즉 하와가 세상에 죄를 가져왔고 그것이 온 세상의 모든 산 자에게 전염되었다는 것이 중요하다는 것이다.[70] 더 나아가 많은 해석자들이 아담과 하와를 역사적 인물로 보고 있지 않기 때문에 그들은 인류에게 씌워진 원죄론 자체의 성립을 부정하거나 큰 의미를 부여

Stewart (trans.), (London: Chapman, 1964).

67) H. Haag, *Is Original Sin in Scripture?* D. Thompson (trans.), (New York: Sheed & Ward, 1969), 19.

68) M. S. Smith, "Before Human Sin and Evil: Desire and Fear in the Garden of God", *CBQ* 80 (2018): 215-230.

69) J. H. Walton, *The Lost World of Adam and Eve: Genesis 2-3 and the Human Origins Debate* (Downers Grove: IVP Academic, 2015), 특히, 181-9: "Proposition 20: It Is Not Essential That All People Descended from Adam and Eve".

70) I. Provan, *Discovering Genesis: Content, Interpretation, Reception* (Grand Rapids, MI: Eerdmans, 2015), 98 and n. 6. 프로반은 왈톤의 해석을 지지하고 있다.

하지 않는다. 타우너(W. Sibley Towner)는 원죄 의식이 신자들의 마음에 막대한 해를 끼쳤다고 보고 원죄론의 부정적인 측면을 배척한다.[71] 그는 모든 인류의 죄와 죽음이 한 순간을 살았던 한 쌍의 인간의 죄에서 유래되었다는 사실과 그 원인이 뱀으로 가장한 사탄이라는 생각을 현대의 신자나 불신자 모두가 (기독교의) 전매특허식 허튼소리로 받아들이는 성향이 있다고 비판하며[72] 이러한 타락(원죄)이 없는 역사(a Fall-less history)가 주일학교식 종교와 교리 교과서에서 벗어난 자신을 좀 더 성숙시킨다고 주장한다. 그가 주장하는 '원죄를 벗어난 역사' 란 적어도 인간을, 무력하게 죄악에 빠져들고 어떤 방법으로든 자기 자신을 구출할 수 없는 존재로 보지 않고, 오히려 증오와 탐욕의 악으로부터 해방되기를 바라는 사람들과 국민으로 볼 수 있는 것이다.[73] 하지만 인간의 긍정적인 면만을 강조하고 싶어 하는 타우너의 인본주의적 인식과 달리, 인간의 죄성의 문제는 사실 그렇게 낙관적이지 않다는 것을 이미 지나간 역사를 보더라도 충분히 알 수 있다.

아담을 문학적 인물로 보는 현대 성서학자들의 성향과 달리, 유대교 전통에서는 아담을 역사적 인물로 인식하였다. 구약 특히 창세기에서는 어떻게 죄가 기원하고 확장되었는지 그 연속성을 생물학적 관계를 바탕으로 기술하고 있다. 따라서 하와가 모든 산 자의 조상이라는 명시적인 기술은 (창 3:20) 원 조상의 죄성이 한 혈통으로 전 인류에게 전이되게 된 당위성을 설명하고 있는 것이며 창세기 4장에서 그의 직계 자식 대에서 발생한 인류의 첫 살인 사건 및 이후에 홍수 직전 '사람의 죄악이 세상에 가득함과 그의 마음으로 생각하는 모든 계획이 항상 악할 뿐임' (창 6:5)이었던

---

71) W. S. Towner, "Interpretations and Reinterpretations of the Fall," in F. Eigo (ed.), *Modern Biblical Scholarship: Its Impact on Theology and Proclamation* (Villanova, PA: Villanova University, 1984), 56-7.

72) W. S. Towner, *ibid.*, 57-8.

73) W. S. Towner, *ibid.*, 82.

근원적인 이유로 제시되고 있다. 홍수 이후 살아남은 인류의 시조를 노아 한 사람으로 제시하고 있는 것은(창 9:18-19) 모든 인류가 한 사람의 혈통 으로 다시 퍼져나가거나 재편성되었다는 사상이 창세기의 기조이기 때문 이다. 따라서 구약이 모든 인류가 한 혈통을 통해 죄의 연속적인 영향 아 래에 있다는 시각을 가지고 있다는 것은 부인하기 어렵다.

원죄론은 제2성전시대의 유대교 문헌들이나 1세기 유대교 문헌에서도 찾아볼 수 있는 신학적 주제 중의 하나이다.[74] 주후 70년에 예루살렘이 멸망한 후에 한 유대인이 아람어로 기록한 에즈라 4서(= 에스드라 2서) 는 왜 하나님은 그가 선택한 민족이 고난을 받게 하시는지, 즉 신정론의 문제에 대한 1세기 유대인들의 의식을 담고 있는 중요한 증거로서, 원죄의 문제를 다루고 있다.

> 그러나 주께서 그들의 악한 마음을 그들에게서 거두지 않으셨기에, 주의 율법이 그들에게서 열매를 맺게 하셨나이다. 첫째 아담이 악한 마음을 짊 어지고서, 죄를 범하여, 패망하였기에, 그에게서 유래한 모두가 그와 같이 되었나이다. 그리하여 그 병이 영속하게 되었나이다. 율법은 악한 뿌리와 함께 백성의 마음에 있었으나, 선한 것은 떠났고, 악한 것은 남아 있었나 이다. (*4 Ezra* 3:20-22)

여기서 첫째 아담의 죄는 그의 자손에게 전해져 그들이 멸망하게 된 이 유가 된다. 저자는 또한 아담이 남긴 죄의 유산으로 인한 후손들의 삶에 대해 그 고통을 호소하고 있다.

> 내가 대답하여 말하였으니 "이것이 나의 처음이자 마지막 말이옵니다. 땅 이 아담을 낳지 않았더라면 더 좋았을 것이고, 그렇지 않았더라면, 아담이 죄를 짓지 않게 했을 것입니다. 그들이 지금 슬픔 속에 살면서 사후의 심

---

74) B. J. Malina, "Some Observations on the Origin of Sin in Judaism and St. Paul", *CBQ* 31 (1969): 23-7; C. A Gieschen, "Original Sin in the New Testament", *CJ* 31 (2005): 359-75, 여기서는 360-2.

판을 기다리는 것이, 모든 사람에게 무슨 유익이 있겠나이까? 오 아담이
여, 무슨 짓을 한 겁니까? 죄를 지은 사람은 당신이지만, 멸망은 당신의
것만이 아니라 당신의 자손들인 우리의 것이기도 하나이다."(4 Ezra
7:116-11875)

여기서 저자는 원죄를 후손들에게 유전되는 것으로 이해하고 있다. 유
대교의 이러한 신학적 이해는 구약을 바탕으로 구전 전승 과정을 거치면
서 발전 해 최종 기록 단계에서 수용되는 동안 유대인들의 인간 이해에
영향을 주었다. 종교 전승의 보수적인 특성을 고려한다면 이러한 신학의
근본적인 뼈대는 역사 후기에 갑작스럽게 출현한 개념이 아님을 알 수 있
다.[76] 더욱이 신약 전승은 창세기 3:15절의 여자의 후손을 그리스도로 해
석하고 있기 때문에(마 1:1-16; 눅 3:23-38; 롬 5:14-19)[77] 적어도 기독교 전
통에서는 원죄론의 이러한 생물학적 해석이 불가하다고 말할 수 없다. 바
울신학에서는 모든 사람을 죄인으로 보고 있고(롬 3:9-18, 23; 5:14), 특히
로마서 5장에서는 원죄를 갖고 태어난 모든 인류(12,[78] 15-19절)의 구원을

---

75) Also, cf. *Life of Adam and Eve* 18:1; Sir 25:24-26; Wis 2:24; 4:30; 7:118.
바룩서에서는 아담의 죄가 모든 사람에게 죽음을 가져왔다고 말하지만, 각자 죄에 대하여
선택할 수 있는 의지가 있다고 말한다: 2 Bar 48:42-43; 54:15, 19.

76) 에즈라 4서는 2세기경 그리스도인 편집자가 헬라어 역본에 1~2장을, 3세기
경에 또 다른 그리스도인 편집자가 같은 역본에 15~16장을 추가하였다. 그러나 역본의
특성상 주요 내용의 골격은 그대로 전수되었을 것으로 보인다.

77) 서사라(*ibid.*, 34-9, 57)는 여자의 후손을 '남자 없이 태어나는 자'로 해석한
다. 그는 여자의 후손(창 3:15)을 아브라함의 씨(창 22:17-18)와 이사야에서 예언하는 임
마누엘(사 7:14) 및 아들(사 9:6)과 모두 동일 인물로 봄으로써 전통적인 해석을 따르고
있다. 한편 그리스도가 그의 모친을 '여자'로 호칭한 것은(요 2:4; 19:26) 그리스도 자신
이 바로 여자의 후손(창 3:15)이며 그의 존재가 예언의 성취임을 말해주고 있다. 서사라
(ibid., 39; cf. 55)는 그리스도가 "아예 무죄하신 분이라 사망이 그를 가두어 둘 수가 없
었"다고 그리스도의 무죄성에 대해 바르게 정의를 내리고 있다. 그리스도는 여자의 후손으
로 태어난 완전한 인간이지만 또한 성령을 통해 하나님으로부터 났기에(고전 15:46-47)
원죄가 적용되지 않는다. 그리스도의 무죄성을 지지하는 신학적 입장에 대해서는, see K.
Barth, *Church Dogmatics* I/2, G. W. Bromiley and T. F. Torrance (eds.), (Edinburgh:
T.&T. Clark, 1957, 1969), 147-59.

78) 롬 5:12절과 롬 3:23절은 동일한 의미로 해석된다: C.E.B. Cranfield, *A*

위해 희생한 그리스도의 사랑을 설명하며(6-11절) 둘째 아담의 구원과 속량을 강조하고 있는 만큼 첫째 아담의 원죄도 비등하게, 대립적으로 강조하고 있다(15-21절).

정리하자면, 창세기 3장은 죄의 결과인 죽음이 생물학적 전이를 통해 온 인류에게로 이어지는 것을 기술하고 있다고 봐야한다. 구약의 또 다른 출처에서도 첫 인류의 죄를 모든 인간 죄의 원형(prototype)으로 보고 있고(호 6:7; 시 82:7: כְּאָדָם = 아담처럼) 그 결과 하나님과 인간의 관계가 영적으로 단절되었으며(창 6:3), 족보를 통해 인류의 죄의 생물학적 연속성을 강조하고 있기 때문에(대상 1:1) 원죄의 연속성에 대한 인식이 생물학적 개념으로 구약 전승에 존재한다고 말할 수 있다.[79]

생물학자이기도 한 서사라 목사는 원죄의 이러한 생물학적 연속성을 수용하고 있으며 그의 원죄론은 전통적인 기독교 신학에 속한다. 이는 창세기에서 말하는 물질적 기원과 원죄의 생물학적 연속성을 문자적으로 받아들이기 힘들어하거나 혹은 과학적 견해와 충돌하기를 기피하는 대다수 성서학자들의 '현대적인' 견해와는 다른 것이다.

6. 원죄로 인한 타락의 극복

인간은 원죄로 인한 타락에서 벗어날 수 있는가. 서사라 목사는 인본주의적 사고가 결국 첫 인류의 범죄의 결과라는 결론을 내리면서 동시에, 인간은 결국 신본주의적 사고로 전향될 수 있다는 긍정적인 희망을 제시하고 있다. 그 이유로 그는 '그리스도 안에서' 서로 용서함으로써 인간의 타락이 비로소 극복될 수 있다고 말한다.[80]

Critical and Exegetical Commentary on the Epistle to the Romans, ICC (Edinburgh: T.&T. Clark, 1975), 1.279. Cf. 고전 15:22.

79) Cf. 민 16:22.

80) 서사라, *ibid.*, 18, 22-26.

그런데 예수님은 이 인간들의 옳고 그름으로 인한 모든 재앙을 주님이 오셔서 아름답게 회복하신다. 즉 우리가 예수님 안에 있으면 옳고 그름이 아니라 서로 용서하고 서로 사랑하게 되는 것이다. 옳고 그름이 아니라 하나님이 우리에게 보여주신 그 사랑으로 남의 잘못을 덮어주고 넘어가게 되는 것이다. 그래서 성경은 이렇게 말한다. '사랑은 허다한 죄를 덮느니라.' 즉 사랑은 시비를 가리지 않는다는 말이다. 그래서 우리 인간은 예수 안에서 다시 '벗었으나 부끄러워하지 아니하니라.' 하는 그 허물을 덮어주는 이전의 상태로 돌아갈 수 있는 것이다.[81]

서사라 목사는 이러한 의식적 전환을 구원사적 신학의 조명아래 해석하고 있다. 인간의 이기적인 타락은 그리스도를 통해서만 극복되는데, 인간은 그리스도의 사랑을 통해 각 사람을 정죄하는 모든 일을 비로소 멈추게 된다는 것이다(마 7:3-5; 벧전 4:8). 이로써 신성을 탐하다 종주-봉신 조약의 율례를 범하여 마땅히 '죽음'의 판결을 받은 인간이 그리스도를 통해 다시 '부활'(영생)의 소망을 갖게 되었으며, 또한 자기중심적 판단을 버리고 그리스도의 섭리에 따라 다른 사람의 죄를 용서하고 그를 사랑하는, 신본주의적 사고로 전향할 수 있게 된 것이다. 따라서 인간은 선악의 판단(심판)에 대한 창조주의 전적인 권한(지혜)을 인정할 때, 비로소 원죄에서 벗어날 수 있는데, 원죄에서의 온전한 이탈은 자력이 아닌 그리스도를 통해서만 가능하다. 결국 아무도 판단하지 않고(요 7:24; 8:15; 고전 2:15; 4:3, 5; 롬 2:1; 고전 5:12; 약 4:11-12) 다른 사람을 사랑함으로써 인간은 원죄로 인하여 시비를 가리게 된 마음을 극복할 수 있게 되는 것이다.

사복음서에서 그리스도가 아담과 하와 이야기를 직접 언급하고 있지는 않지만,[82] 그의 가르침에서 인간의 죄와 회개, 구원의 약속과 같은 주제

---

81) 서사라, *ibid.*, 22-23, also see 24.

82) 막 10:18절은 '죄'라는 용어 대신 그와 반대되는 개념으로 모든 인류의 죄성을 말하고 있다. "예수께서 이르시되 네가 어찌하여 나를 선하다 일컫느냐 하나님 한 분 외에는 선한 이가 없느니라". Cf. 요 8:44; 9:34.

는 핵심을 이루고 있다. 한편 바울의 신학에서 아담과 하와 이야기는 좀 더 구체적인 면모를 갖추어 언급되고 있다. 둘째 아담이 인간을 원죄로부터 해방시키는 구원자로 소개되고 있기 때문이다(고전 15:45-47). 아담의 원죄론은 또 기독교 신학의 핵심인 부활의 신학적 개념과 가치 정립에 영향을 미쳤는데, 첫째 아담이 죽음의 문을 열게 되어, 그를 통하여 모든 사람이 죽어야 했듯이 둘째 혹은 마지막 아담인 그리스도가 죽음을 이기고 부활하였기 때문에, 그를 따르는 무리도 죽음을 이기고 부활하게 된다는 교리가 성립되었다(고전 15:20-23).

궁극적으로 구원(영생)은 인간이 그리스도와 성령을 통해 하나님의 말씀(소리)을 들으며 순종하는 삶을 살 때 이루어지며, 영생을 얻는 것은 모든 인간이 신성을 얻어 한시적인 존재에서 벗어나 영생하는 신이 되기를 원하며(눅 20:36; 요 10:34-35; cf. 시 82:6) 계획했던 하나님의 애초의 인간 창조 목적의 실현이다. 따라서 그리스도가 원죄의 해방자라는 서사라 목사의 시각은 신약의 핵심 신학을 충실히 따르고 있으며 그의 모든 해석적 논리를 그리스도 중심의 신학이라고 정의할 수 있다.

7. 나오는 말

단순하고 쉬운 용어로 풀어내고 있는 서사라 목사의 원죄와 타락에 대한 해석은 세련된 학문적 용어로 규격화된 글을 읽고 싶어 하는 독자들에게는 눈에 띄지 않는 대목일 수 있겠지만, 한편으로는 선악과를 먹음으로써 영적인 죽음을 맞이하여 인류가 서로의 시비를 가리기 시작했다는 내용과 같은 신선한 해석을 찾아볼 수 있다.

원죄에 대한 서사라 목사의 해석은 전통적인 기독교 신학의 관점을 벗어나 있지 않아 어떤 이에게는 평이해 보일 수도 있겠지만, 기록을 통한 하나님의 계시가 그것을 이해하기 위해 너무 높은 지성과 신학적 지식이 요구되도록 설계된 것이 아니라는 사실을 도리어 깨닫게 해주고 있다. 원죄에 관한 신학적 연구 실적이 쌓여가지만, 한편으로는 인간의 근원적 문제를 쉽게 이해하고 충분히 풀어갈 수 있는 독자들의 접근을 더 복잡하고 어렵게 만들고 있는지 모른다. 그러한 점에서 서사라 목사의 간증 수기는 원죄 사건을 쉽게 이해하기 원하는 독자들에게 유리한 이점을 제공하고 있다.

위에서 논증했듯이 원죄론은 신학적으로 구약과 신약의 연속성을 지지해주는 탄탄한 성경적 근거를 가지고 있기 때문에, 전반적으로 성경의 출처를 기반으로 원죄를 설명하고 있는 서사라 목사의 글은, 성경본문에 충실히 서있다. 또한 이러한 서사라 목사의 원죄와 타락에 대한 설명은 평이한 술어체를 통해 독자들에게 영적인 깨달음과 회개를 유도하기 때문에 간증 수기의 목적을 감안한다면 신학적 검증은 어울리지 않을 수 있다. 성경의 핵심 주제를 다루고 있는 서사라 목사의 해석에 대한 평가는 간증 수기답게 독자들의 판단에 맡기는 것이 자연스러울 수 있다는 것이다. 서로 시비를 가리다가 사망에 이르게 되었다는 그의 해석이 그의 '영적인' 간증 수기를 평가하려는 '지적인' 해석가들의 의도에도 적용될 수 있어 보이는 건, 논문의 결론에 덧붙여볼 수 있는 단상(斷想)이다.

[Abstract]

A Study on Pastor Sarah Seoh's Doctrine of Original Sin

Former Prof. of Old Testament at Pierson School of
Theology, Pyeongtaek University

Sang Youl Cho, Ph.D.

The purpose of this paper is to analyse her interpretation on original sin dealt with in a testimonial writing of Pastor Sarah Seoh and to examine its theological and biblical rationality. The doctrine of original sin, along with creation, is a theory based on events that occurred at the most fundamental stage in history, and is a Christian theology that many interpreters have discussed with interest. Seoh says in her testimonial writing that when Eve ate the fruit of the tree of the knowledge of good and evil, she immediately became aware of her sin. This incident, which functioned as a decisive motive for sinfulness to arise in humans, is the core of the entire theme that marks the beginning and end of the human history. Therefore, the story of original sin should not be regarded as an ordinary episode, but should be premised and interpreted as a story containing a core theme that penetrates the beginning and end of the Bible.

Seoh's basic understanding of original sin is that Adam and Eve's eating of the fruit of good and evil led to people judging good and evil on their own and punishing others by arguing with them, and later humans were able to resolve their original sin through Christ. In this way, Seoh considers the story of original sin as the core theme of the Bible. Therefore, in this paper Seoh' s view on original sin in her testimonial book is reconstructed and the rationality of her theory on original sin is examined by analysing the relevant biblical verses and comparing with the Suzerain-Vassal Treaty in the ancient Near East.

Key words: Adam, Eve, Tree of knowing Good and Evil, Original Sin, Suzerain-Vassal Treaty, Merism, Sarah Seoh

참고문헌(Works Consulted)

André-Marie Dubarle, O. P. *The Biblical Doctrine of Original Sin*. E. M. Stewart. trans. London: Chapman. 1964.

Barth, K. *Church Dogmatics* I/2. G. W. Bromiley and T. F. Torrance. eds. Edinburgh: T.&T. Clark. 1957. 1969.

Buchanan, G. W. "The Old Testament Meaning of the Knowledge of Good and Evil". *JBL* 75. 1956: 114-20.

Cho, S. Y. *Lesser Deities in the Ugaritic Texts and the Hebrew Bible:* A Comparative Study of Their Nature and Roles. DAAW 2. Piscataway, NJ: Gorgias Press. 2007.

Clark, W. M. "A Legal Background to the Yahwist' s Use of 'Good and Evil' in Genesis 2-3". *JBL* 88. 1969: 266-278.

Cranfield, C. E. B. *A Critical and Exegetical Commentary on the Epistle to the Romans*. ICC. Edinburgh: T.&T. Clark. 1975.

Engnell, I. "'Knowledge' and 'Life' in the Creation Story". in Noth, M. and Thomas, D. W. (eds.). *Wisdom in Israel and in the Ancient Near East*. Supplements to Vetus Testamentum 3. Leiden: E. J. Brill. 1960. 103-19.

Finnestad, R. B. "Ptah, Creator of the Gods: Reconsideration of the Ptah Section of the Denkmal". *Numen* 23. 1976: 81-113.

Fox, E. *In the Beginning: A New English Rendition of the Book of Genesis* - Translated with Commentary and Notes by Everett Fox. New York, NY: Schocken Books. 1983.

Gieschen, C. A. "Original Sin in the New Testament". *CJ* 31. 2005: 359-75.

Gordis, R. "The Knowledge of Good and Evil in the Old Testament and the Qumran Scrolls". *JBL* 76. 1957: 123-138.

Gunton, C. "The Spirit Moved Over the Face of the Waters: The Holy Spirit and the Created Order". *IJST* 4. 2002: 190-4.

Haag, H. *Is Original Sin in Scripture?* D. Thompson. trans. New York: Sheed & Ward. 1969.

Hartman, L. F. "Sin in Paradise". *CBQ* 22 (1958): 26-40.

Honeyman, A. M. "Merismus in Biblical Hebrew". *JBL* 71. 1952: 11-18.

Kim, S. *Paul and the New Perspective: Second Thoughts on the Origin of Paul's Gospel*. Grand Rapids: Eerdmans. 2002.

Kline, M. G. "The Two Tablets of the Covenant". *WTJ* 22 (1960): 133-146.

Koroshec, V. *Hethitische Staatsverträge: ein Beitrag zu ihrer juristischen Wertung*. Leipzig: Weicher. 1931.

Krašovec, J. "Merism - Polar Expression in Biblical Hebrew". *Biblica* 64. 1983: 232.

Malina, B. J. "Some Observations on the Origin of Sin in Judaism and St. Paul". *CBQ* 31. 1969: 23-7

Mendenhall, G. E. "Covenant Forms in Israelite Tradition". *BA* 17/3. 1954: 50-76. *Law and Covenant in Israel and the Ancient Near East*. Pittsburg: Biblical Colloquium. 1955.

Narrowe, M. H. "Another Look at the Tree of Good and Evil". *JBQ* 26. 1998: 184-8.

Pedersen, J. "Wisdom and Immortality". in Noth, M. and Thomas, D. W. eds. *Wisdom in Israel and in the Ancient Near East*: Supplements to Vetus Testamentum 3. Leiden: E. J. Brill. 1960. 238-46.

Provan, I. *Discovering Genesis: Content, Interpretation, Reception*. Grand Rapids, MI: Eerdmans. 2015.

Sarna, N. *Genesis*. The JPS Torah Commentary. Philadelphia: Jewish Publication Society. 1989.

Schreiner, T. R. *Romans*. BECNT 6. Grand Rapids, MI: Baker. 1998.

Soggin, J. A. " 'And You Will Be like God and Know What is Good and What is Bad' : Genesis 2-3". in C. Cohen, A. Hurvitz, and S. M. Paul (eds.). *Sefer Moshe*: The Moshe Weinfeld Jubilee Volume. Winona Lake: Eisenbrauns. 2004.

Smith, M. S. "Before Human Sin and Evil: Desire and Fear in the Garden of God". *CBQ* 80. 2018: 215-230.

Stern, H. S. "The Knowledge of Good and Evil". *VT* 8. 1958: 405-18.

Thompson, J. A. "The Near Eastern Suzerain-Vassal Concept in the Religion of Israel". *JRH* 3. 1964: 1-19.

Towner, W. S. "Interpretations and Reinterpretations of the Fall". in F. Eigo. ed. *Modern Biblical Scholarship*: Its Impact on Theology and Proclamation. Villanova. PA: Villanova University. 1984.

von Rad, G. *Genesis*: A Commentary. OTL. Dallas, TX:Westminster Press. 1961.

Walton, J. H. *The Lost World of Adam and Eve: Genesis 2-3 and the Human Origins Debate*. Downers Grove. IVP Academic. 2015.

Wellhausen, J. *Prolegomena zur Geschichte Israels*. Berlin: de Gruyter. 18831. 19056.

Wyatt, N. *Power of Myths*: A Study of Royal Myth and Ideology in Ugaritic and Biblical Tradition. UBL 13. Münster: Ugarit-Verlag. 1996.

서사라. 『천국과 지옥 간증 수기 3 성경편 제 1 권 -창세기』. 수원: 하늘빛출판
　　사. 2015.

장해경. "로마서 8장에 나타난 바울의 암시적 구약성경 사용(Paul's Implicit
　　Use of the Old Testament in Romans 8)". 『신약연구』 4. 2005:
　　193-7.

조상열. "루아흐와 이스라엘의 회복". 복음신학대학원대학교 오순절신학연구소
　　엮음. 오순절신학총서 3권. 『성령과 하나님 나라』. 대전: 복음신학대학원
　　대학교출판부. 2011: 23-38.

_____ . 『가인의 표』. e-book edition. 평택: 평택북스. 2019.

_____ . "하와의 회개에 관한 연구". in 조상열 외. 『성경해석의 새 지평: 서사
　　라 목사 저서에 대한 신학적 평가』. 수원: 하늘빛출판사. 2020. 14-36.

제2논문

서사라 목사의 삼위일체 설명에 대한 신학적 평가

A critical Study on the Understanding of Trinity of Rev. Seoh Sarah

권 호 덕 교수
(콜부루게신학연구소 소장)

서사라 목사의 삼위일체 설명에 대한 신학적 평가

권 호 덕 교수

(콜부루게신학연구소 소장)

논문 요약

서사라 목사의 삼위일체 이해는 그녀의 성경 해석과 천국 체험에서 얻은 간증 내용에 근거한 것이다. 우리가 궁금해 하는 질문은 '그녀가 천국 체험하고 증거하는 내용이 성경과 부합하는가' 이다. 서 목사는 기독교 교회가 2천년 역사 속에서 만들어진 신조와 개혁교회 신앙고백서를 수용한다. 그녀의 증거 가운데 특별히 인상적인 것 중에 하나는 성부 하나님에 대한 증거이다. 그것은 천국에는 성부의 궁이 있고 성부는 외적인 모습은 없고 오직 소리로만 자기의 뜻을 나타내신다는 것이다. 성부 하나님이 소리로만 자기를 나타내시는 것은 신약성경의 증거와 일치한다.

그녀는 천국에서 만난 삼위일체 하나님 세 위격은 모두 인격임과 세 분의 위격이 서로 밀접한 관계에 대해 말했다. 그녀의 발언은 고대교회의 이단 중에 하나인 양태론에 가깝게 보일 정도로 세 분 위격 사이의 관계는 독특하다. 예수께서는 성부 자리에 앉은 이 곧 성부가 자기라고 말하는가 하면 성령을 가리켜 자기라고 했다. 그녀의 이런 발언을 자세히 살펴보니 이것은 삼위 세 위격의 특이한 존재방식으로서 인간 이성으로는 이해하기 힘든 것으로 보인다.

서 목사는 예수께서 세례를 받은 사건을 삼위일체 하나님이 분명하게 드러난 사건으로 본다. 그녀는 천국에 있는 성부 하나님 궁에서 비둘기 7마리 정도가 그 궁안으로 날아들어 세 위격이 함께함을 보았는데 이때 예수의 세례 사건을 생각했다고 한다. 우리는 단지 그녀가 천국에서 체험한 이런 것들이 성경이 증거하는 내용에 부합하는지를 점검하는 것이다.

서 목사의 간증 발언 가운데 기독교 신학이 지금껏 주장하는 것과 심각하게 충돌하는 것은 요한계시록 4:5 내용이다. 대부분의 신학자들과 목사들은 이 구절에 등장하는 일곱 영을 성령으로 본다. 그런데 서 목사가 천국 보좌에서 본 이 일곱 영이 성령이 아니라 일곱 천사들이라는 것이다. 매우 흥미롭게도 NICNT 주석 시리즈의 요한계시록 주석가인 Mounce와 WBS 주석 시리즈의 요한계시록 주석가인 Aune는 이 일곱 영을 일곱 천사로 해석한다. 그리고 Sacra sagina 주석 시리즈의 요한계시록 주석가인 Harrington도 이 일곱 영을 일곱 천사라고 해석한다. 이런 점에서 서 목사는 매우 권위 있는 신학자들의 지지를 얻은 셈이다.

우리는 여기서 엄청난 고민에 빠지게 된다. 많은 목사들이 이 구절에서 삼위일체 세 위격을 보고 예배축도에 사용한다. 즉 이들은 이 일곱 영을 성령으로 보는 반면에 서 목사의 간증은 이런 매우 탁월한 주석가들의 지지를 받기 때문이다. 서 목사가 보좌 앞 일곱 영을 일곱 천사로 보고 증거한 내용이 이런 주석가들의 해석과 일치하기 때문에 일방적으로 무시할게 아니라, 앞으로 이 주제를 두고 정직한 신학적인 논쟁이 필요할 것으로 보인다.

서 목사는 삼위일체 하나님과 피조물 사이의 관계에 대해서는 침묵한다. 이는 그녀가 구원 문제에 집중했기 때문이다.

본 발제자는 논문 둘째 부분에서 2천년 교회사에 등장한 삼위일체론을 요약정리하며 교회의 삼위일체론은 매우 심각한 논쟁과 더불어 형성되어 왔지만 서사라 목사의 삼위일체 이해는 그녀가 천국에서 보고 체험한 삼위일체 하나님을 증거하는 차원에서 말했음을 지적했다. 만일 서 목사의 간증이 성경의 증거와 일치한다면, 기존 기독교신학은 이런 간증을 통해 삼위일체론을 발전시킬 수 있는 기회가 되었으면 좋겠다고 여겨진다. 동시에 간증자는 기존 신학의 평가를 받으며 자기 간증의 옳고 그름을 가늠해야 될 것으로 보인다. 교회가 만든 그 동안의 모든 삼위일체론은 세 분의 위격이 각각 독자적인 인격이라는 것과 이 세 분은 신비한 사랑으로 결합되어 있으며 함께 사역함을 가르친다.

우리는 하나님에 대해 완전히 알 수 없다. 우리는 그를 경배할 수 있는 만큼의 하나님 지식을 가질 뿐이다. 우리는 주님께서 재림하시어 만물을 새롭게 하실 때, 비로소 온전히 하나님을 이해할 수 있을 것이다. 따라서 항상 겸손한 마음으로 성경을 연구하며 하나님을 바로 알아가는 일에 힘써야 할 것이다. (끝)

중요단어: 서사라, 삼위일체, 양태론, 존재양식, 예수 세례, 일곱 영, Mounce, Aune

0. 들어가면서

얼마 전까지만 해도 신학계에서는 삼위일체론에 대한 르네상스가 일어난 듯이 수많은 박사논문이 발표되었다. 이미 오래 전에 기독교 역사의 초창기에 기독론 문제와 더불어 삼위일체론이 크게 부상하더니 그 사이 20세기를 지나면서 여러 가지 주제들이 논쟁의 대상이 되며 신학이 발전했고 20세기 이후에 다시 삼위일체론이 다시 회자(膾炙)에 오른 것은 하나님에 대한 인간의 지식이 항상 미흡했기 때문인 것으로 풀이된다. 그 동안개혁교회는 여러 시대를 지나며 수많은 신앙고백서들을 만들고 삼위일체하나님에 대해 보다 새로운 시각으로 설명하기 노력했으나 여전히 이 교리를 쉽고 명확하게 설명하기란 쉽지 않은 것 같다.

어떤 기독교인이 정통 기독교 신자인지 아닌지는 그의 신관(神觀) 특히삼위일체론이 그 사람의 신앙적 정체성을 외부에 드러내준다. 따라서 서사라 목사의 신학적인 입장에 무엇인지는 그가 삼위일체를 어떻게 이해하고있었는가가 관심의 대상이 되는 것이다.

서사라 목사(이후 서 목사)는 삼위일체 하나님을 어떻게 이해하고 있을까? 그는 개혁교회 정통 신학에 속하는가? 아니면 거기서 벗어났을까? 서목사가 대한예수교장로회 서울동노회 제출한 신앙고백서[1]를 보면 그는분명히 정통기독교 삼위일체론을 받아들이고 있다. 문제는 서 목사가 특별

---

1) I. 이 삼위(三位)의 하나님은 한 분 하나님이시나 그 위격(位格)으로 성부 하나님, 성자 하나님, 성령 하나님은 동일하게 전능하시고 전지하신 분이시다. 이 세분이 전지하시고 전능하신 것에 있어서는 조금도 차이가 없으시다. II. 우리가 믿는 하나님은 그위격이 삼위 (성부, 성자, 성령) 로 구별되시나 **그 본질은 같으신 한 분 하나님이시다.** III. 그러나 우리가 믿는 하나님이 한분 하나님이시나 이 세 위격 (성부하나님, 성자하나님, 성령하나님) 이 함께 존재하는 것이 명백히 드러난 곳이 요단강에서 세례를 받고 올라오실 때에 삼위의 하나님께서 드러나신 곳이다. IV. 또한 성경전체에서 한 분 하나님이 삼위로 존재하시면서 **삼위로 함께 일하고 계심을 나타내고 있다.** V. 삼위의 하시는 일이 다르다. 이 삼위의 하나님께서는 성부하나님은 뜻을 세우시고 성자하나님께서는 메신저로서 (말씀으로서) 그 뜻을 이루러 오시는 분이시고 성령하나님은 실제로 그 일이 이루어지게하시는 하나님이신 것이다.

한 방식으로 천국과 지옥을 체험하며 증거한 삼위일체 하나님에 대한 발언이 평범한 기독교인들을 당혹케 하는 부분이 있다는 것이다. 그의 이런 간증은 성경의 지지를 얼마나 받을 수 있는가 하는 것이 우리의 관심사이다.

본 논문은 이 문제를 비판적으로 점검하는 것을 목적으로 삼는다. 이를 위해 먼저 서 목사가 가르치는 삼위일체 이해를 먼저 점검하고 그 다음 고대 교회와 종교개혁 이후 개혁교회 신앙고백서들과 그것에 근거하여 형성된 개혁신학이 가르치는 삼위일체론을 살피고 비교하며 평가하려고 한다. 물론 2천년 동안 만들어 낸 여러 가지 신학은 절대적이거나 완전한 것은 없다. 모든 신학은 그 시대의 여건과 맞물려 있기 때문에 상당한 부분은 상대적이다. 이것을 간과하고 과거에 만들어진 신학을 절대시(絶對視)하는 경우 즉 우상숭배에 빠질 것이다. 지나친 보수주의 신학의 문제는 바로 여기에 있다.

I. 서사라 목사의 삼위일체 하나님 이해

서 목사의 삼위일체 하나님에 대한 발언은 그의 간증수기 저서 제 1권, 제 3권, 제 4권, 제 6권, 제 7권 등에 간헐적으로 등장하나 주로 제 5권 곧 그의 "계시록 이해"라는 저서에 집중되어 있다.[2] 따라서 본 논문의 주된 연구 대상은 제 5권이다. 우리는 여기서 서 목사가 삼위 각위의 인격과 사역에 대해 어떻게 설명하는지 혹은 표현하는가를 살핀다.

A. 서사라 목사의 삼위 각위에 대한 해석

삼위일체론은 세 위격의 인격과 세 분의 사역 내용 그리고 세 위격 사

---

2) 서사라, 『이제도 있고 전에도 있었고 장차 올 자 예수 그리스도 Jesus Christ, who is, and who was, and who is to come, "과학자였던 서사라 목사의 천국과 지옥 간증 수기"』 (남양주: 하늘출판사, 2017. 초판 43쇄)

이의 관계를 분석하면 그 윤곽이 잡혀진다. 이 점이 교회사에 등장하는 모든 삼위일체론이 공통적으로 지니는 내용이다. 서 목사는 이런 삼위일체 하나님을 어떻게 설명할까?

1. 서사라 목사가 말하는 성부는 어떤 분인가?

우리는 여기서 서 목사가 성부 하나님에 대해 어떻게 묘사하고 있는지 그리고 그가 천상에 본 성부에 대한 표현이 성경의 증거에 부합하는지를 점검하되 특히 그의 인격과 사역 중심으로 살피려고 한다.

a. 성부의 인격, 명칭, 보좌에 앉으신 이

서 목사는 성부의 외적인 모습에 대해서는 말하지 않는다. 그는 천국에서 마주한 성부를 "그 궁 앞에 보이지 않는 누구"[3]로 표현한다. 서 목사는 단지 보좌에서 나오는 음성으로 성부의 존재를 확인한다.[4] 즉 성부는 백보좌에 앉으신 이로 표현한다.[5] 서 목사는 성부가 우리 눈에 보이지 않으시나 존재하시는 분임을 분명하게 말한다.[6] 그의 저서 전체에서 성부를 표현할 때는 이렇게 표현한다.

이런 내용은 신약성경이 증거하는 성부와 일치한다. 신약성경은 성부를 표현할 때 어떤 형태가 있는 분으로 묘사하지 않는다. 단지 음성으로 그의 존재를 계시한다. 이를테면 예수께서 세례를 받으실 때 성령은 비둘기 모양으로 성부는 음성으로 계시한다. "마 3:16 … 하나님의 성령이 비둘기 같이 … 17 **하늘로부터 소리**가 있어 말씀하시되 이는 내 사랑하는 아들이요 내 기뻐하는 자라 하시니라"[7](막 1:10-11). 이런 형상은 변화산에서도

---

3) 서사라, 『이제도 있고 전에도 있었고 장차 올 자 예수 그리스도 천국과 지옥 간증 수기 5"』[성경편 제 3권 - 계시록 이해] (남양주: 하늘출판사, 2018. 초판 3쇄), 160. 앞으로는 이 책을 『이제도 있고 … 천국과 지옥 간증 수기 5 …』로 표기함.

4) 서사라, 『이제도 있고 … 천국과 지옥 간증 수기 5 …』, 160ff.

5) 서사라, 『이제도 있고 … 천국과 지옥 간증 수기 5 …』, 438.

6) 서사라, 『이제도 있고 … 천국과 지옥 간증 수기 5 …』, 162, 232.

일어난다. "마 17:5 말할 때에 홀연히 빛난 구름이 그들을 덮으며 **구름 속에서 소리**가 나서 이르시대 이는 내 사랑하는 아들이요 내 기뻐하는 자니 너희는 그의 말을 들으라"8)(막 9:7; 눅 9:35). 다만 "성부 하나님의 궁"이라는 표현은 기존 기독인들에게 많이 낯설다. 이런 표현은 성경을 깊이 연구해서 그것이 무엇인지 성경적으로 규명해볼 필요는 있을 것이다.

요컨대 서 목사가 성부를 눈으로 볼 수 없고 다만 음성으로만 그의 존재를 인식할 수 있다 고 말한 것은 성경의 증거에 부합한 것으로 볼 수 있다.

b. 성부의 사역, 소리로 말씀하시는 분

서 목사는 그의 저서에서 성부는 직접 서 목사에게 말씀하시며 사명을 부여하는 일이 자주 일어남을 볼 수 있다. 이를테면 "너는 영적 무장을 하라"9)고 말씀하시는가 하면, 서 목사의 손에 예수 그리스도의 못 자국 표시로 뚫어주신다는 표현을 한다. "성부 하나님께서 내 손바닥에 구멍을 뚫어주시다."10)

그리고 성부는 서 목사에게 계시록을 풀이한 책을 주셨다고11) 한다. 그리고 다음과 같은 표현은 성부가 서 목사에게 사명을 부여하는 내용을 보여준다. "성부 하나님은 이렇게 말씀하신다. '너는 나의 메신저가 될 것이다'"12) 성부가 직접 그의 백성들에게 직접 말씀하시며 어떤 행동을 하신

---

7) Matthew 3¹⁶ βαπτισθεὶς δὲ ὁ Ἰησοῦς εὐθὺς ἀνέβη ἀπὸ τοῦ ὕδατος· καὶ ἰδοὺ ἠνεῴχθησαν ̈αὐτῷ οἱ οὐρανοί, καὶ εἶδεν ̈τὸ πνεῦμα ̈τοῦ θεοῦ καταβαῖνον ὡσεὶ περιστερὰν ̈καὶ ἐρχόμενον ἐπ᾽ αὐτόν· ¹⁷ καὶ ἰδοὺ **φωνὴ ἐκ τῶν οὐρανῶν** λέγουσα· οὗτός ἐστιν ὁ υἱός μου ὁ ἀγαπητός, ἐν ᾧ εὐδόκησα.

8) Matthew 17⁵ ἔτι αὐτοῦ λαλοῦντος ἰδοὺ νεφέλη φωτεινὴ ἐπεσκίασεν αὐτούς, καὶ ἰδοὺ **φωνὴ ἐκ τῆς νεφέλης** λέγουσα· οὗτός ἐστιν ὁ υἱός μου ὁ ἀγαπητός, ἐν ᾧ εὐδόκησα· ἀκούετε αὐτοῦ.

9) 서사라, 『이제도 있고 … 천국과 지옥 간증 수기 5 …』, 174.

10) 서사라, 『이제도 있고 … 천국과 지옥 간증 수기 5 …』, 197ff.

11) 서사라, 『이제도 있고 … 천국과 지옥 간증 수기 5 …』, 231ff.

12) 서사라, 『이제도 있고 … 천국과 지옥 간증 수기 5 …』, 283.

다는 것은 구약성경에서 찾아볼 수 있을지 점검해볼 일로 보인다. 구약성경에서 여호와는 더러는 성부를, 더러는 성자를, 더러는 성령을 가리킨다. 이 중에 성부와 관계하는 구절 가운데 이런 내용과 일치하는 것이 있는지 살펴볼 필요가 있는 것으로 보인다.

성부가 직접 단순한 인간인 서 목사에게 말씀을 하시고 사명을 부여한 내용은 지금까지 교회사에 등장한 삼위일체론에서는 매우 낯설다. 우리는 앞에서 성부가 예수 그리스도에게 말씀하신 것은 이미 확인했다. 그런데 인간인 서 목사의 이런 체험은 성경에서 그 근거를 발견할 수 있을까? 기존 삼위일체론은 삼위일체 하나님 가운데 성자가 삼위일체를 대표하여 인간에 계시하시는 분으로 등장한다고 가르치기 때문이다.

구약성경은 여호와 하나님이 그의 선지자들에게 직접 말씀하시는 내용이 자주 나온다. 그런데 구약성경은 성부, 성자, 성령 삼위의 하나님을 분명히 구별하여 그 사역을 말하지 않는다. 즉 하나님의 사역이 삼위일체 중에 누구의 것인지 분명하게 말하지 않는 경우가 많다. 모세와 여호수아에게 말씀하신 이는 누구일까? 사사들에게 말씀하신 이는 누구일까? 이사야에게 말씀하신 이는 누구일까? 예레미야에게 말씀하신 분은 누구일까? 기타 모든 선지자들에게 말씀하신 이는 누구일까? 똑같은 여호와이지만 그 주어에 뒤따르는 동사를 보고 그가 누구인지를 짐작할 뿐이다. 물론 이사야서 6장에는 '보좌에 앉으신 이'를 말하기 때문에 이 여호와를 성부로 볼 수 있다.

2천년 동안 발전해 온 기독교 신학에서는 성부가 인격이심과 그가 아들을 낳으셨다는 것 그리고 그는 창조와 구원 경륜을 작정하셨다는 것 그리고 아들을 보내시고 성령을 보내셨다는 것을 말하는 것으로 만족한다. 따라서 서 목사가 이렇게 개인적으로 체험한 것을 간증한 것을 토대로 하여 성부의 구체적인 사역에 대해 말한 것은 앞으로 성경을 세밀하게 주석함을 통해 다시 규명할 필요가 있을 것이다.

2. 서사라 목사가 말하는 성자는 어떤 분인가?

a. 성자의 인격

서사라 목사의 저서에서 가장 그와 가까운 관계를 지니고 등장하는 분은 예수 그리스도이다. 그리고 삼위일체 하나님 세 분의 위격 가운데 가장 많이 언급되는 것이 예수 그리스도이다. 사실 그의 저서에서 가장 자주 나오는 분이 성자 예수 그리스도이다.

서 목사는 스가랴서 14:3과 14:9에 나오는 여호와를 적그리스도와 아마겟돈에서 싸우시는 예수 그리스도로 보고 요한계시록 19:11-13에 등장하는 백마 탄자 곧 피뿌린 옷을 입은 하나님의 말씀, 예수 그리스도와 연관시킨다.[13] 서 목사는 여기서 주님께서 '나는 여호와니라' 라는 말씀을 열 번 이상 들었다고 한다. 그리고 서 목사는 이사야 8:13-15에 나오는 '걸림돌'과 벧전 2:6-8에 나오는 '부딪히는 돌'과 '거치는 반석'과 연관하여 만군의 여호와가 예수 그리스도임을 주장한다.[14] 말하자면 서 목사는 '구약 속의 그리스도'를 받아들이는 동시에 예수 그리스도의 신성을 증거한다는 말이다.

서 목사는 이사야 9:6에 나오는 메시아 예언 구절 속에서 예수 그리스도의 신분을 본다.[15] "사 9:6 이는 한 아기가 우리에게 났고 한 아들을 우리에게 주신바 되었는데 그 어깨에는 정사를 메었고 그 이름은 **기묘자**라, 모사라, **전능하신 하나님**이라, **영존하시는 아버지**라, **평강의 왕**이라 할것임이라." 나아가 예수를 빌립보서 2:6에 근거하여 하나님의 본체(ibid., 439)라고 말하며 그의 신성을 증거한다.

서 목사는 이 예수 그리스도가 하나님이 보내신 독생자로서 죄인을 위해 죄인의 자리에서 죽으셨다가 부활하셨으며 지금은 교회 안에 임재하

---

13) 서사라, 『이제도 있고 … 천국과 지옥 간증 수기 5 …』, 439, 464.
14) 서사라, 『이제도 있고 … 천국과 지옥 간증 수기 5 …』, 552f.
15) 서사라, 『하나님의 인』, 53.

고16) 장차 심판하실 이심을 주장한다. 그는 신명기 4:28과 연관하여 "우리가 섬기는 신은 살아계신 하나님이시고 이 세상을 주관하시며 또한 이 세상에 오셔서 우리 죄를 대신하여 죽으시고 삼일 만에 부활하신 예수 그리스도인 것이다."17)라고 설명한다.

주목할 만 한 것은 서 목사가 천국에서 삼위일체 하나님 가운데 실제의 몸을 가지신 분이 예수님임을 증거한다는 것이다.18) 이런 사실은 기존 삼위일체론의 주장과 동일한 것이다. 문제는 더러 성자에 대한 그의 발언에는 좀 더 세밀한 주석이 필요한 부분이 있다는 것이다. 서 목사는 예수 그리스도에 대한 예언 구절인 이사야 9:6를 해석하면서 거기에 등장하는 '한 아기'를 '전능하신 하나님' 그리고 '영존하신 아버지'로 표현되는 것을 주목하고 예수와 아버지가 일체라고 한 말은 한 것은 특이한 해석으로 보인다.

이사야서 9:6에 나오는 '영존하신 아버지'는 무슨 의미일까? Oswalt는 이 아버지를 성부와 성자 사이의 일체를 설명하는 것으로 보지 않는다. 그는 주장하기를 고대 왕들은 대개 자기 백성들에 대해 아버지와 같은 위치에 있었음을 지적하고 예수 그리스도는 자기 백성들을 먹이시고 기르시는 목자로서 영원한 아버지로 해석한다.19) 카일 델리취도 이와 비슷하나 좀 더 상세하게 표현한다. 즉 메시아를 '영존하시는 아버지'로 표현한 것은 그가 영원성을 소유할 뿐아니라 자기 백성들을 위해 영원히 부드럽고 신실하며 지혜로운 훈련자, 인도자 그리고 모든 것을 제공하는 제공하는 자이기 때문이라는 말이다. 즉 그는 시편 72편의 말씀처럼 자기 백성들을 위

16) 서사라, 『이제도 있고 … 천국과 지옥 간증 수기 5 …』, 203f. 이 책의 제 62장의 제목이 이런 임재를 분명하게 보여준다. "주님이 영체로 실제로 교회 안에 임하시고…"

17) 『이제도 있고 … 천국과 지옥 간증 수기 6 …』, 321.

18) 서사라, 『이제도 있고 … 천국과 지옥 간증 수기 5 …』, 94, 162.

19) John N. Oswalt, *The Book of Isaiah Chapters 1-39* in NICOT(Grand Rapids: Eerdmans, 1986), 247f.

한 영원한 사랑하는 왕이기 때문에 '영존하시는 아버지'라 불려진다는 것이다.[20] Hans Wildberger는 근동지방 왕들이 자기들의 신(神)에 대해서는 '아들'이라도 자기 백성에 대해서는 '아버지'라고 부르던 것과 연관하여 이 메시아가 자기 백성들에 대해서는 아버지가 된다는 의미로 해석한다.[21]

이상근은 예수 그리스도의 신성과 연관하여 설명한다. "이는 그리스도의 영존성과 인류를 영원으로 인도하는 부성적 사랑을 강조한 것이다. 그는 강력한 하나님일 뿐더러 사랑의 아버지시다. 그것은 영생에 주관자시고 또 주시는 분인 것을 가리킨다."[22]

칼빈은 여기서 그리스도의 신성과 교회와 연관하여 설명한다. 그는 '영존하신'을 70인경에서는 '미래 다가올' 일로 표현함을 고려하여 그리스도는 자기 백성들에게 죽지 않음을 부여하기 위해 오실 것으로 보며 그 결과 이 세상은 교회의 영원한 조건에 의해 포응된다고 해석하는 동시에 그의 이름이 아버지인 이유는 그리스도가 모든 세대를 거쳐 자기 교회로 하여금 계속 존재하도록 하여금 몸에 그리고 그 몸의 모든 지체들에게 불멸성을 주기 때문이라고 한다.[23] 그리고 빌립보서 2:6에서 그리스도를 하나님의 본체임을 강조한 것은 우리말 성경만을 참고 했기 때문인 것으로 보인다. 사실 이 '본체'라는 단어와 종의 '형체'라는 단어는 동일한 것으로 존재 방식을 의미한다. 즉 예수 그리스도는 삼위일체 존재방식으로 계시다가 종의 존재방식으로 오셨다는 말이다.[24]

20) F. Delitzsch, *Isaiah* in 「Commentary on the Okd Testament in Ten Volumes」 vol. VII (Grand Rapids: Eerdmans, 1976), 253.

21) Hans Wildberger, *Jesaja Kapitel 1-12* in 「Biblisscher Kommentar Altes Testamentes」 (Neukirchen: Neukircherner Verlag, 1980. 2., verbesserte Aufl.), 383.

22) 이상근, 『구약주해 이사야』 (대구: 성등사, 1992. 재판). 105

23) John Calvin, *Isaiah Vol.I* in 「Calvin's Old Testament Commentaries」 tr. by William Pringle (Grand Rapids: Eerdmans, 1953), 311.

요컨대 예수 그리스도의 인격에 대한 서 목사의 발언은, 더러 섬세한
해석이 필요한 것들을 제외하고는, 정통기독교 해석에서 벗어나지 않는 것
같다.

b. 성자의 사역, 보좌 앞 어린양

서 목사는 요한계시록 1:4, 3:1, 그리고 5:6에 나오는 일곱 영이 동일한
것으로 보고 성자가 이 일곱 영을 부리시는 분을 주목한다.[25] 그리고 일
곱 인을 떼시는 분으로 주목한다. 그런데 서 목사는 요한계시록 6:1-2에
나오는 흰 말을 탄 자를 그리스도가 아님을 말한다. 다만 이 흰 말을 탄
자가 누구인지를 설명한다. 즉 그는 이기는 자들에게 인을 받을 자가 누구
인지 구별하며 인을 치는 자라고 설명한다.[26]

사실 이런 해석은 많은 주석가들의 질문을 야기할 것이다. 윌리암 헨드
릭슨은 역사속에 등장한 많은 탁월한 주석가들과 더불어 이 흰 말 탄자를
그 입에서 날선 검이 나오는 예수 그리스도라고 해석한다.[27] 조지 엘돈
랫드는 이 흰 말 탄자가 예수 그리스도가 아니며 그리스도의 복음을 온
땅에 선포하는 것을 상징한다고 해석한다. 그 이유는 성경에서 활은 가끔
하나님의 승리를 상징한다고 보기 때문이라고 한다.[28]

---

24) Philippians 2^6 ὃς ἐν **μορφῇ** θεοῦ ὑπάρχων οὐχ ἁρπαγμὸν ἡγήσατο τὸ
εἶναι ἴσα θεῷ, ^{7} ἀλλὰ ἑαυτὸν ἐκένωσεν **μορφὴν** δούλου λαβών, ἐν ὁμοιώματι
ἀνθρώπων γενόμενος· καὶ σχήματι εὑρεθεὶς ὡς ἄνθρωπος.

25) 서사라, 『이제도 있고 … 천국과 지옥 간증 수기 5 …』, 96f.

26) 서사라, 『이제도 있고 … 천국과 지옥 간증 수기 5 …』, 106f.

27) William Hendriksen, *John* in New Testament Commentary (Banner of
Truth Trust, 1976), 113f. 여기서 그는 희남ㄹ 탄 자를 그리스도로 해석하는 매우 많은
주석가들을 언급한다. Bede, Bullinger, Deutsterdieck, Grotius, V. Hepp (Calvinism
and the philosophy of Nature, 171), Irenaeus, A. Kuyper, Sr., R. C. H. Lenski, W. Milligan,
S. L. Morris, Pareaus, Plummer's Commentary in Homiletical Section, Vitringa, C.F.
Wishart, B. Weiss, etc.

28) Eldon George Ladd, *A Commemntary on the Revalation of John*. (Grand
Rapids: Eerdmans, 1972), 98f.

아돌프 폴은 이 흰 말 탄자를 적그리스도로 해석한다.[29] Mounce는 요
한계시록 6:2의 흰 말 탄자와 계 19:11이하에 나오는 흰 말 탄자가 동일
한 인물이 아님을 말한다. 그리고 그는 전자의 경우에는 정복이 그 핵심이
고 후자는 의(義)의 보응이 그 핵심이라고 하며 요한 당시의 흰 말은 정복
과 군국주의 정신을 상징한다고 말한다.[30] 그와 동시에 Mounce도 폴처
럼 이 흰 말 탄자를 적그리스도로 본다. Boring은 요한계시록 6:1-18:24이
"하나님이 큰 성을 심판하신다"는 제목 하에 있음을 주목하며 화살을 지
닌 흰 말 탄자를 로마제국을 멸망시킨 Parthian과 연관시킨다. 즉 Boring
은 이 말 탄자를 예수 그리스도로 보지 않는다.[31]

Aune는 이 구절을 상당히 소상하게 주석한다. 한 마디로 그는 이 흰
말 탄자가 그리스도나 인치는 자도 아니라고 한다. 그는 이 흰 말 탄자를
스가랴서 6장에 나오는 흰 말 탄자에 근거함을 지적하며 뒤에 나오는 말
탄 자들이 부정적인 일을 하는 것을 보고 첫째 흰 말 탄자도 부정적인 일
과 연관됨을 말한다.[32] 그리고 그는 긍정적인 시각으로 해석하는 자들은
이 흰 말 탄자를 그리스도 또는 복음의 승리적인 진행으로 본다고 비판적
으로 본다.[33] 그는 부정적인 시각으로 해석으로 기울어지나 이 흰 말 탄
자를 군사적 정복, 적그리스도, 태양신인 미트라스(Mithrass) 등으로 보는
것을 거부하고 역사적이고 문법적인 해석을 시도하여 첫 흰 말 탄자를
'전쟁행위'를 상징한다고 보고 나머지 세 가지 말 탄자들은 각기 전쟁의

---

29) Adolf Schlatter, *Der Evangelist Matthäus. seine Sprache, sein Ziel, seine Selbständigkeit. Ein Kommentar zum ersten Evangelium* (Stuttgart: Calwer Verlag, 1982. 7.Aufl.), 201ff.

30) Robert H. Mounce, *The Book of Revelation* in NICNT (Grand Rapids: Eerdmans, 1998), 141f.

31) M. Eugene Boring, *Revelation* in Interpretation A Bible Commentary for Teaching and Preaching (Louisville: John Knox, 1989), 122.

32) David Aune, *Revelation 6-16* in WBC 52A. (Dallas, Texas: Word Books, Publisher, 1997), 393.

33) David Aune, *Revelation 6-16* ……, 393f.

입체적인 악들 즉 칼, 기근, 역병(疫病) 가운데 하나씩을 상징한다고 주석했다.[34]

서 목사가 흰 말 탄자를 이기는 자들에게 인치는 자로 설명하나 문제는 서 목사에 의하면 인을 치는 천사들은 흰 옷이 아니라 먹물과 같은 검은 옷을 입고 있다고 증거하기 때문이다.[35] 이 문제는 앞으로 논의의 대상이 될 것 같다. 우리는 여기서 흰 말 탄자가 예수 그리스도가 아님을 지적하고 넘어갈 뿐이다.

그리고 서 목사는 주님이 '중심을 보시는 분'(제 5권, 135) 그리고 영체로 교회에 임재하시는 분(제 5권, 203f.), 휴거를 준비하시는 분(제 5권, ibid., 221ff.), 아마겟돈 전쟁을 일으키시는 분(ibid., 343, 490) 등으로 표현한다.

서 목사는 종말론에 집중하는 자기 저서의 특성상 그가 여기서 주목하는 것을 한편으로는 교회 안에 임재하시는 분으로, 성도들의 삶을 주시하는 분으로 동시에 심판하시는 분을 많이 열거하는 것 같다. 물론 서 목사는 그리스도의 이런 사역을 증거하면서 예수 그리스도의 십자가 고난 사역을 전제한다.

3. 서사라 목사가 말하는 성령은 어떤 분인가?

기독교 역사의 성령론 논쟁에서 가장 중요한 질문은 '성령은 하나님이신가?' 그리고 '그는 인격이신가?' 하는 것으로 수렴된다. 이 두 가지를 부인하는 무리들은 이단으로 정죄를 받는다. 주목할 만한 것은 서 목사의 저서에서 성령에 대한 내용은 그렇게 많지 않다는 것이다. 그의 간증 내용은 분명히 그가 성령의 능력으로 체험한 것을 보여주는데, 이 성령에 대한

---

34) David Aune, *Revelation 6-16* ……, 394f.

35) 서사라, 『이제도 있고 전에도 있었고 장차 올 자 예수 그리스도 서사라 목사의 천국과 지옥 간증 수기 7(성경편 제 4권) 하나님의 인』(남양주시: 하늘빛출판사, 2017), 141ff.

그의 묘사가 적은 것은 신학공부를 시작한지 얼마 지나지 않았기 때문인 것으로 보인다. 천국과 지옥 체험 등 영적인 체험은 그 사람의 성경 지식과 신학 내지 기독인의 교양에 제한을 받기 때문이다. 우리의 질문은 서 목사가 이 두 가지 질문에 대해 어떻게 대답할까 하는 것이다.

a. 하나님이며 인격이신 성령

흥미로운 것은 서 목사가 천상에서 본 성령이 하나님이심을 분명하게 표현하며 이 성령이 여성의 모습처럼 보이며 여성처럼 느꼈다고 말한다는 것이다.[36] 우리의 질문은 성경은 성령을 여성으로 표현할까 하는 것이다. 신약성경은 중성(中性)으로 표현한다.[37] 아마 성령의 사역이 생명을 낳는 등 여성적인 성격을 띠기 때문일 수도 있을 것이다. 그의 발언은 비록 체험간증이지만 앞으로 성령에 대해 연구하는데 참고가 될 것으로 보인다.

서 목사가 성령을 인격으로 본다는 근거는 "성령의 인을 맞았다 할지라도 이마나 손에 짐승의 표 666을 받은 순간에 성령이 떠나고…"[38]라는 구절에서 보인다. 그리고 서 목사는 제 7권 "하나님의 인"에서 말세의 환난기에 성령께서 성령의 인을 받은 자들을 "지켜주실 것…, 666표를 안 받게 해 주실 것…, 나를 도와주실 것…"[39]이라는 표현에서 성령이 인격이심을 분명하게 보여준다.

물론 이 구절에 대한 기존 신학의 반발은 많을 것이나 확실한 것은 성

---

36) 서사라, 『이제도 있고 … 천국과 지옥 간증 수기 5 …』, 282f.

37) "막 1:8 곧 물에서 올라 오실새 하늘이 갈라짐과 **성령이** 비둘기 같이 자기에게 내려오심을 보시더니"(Mark 1¹⁰ καὶ εὐθὺς ἀναβαίνων ἐκ τοῦ ὕδατος εἶδεν σχιζομένους τοὺς οὐρανοὺς καὶ **τὸ πνεῦμα** ὡς περιστερὰν καταβαῖνον εἰς αὐτόν·) "막 3:29 3:29 누구든지 **성령**을 모독하는 자는 영원히 사하심을 얻지 못하고 영원한 죄가 되느니라 하시니"(Mark 3²⁹ ὃς δ' ἂν βλασφημήσῃ εἰς **τὸ πνεῦμα τὸ ἅγιον**, οὐκ ἔχει ἄφεσιν εἰς τὸν αἰῶνα, ἀλλὰ ἔνοχός ἐστιν αἰωνίου ἁμαρτήματος)

38) 서사라, 『이제도 있고 … 천국과 지옥 간증 수기 7(성경편 제 4권…』, 68.

39) 서사라, 『이제도 있고 전에도 있었고 장차 올 자 예수 그리스도, 서사라 목사의 천국과 지옥 간증 수기 7 (성경편 제 4권) '하나님의 인'』 (남양주시: 하늘빛출판사, 2017), 54.

령이 인격임을 드러낸다는 것이다.

b. 성령의 사역과 존재방식

서 목사는 구약에서는 성령이 우리 안에 계시지 않았다고 설명하며 성령은 예수 그리스도의 구속 사역 이후에 우리 안에 계신다고 말한다. "구약에서는 성령님이 우리 안에 계시지 않았다. 그러나 주님이 십자가에 못박혀 죽으시고 승천하신 후에는 우리에게 주님은 진리의 성령으로 내려 보내신 것이다."[40]

서 목사는 성령이 광야에서 이스라엘을 인도하던 구름 기둥으로 존재했음을 말하며 성도들도 구름기둥의 인도를 받듯이 성령의 인도를 받아야 할 것을 말한다.[41] 즉 그 당시에는 성령이 구름기둥이라는 모습으로 존재하셨다는 말이다. 그리고 서 목사는 구약시대에는 성령이 우리 안에 내재하시며 역사하시는 것이 아니라 우리 밖에서 또는 위에서 임재하여 역사하심을 지적한다(삿 14:6, 19).

매우 흥미로운 것은 서 목사가 성부 하나님의 궁에서 성령이 비둘기 같이 임한 것을 체험했다고 한다. 여기서 서 목사는 그런 말을 해서 상식을 벗어난 사람들의 편향된 비판을 받지 않을까 두려워했다고 한다. 마치 예수께서 세례를 받으실 때 성령이 비둘기 같이 임했던 것처럼 그런 것을 체험했다고 한다.[42] 이때 서 목사는 성령의 역사에 대해 다음과 같이 묘사했다. "나는 내 머리 위에 임하신 그 성령 하나님이 꼭 여성의 모습처럼 보이면서 투명하게 보였고 그리고 그 분이 내 몸을 오버랩하듯이 나를 씌우시는 것처럼 느꼈다."[43] 이 발언은 천상에서의 발언이기 때문에 신학적

---

40) 서사라, 『이제도 있고 … 천국과 지옥 간증 수기 3(성경편 제 1권 - 창세기 …」, 123.

41) 서사라, 『이제도 있고 … 천국과 지옥 간증 수기 3(성경편 제 1권 - 창세기 …」, 283; 서사라, 『이제도 있고 … 천국과 지옥 간증 수기 4 …」, 99..

42) 서사라, 『이제도 있고 … 천국과 지옥 간증 수기 5(성경편 제 3권 - 계시록 이해 …」, 282f.

논의 대상은 될 수 없지만 성령의 사역 내용이 이 땅에서 이루어지는 내용과 비교해 볼 필요는 있을 것이다. 성령의 이런 사역은 하나님께서 인간을 흙으로 빚으셔서 생기를 불어넣는 그림이나 스폰지에 물로 함빡 머금게 하는 것과 유사한 것이다.

서 목사의 성령론에서는 주로 구원 측면에서만 조금 반영된다. 성령이 우주적인 차원에서 어떤 역할을 하는지에 대해서는 기대할 수 없다. 다른 말로 우주적 성령론을 기대할 수 없다. 아마 서 목사의 관심이 우리가 구원을 받고 천국에 들어가는 문제에 관심을 집중했기 때문인 것으로 풀이된다.

지금까지 논의는 서 목사가 삼위 세 위격이 구별되는 인격임을 확신함을 보여주는 것이다.

B. 삼위의 하나 됨과 각 위격 사이의 관계

이제 우리는 서 목사가 삼위일체 삼위의 하나 됨과 세 위격 사이의 관계에 대해 어떻게 설명하는지 살펴볼 필요가 있다.

1. 삼위 세 위격 사이의 관계

어떤 비판가는 서 목사가 양태론자로 오해하고 비판한다. 따라서 서 목사가 삼위 간의 관계를 어떻게 설명하는가를 살피고 그것이 성경적인 규명할 필요가 있다.

a. 성부와 성자의 관계

서 목사는 요한계시록 5장을 설명하면서 보좌에 앉으신 이가, 기존 주석가들의 견해와는 달리, 예수라는 말을 들었다고 한다.[44] 즉 보좌에 앉

---

43) 서사라, 『이제도 있고 … 천국과 지옥 간증 수기 5(성경편 제 3권 - 계시록 이해 …』, 282.

44) 서사라, 『이제도 있고 … 천국과 지옥 간증 수기 5(성경편 제 3권 - 계시록 이

으신 이와 예수를 동일시하는 그런 발언이다. 그럼 서 목사는 양태론의 오류에 빠지는 것인가? 서 목사는 주님과 함께 성부 하나님이 계시는 궁에 갔다고 증거하는데 그 궁의 앞에 '보이지 아니하는 누군가'가 있고 그 분이 음성으로 말씀하셨다고 한다.[45] 서 목사는 여기서 성부와 성자가 분명히 구별됨을 말한다. 그리고 성부 하나님은 보이지 않으나 성자 하나님은 보이는 모습으로 옆에 있었다고 증거한다. "즉 성부 하나님께서 보이지 아니하셨지만 내가 처음 본 그 궁에 계셨다. 그리고 동시에 성자 하나님은 보이는 모습으로 내 옆에 계셨다."[46]

다음과 같은 발언 속에도 분명히 보좌에 앉으신 이와 예수가 구별된다. "그래서 이 예수님을 상징하는 어린양이 보좌에 앉으신 이의 오른 손에서 책을 취하여 그 인을 떼기 시작했는데 결국 그 인을 떼시는 분은 하나님 예수 그리스도라는 것이다. 즉 이 어린양은 예수님 자체가 아니라 어린양처럼 죽임을 당한 예수님을 상징이라는 것이다."[47]

서 목사는 천상에서 성부와 성자가 분명히 다른 인격임을 말한다. 다만 두 분 사이의 일치됨의 특이한 내용을 체험했는데, 서 목사는 여기서 성부와 성자 사이의 매우 신비스러운 존재 방식을 증거하는 것 같다. 어떤 이들은 이것을 보고 양태론이라고 비판하는 것 같다. 그런데 성부와 성자의 이런 존재방식은 삼위일체 사이의 관계를 보여주는 것으로 연구의 대상이 될 수 있다고 본다.

그리고 서 목사의 저서에는 성부가 성자를 영원히 낳는다는 내용은 나오지 않는다, 그 이유는 서 목사가 천국과 지옥을 체험하면서 거기서 본 내용에만 집중하기 때문이다.

해 …」, 94f.

45) 서사라, 『이제도 있고 … 천국과 지옥 간증 수기 5(성경편 제 3권 - 계시록 이해 …」, 160ff., 231ff.

46) 서사라, 『이제도 있고 … 천국과 지옥 간증 수기 5(성경편 제 3권 - 계시록 이해 …」, 162.

47) 서사라, 『이제도 있고 … 천국과 지옥 간증 수기 5 …」, 96.

b. 성부와 성령의 관계

서 목사의 저서에는 성부와 성령 사이의 관계에 대해서는 말하지 않고 있는데 이는 제한된 지면에서 다른 문제에 집중한 나머지 이 문제에 대해 구체적으로 말할 기회가 없었던 것으로 보인다. 다만 그녀는 성부 하나님의 궁에 비둘기 7-8마리가 날아 들어온 것을 보고 예수의 세례 받으실 때 성령이 비둘기같이 임하신 것이 생각났다고 한다.[48)]

여기에는 성부로부터 성령이 나온다는 발현(發顯)에 대해서는 침묵한다. 아마 서 목사의 저서는 신학적인 저서가 아니라 자신이 신비한 방식으로 체험한 것을 간증하는 것에 집중하기 때문인 것으로 풀이된다.

c. 성자와 성령의 관계

서 목사의 저서에는 성자와 성령의 관계에 대해서는 잘 나오지 않는다. 즉 성부가 성자를 낳았다거나 성자가 성령을 발현(發顯)했다는 전통적인 삼위일체론을 말하지 않는다. 그의 저서는 신학적인 논의가 아니라 천상에서 삼위일체 하나님을 대면하고 쓴 증거이기 때문이다.

다음 장(章)에 나오는 내용에서 서 목사가 세 분 위격 사이의 관계에 대해 설명한 내용은 위의 내용을 더 잘 이해시킬 것이다.

2. 삼위(三位)의 하나 됨에 대한 이해

서 목사가 삼위일체론을 주장하는 것은 틀림없는 것이다. 그런데 그가 양태론자(樣態論者)로 오해를 받을 수 있는 표현이 있다는 것이다. 우리가 위에서 살펴본 세 위격에 대한 내용은 성부, 성자, 성령 이 세 분으로 분명히 구별된다는 것이다. 그런데 삼위일체에 대한 서 목사의 발언은 오해를 받을 수 있다. 따라서 우리는 그의 발언을 구체적으로 분석할 필요가 있다.

---

48) 서사라, 『이제도 있고 … 천국과 지옥 간증 수기 5 …』, 283.

a. 성부와 성자는 일치한다

그가 물으니 주님은 이렇게 대답하셨다고 한다. "주님 '보좌에 앉으신 이가 누구예요?' 주님은 '나야 나'"[49] 다음과 같은 발언도 성부와 성자의 일치성을 보여준다. "그런데 나는 성부 하나님 궁 안에서 성부 하나님은 보이지 아니하시나 저 앞에 큰 우레와 같은 목소리를 내시고 계시고 그리고 정작 주님은 내 옆에 서 계신 것을 보았는데 지금 주님은 '그 여호와 하나님이 바로 나다' 라고 말씀하고 계시는 것이다."[50] 그리고 아래 c.에 열거한 발언에서도 성부와 성자 사이의 일치를 말한다.

b. 성자와 성령은 일치한다.

그럼 서 목사는 성자와 성령 사이에 대해서는 어떻게 표현할까? 서 목사가 "주님, 성령이 누굽니까?"라고 물으니까 주님은 "나다"라고[51] 대답하셨다고 한다. 이 발언 역시 양태론으로 오해할 수 있는 표현이지만 사실은 구분한다.[52] 그 외 서 목사는 성부, 성자, 성령이 일치한다는 말을 하면서 성자와 성령이 일치함을 언급한다.

c. 성부, 성자, 그리고 성령은 일치한다

서 목사는 그의 저서 5권 곧 '계시록 이해' 제 93장에서 "천상에서 성부, 성자, 성령 하나님 성삼위를 동시에 보다"[53]라는 제목을 붙여 삼위 하나님을 체험한 것을 열거한다. 물론 그는 여기서 성부에게 어떤 외적인 형체가 있다는 말을 하지 않고 성령은 비둘기 모양으로 나타났다고 한다.[54] 서 목사가 발언한 내용은 계속 양태론적인 오해를 불러 일으키는 것을 볼

---

49) 서사라, 『이제도 있고 … 천국과 지옥 간증 수기 5 …』, 94f..
50) 서사라, 『이제도 있고 … 천국과 지옥 간증 수기 5 …』, 438.
51) 서사라, 『이제도 있고 … 천국과 지옥 간증 수기 5 …』, 488.
52) 서사라, 『이제도 있고 … 천국과 지옥 간증 수기 5 …』, 278ff.
53) 서사라, 『이제도 있고 … 천국과 지옥 간증 수기 5 …』, 278ff.
54) 서사라, 『이제도 있고 … 천국과 지옥 간증 수기 5 …』, 281.

수 있다. "주님은 나에게 이전에 성부하나님과 성령 하나님이 자신이라고 말씀하여 주셨었다. 141. 백보좌에 앉으시는 분이 주님이심을 밝혀주다. 154. 삼위의 하나님은 한 분 하나님으로 영원 전(태초)부터 영원 천국까지 지속하신다."[55] 다음 발언도 여기에 속한다. "계 22:13 나는 알파와 오메가요 처음과 나중이요 시작과 끝이라. 이 말씀은 삼위일체의 하나님을 나타내는 모든 것이 수렴되는 한 마디이다. 주님은 예수님이 바로 성부 하나님, 성자 하나님, 성령 하나님이시라는 것이다. 그분은 한분 하나님이시라는 것이다. 성자 하나님이신 예수님이 내가 알파요 오메가요 처음과 나중이요. 시작과 끝이라는 하는 것은 성자 하나님이 성부 하나님 그리고 성령 하나님이심을 말하는 것이다. 우리가 그 역할을 보고 삼위로 나누지만 그 분이 그 분이라는 것이다."[56] 다음 발언도 여기에 속한다. "우리는 성부, 성자, 성령 하나님을 따로 생각하는데 사실은 그 분은 한 분 하나님이다."[57]

서 목사는 요한복음 1:1-3을 설명하면서 삼위일체에 대해 다음과 같이 말한다. "그러므로 성부, 성자, 성령 이 분은 한 분 하나님이신데 영원전 태초부터 영원천국까지 영원히 삼위로 존재하시는 분이시다. … 예수님이 천국에서 자신이 성부 하나님이라 하셨고 또한 성령이라 하셨다. … 삼위일체의 하나님을 말씀하시는 것이다."[58]

서 목사는 성부, 성자, 그리고 성령이 마치 성자가 다른 두 위격과 동일한 것으로 해석하지만 이 세분은 분명히 구별된 인격이심을 말한 것이다. 마치 성부와 성자가 동일한 분인 것처럼 표현한 것과 성자가 성령과 동일한 듯이 표현한 것은 한편으로는 양태론적이라는 비판을 받을 수 있는 빌미를 주는 듯하나. 삼위 세 위격 사이의 존재방식의 특이한 면을 보여준다

55) 서사라, 『이제도 있고 … 천국과 지옥 간증 수기 5 …』, 552.
56) 서사라, 『이제도 있고 … 천국과 지옥 간증 수기 5 …』, 552.
57) 서사라, 『이제도 있고 … 천국과 지옥 간증 수기 5 …』, 438..
58) 서사라, 『이제도 있고 … 천국과 지옥 간증 수기 5 …』, 489.

는 점에서 보다 긍정적이고 적극적인 측면에서 구체적인 연구 대상으로
보인다. 우리는 이것을 삼위일체 하나님의 신비한 존재방식으로 명명할 수
있을 것이다.

삼위의 세 위격이 일치한다는 서 목사의 표현은 보통 인간의 상식적인
이성(理性)으로는 설명하기 힘든 것으로 보인다. 성경에는 분명히 성부와
성자가 하나 됨을 말하는 구절이 있다. "요 10:30 나와 아버지는 하나이니
라 하신대" 대부분의 주석가들은 이것을 아버지와 아들은 한 인격으로 융
합된 것으로 해석하지 않고 두 인격이 완전한 공동체로서 하나라고 해석
한다.59) Leon Morris는 이 '하나'가 중성으로서 '하나'이지 '한 인격'을
의미하지 않는다고 말하며 신원(身元)이 같음을 말하는 것이 아니라 하나
의 연합체를 말한다고 해석한다.60) F.F. Bruce는 여기 '하나'를 아들이
아버지의 뜻을 잘 받들어 아들과 아버지는 목적하심과 행동하심에 항상
하나라고 해석한다.61) 불트만도 예수와 아버지의 이 '하나'를 요한복음
5:19과 8:16에 근거하여 아들이 아버지 일을 하고 아들이 아버지를 계시
하신다는 의미로 해석한다.62) Carson도 여기서 벗어나지 않는다. 그는 여
기서 예수와 아버지의 뜻과 행동이 일치한다는 의미로 해석한다.63) 그런
데 서 목사는 이들과는 달리 성부와 성자가 존재방식에 있어서 더 밀착된
'하나 됨'을 보는 것 같다.

다음 구절도 성부와 성자가 일치함을 암시한다. "요 14:9 예수께서 가

---

59) Werner de Boor, *Das Evangelium des Johannes. Die Apostelgeschichte* (Wuppertal und Zürich: R. Brockhaus Verlag/ Giessen: Brunnrn Verlag, 1989), 325.

60) Leon Morris, *The Gospel according to John* in INCNT (Grand Rapids: Eerdmans, 1995), 464f.

61) F.F. Bruce, 「요한복음」 *The Gospel of John*. 서문강 역 (서울: 로고스, 1996), 407f.

62) Rudolf Bultmann, *Das Evangelium des Johannes* (Göttingen: Vandenhoeck & Ruprecht, 1986), 294f.

63) D.A. Carson, *The Gospel according to John* (Grand Rapids: Eerdmans, 1991), 394.

라사대 빌립아 내가 이렇게 오래 너희와 함께 있으되 네가 나를 알지 못하느냐 나를 본 자는 아버지를 보았거늘 어찌하여 아버지를 보이라 하느냐 14:10 나는 아버지 안에 있고 아버지는 내 안에 계신 것을 네가 믿지 아니하느냐 내가 너희에게 이르는 말이 스스로 하는 것이 아니라 아버지께서 내 안에 계셔 그의 일을 하시는 것이라 14:11 내가 아버지 안에 있고 아버지께서 내 안에 계심을 믿으라 그렇지 못하겠거든 행하는 그 일을 인하여 나를 믿으라" 이 구절은 예수와 성부 사이를 대사가 대통령을 대리한다는 점에서 대사를 보면 대통령을 보는 것과 같다는 것을 의미하나 서 목사의 발언은 성부와 성자 사이의 특별한 존재방식을 표현하는 것 같다.

매우 흥미롭게도 신약성경에서 그리스도와 성령을 동일시한다는 것이다. 승귀하신 예수 그리스도는 성령과 너무나 밀접하게 연합되어 동일시되고 있다는 것이다. "따라서 바울은 누구든지 그리스도의 영이 없으면 그리스도의 사람이 아니라 또 그리스도께서 너희 안에 계시면 … 이 구절에서는 그리스도의 영을 지니었다는 것은 분명히 그리스도 자신이 그의 마음 속에 내재함과 동일시되어 있다."[64] 스웨트의 이런 발언은 서 목사를 지지하는 것이다.

스탠리 그랜즈도 성자와 성령 사이의 밀착된 하나됨을 다음과 같이 잘 표현하며 서 목사의 주장을 지지하는 것 같다. "신약성경은 성령과 부활하신 주님 간의 밀접한 유사성을 시사해 준다. 요한에게는 성령강림은 주님 자신의 강림과 다름없다(요 14:15-18). 마찬가지로 바울은 그리스도인들의 삶 속에서 이 둘을 밀접하게 결부시켰다. 신자가 '그리스도 안'에(롬 8:1) 있다는 것과 '성령 안'에 있다는 것은 전적으로 동일한 것이다(빌 2:1). 이런 이유로 바울은 성령을 지니고 있다는 것과 그리스도에게 속해 있다는 것은 같은 것이라고 말할 수 있다(롬 8:19)"[65] 다음과 같은 발언도 여기에

---

64) H.B. Swete 스웨트, 『신약속의 성령』 *The Holy Spirit on the New Testament* 권호덕 역 (서울: 은성, 1995), 321.

65) 스탠리 그랜즈, 『조직신학. 하나님의 공동체를 위한 신학』 신옥수 옮김(서울:

속한다. "부활하신 주님은 성령으로서 그의 공동체 속에 임재해 계시고 활동하신다. 주는 영이기 때문이다."66) 다음과 같은 발언도 여기에 속한다. "성령은 '그리스도의 대리인', '부활하시고 높이 들리우신 예수의 임재를 그의 공동체 속에 전달하시는 분이다' 성령은 주님을 대신하여 교회를 가르치고, 인도하고, 능력을 수여한다. 이 점에서 성령은 신앙공동체 속에서 활동하시는 주님이다."67) 막스 터너도 서 목사를 지지한다. 그는 누가복음 21:15을 해석하면서 누가가 "승천한 주를 성령과 독립적으로 활동하시는 분으로 생각하였음을 의미하지 않는다."68) 앤드류 머리(Andrew Murray) 도 성자와 성령 사이의 밀착된 관계를 잘 표현해 주고 있다. "예수 안에서 그 분의 순종의 삶 속에 거하셨고 그분의 인간의 영을 자신과 완전한 교재와 연합속으로 받아들이셨던 성령이, 이제 승귀하신 신인(神人)의 영이 되신다. 성육신하신 그리스도 예수가 하나님의 영광 속으로 들어가서 하나님이 거하시는 영적 생명과의 완전한 교제를 누리게 될 때, 그 분은 아버지께로부터 그분의 영을 제자들에게 보낼 권한을 얻으신다. 이것은 곧, 성령을 통하여 그 자신이 내려오셔서 제자들 속에 머무시는 것이다."69) 머레이의 이런 발언은 요한복음 16:22의 지지를 받는다. 사실 예수께서 성령으로 우리에게 오셔서 성령 시대에 제자들을 본다는 것은 여러 주석가들의 주장이다.70)

크리스챤다이제스트, 2003), 541.

66) 스탠리 그랜즈, 『조직신학. 하나님의 공동체를 위한 신학』…, 542.

67) 스탠리 그랜즈, 『조직신학. 하나님의 공동체를 위한 신학』…, 542.

68) 막스 터너, 『그리스도인과 성령』 이한수 역 (서울: 총신대학교출판부, 1992. 2 쇄), 77.

69) 앤드류 머리, 『성령론』 The Spirit of Christ 강연준 옮김 (서울: 크리스챤다이제스트, 2002), 132f.

70) William Hendriksen, *John* in New Testament Commentary (Banner of Truth Trust, 1976), 333; Leon Morris, *The Gospel according to John* in NICNT (Grand Rapids: Eerdmans, 1995), 626f.; D.A. Carson, *The Gospel according to John* (Grand Rapids: Eerdmans, 1995), 544f.

따라서 서 목사의 증거 내용은 아버지와 아들과 성령이 마치 한 인격인 것처럼 보여 양태론으로 오해(誤解)를 받는데 있는 것 같으나 사실은 둘 사이의 밀착된 존재양식을 표현한 것으로 봄이 옳을 것이다.

C. 삼위일체가 등장하는 성경 구절 해석

삼위일체 하나님 세 위격이 동시에 등장하는 성경 구절 가운데 서 목사 가 기존 주석가들과는 다르게 특이하게 설명하는 부분이 있어서 비판적으 로 살펴보려고 한다.

1. 예수의 세례사건과 삼위일체

서 목사는 예수의 세례 받는 사건에서 삼위일체 하나님을 본다. 그녀는 이 주제를 설명하기 전에 먼저 자기가 주님과 함께 '성부 하나님의 궁'으 로 가서 거기서 삼위일체 하나님을 대면했음을 증거하고 그것을 예수께서 세례 받던 사건과 연관시킨다. 물론 서 목사가 이 천성에서 본 내용은 천 상의 간증이기 때문에 신학적인 연구 대상에서 배제 된다. 사실 성경에는 "하나님의 궁"이라는 말이 나오지 않는다. 그런데 성경에도 이와 비슷한 보좌 곧 하늘의 만군이 좌우편에 있는 여호와의 보좌에 대해서 말한다(왕 상 22:19; 욥 1:6; 사 6:1ff.; 계 4:2ff.).

우리는 다만 이것을 예수의 세례 사건과 연관시킨 서 목사의 설명을 주 목한다. 서 목사는 거기서 비둘기 7-8마리가 날아 들어왔고 그와 동시에 성령이 비둘기같이 임하셨던 예수의 세례를 생각했다고 한다.[71]

서 목사가 예수께서 세례받은 구절(마 3:16-17)을 해석하면서 이 사건에 서 성부는 음성으로만 등장하고 성자 예수 그리스도는 몸으로 성령은 비 둘기 모양으로 임한 것을 삼위일체 하나님의 현현이라고 말한 것은 맞는

---

71) 서사라, 『이제도 있고 … 천국과 지옥 간증 수기 5 …』, 280f..

해석이다.[72]

대부분의 신학자들은 이 구절에서 삼위일체 하나님을 본다. 칼빈은 여기서 성령이 예수의 마음속에 임재해 있었지만 다시 그의 위에 임하신 것은 너무나 힘들고 어려운 싸움을 시작할 시점에서 성령의 현저한 능력으로 무장될 필요가 있었기 때문인 것으로 기독론적으로 해석한다.[73] 전경연은 여기서 예수께서 소명을 받는 문제와 더불어 해석하면서 메시아 예언 구절인 시편 2:7과 이사야서 42:1을 언급화면서 이 장면을 해석하나 '소리'의 출처인 성부라는 말은 언급하지 않고 단지 암시할 뿐이다.[74] 매튜헨리도 여기서 삼위일체 하나님을 본다. 특별한 것은 예수께서 성령으로 세례를 받으신 것을 그의 몸 된 교회에 끼칠 영향과 더불어 설명한다는 것이다.[75]

아돌프 슐라터는 이 구절을 그리스도의 세례 받으심과 그의 맨 마지막 명령인 지상명령(마 28:19)을 연결하여 해석하는데 교회론적이고 선교론적이다.[76] 그는 여기서 삼위일체를 다음과 같이 표현한다. 슐라터는 여기서 성부를 "그의 영광스러운 임재와 계시하신 하나님은 주시는 하나님"으로 예수는 은사를 받는 분으로, 성령은 예수가 받으신 은사로 표현한다.[77] 그는 여기서 성부가 예수와 하나됨을 다음과 같이 묘사한다. "하나님의 통치가 그에게 계시되고 하나님의 창조적인 역사(役事)가 예수 안으로 들어와서 그의 말이 하나님의 말씀이 되고 그의 뜻이 하나님의 뜻이 되게 하는 예수의 소원은 성령이 그에게 주어짐을 통해 성취된다."[78] 이런 발언은

72) 서사라, 『이제도 있고 … 천국과 지옥 간증 수기 5 …』, 281f..

73) 칼빈, 『공관복음』 박문재 역 (서울: 크리스챤다이제스트, 2011), 202ff.

74) 전경연, 『마태복음』 (서울: 대한기독교교서회, 1958), 64f.

75) 매튜헨리, 『마태복음』 (서울: 크리스챤다이제스트, 2006), 76ff.

76) Adolf Schlatter, *Der Evangelist Matthäus. seine Sprache, sein Ziel, seine Selbständigkeit. Ein Kommentar zum ersten Evangelium* (Stuttgart: Calwer Verlag, 1982. 7.Aufl.), 91ff.

77) Adolf Schlatter, *Der Evangelist Matthäus* …, 91.

서 목사의 발언과 거의 일치하나 서 목사의 경우는 두 분 사이의 신비스
러운 존재양식에 강조점을 두는 것 같다.

Hare는 예수가 세례를 받을 때 성령이 내려오신 것을 사탄을 공격할
수 있는 능력이 부여받음을 의미함과 성부의 음성은 이것을 재가(裁可)한
것으로 해석했는데 삼위일체론적으로 잘 설명한 것으로 보인다.79) 헨드릭
슨도 예수의 세례 받음을 만세 전에 있었던 구속(救贖) 경륜(經綸)을 이루
는 시작점으로 보면서 이 사건을 삼위일체론적으로 상세하게 설명한다.80)
예수의 세례사건을 여기서 중요하게 취급하는 이유는 서 목사가 그의 저
서에서 삼위일체를 천상의 사건과 연관시켜 설명하는 유일한 내용이기 때
문이다.

2. 요한계시록 4:5의 일곱 영과 삼위일체 문제

우리가 매우 조심스럽게 주목하는 것은 이 구절에 나오는 '보좌 앞 일
곱 영'에 대한 서 목사의 해석이다. 서 목사는 요한계시록에 나오는 보좌
앞 일곱 영에 대해 천상에서 본 것을 증거하는 데, 우리가 그 동안 이해하
고 있던 기존 신학이 기대하지 않았던 것을 보여준다. 이 특이한 내용에
대해 주석가들은 어떻게 해석 할까? 서 목사는 다음과 같이 증거한다. "보
좌 앞 일곱 영은 누구인가"라는 이 구절에 대한 서 목사의 해석은 기존
주석가들과 충돌을 일으킨다. 고(故) 차영배 교수는 축도할 때 꼭 이 구절
을 사용했는데 그는 일곱 영을 성령으로 본 것으로 보인다.

78) Adolf Schlatter, *Der Evangelist Matthäus* ⋯, 92; Fritz Rienecker, *Das Evangelium des Matthäus* (Wuppertal und Zürich: R. Brockhaus Verlag/ Giessen: Brunnen Verlag, 1989), 39f. Ders., *Das Evangelium des Markus* ⋯, 47f.

79) Douglas R.A. Hare, *Matthew* in INTERPRETATION (Louisville: John Knox Press, 1993), 21f.

80) William Hendriksen, *Mark* in 「New Testament Commentary」 (The Banner of Truth trust,, 1976), 42ff.

서 목사는 이 일곱 영을 성령으로 보지 않는다. "이 일곱 영은 하나님
의 보좌 앞에도 있고 또한 하나님의 보좌 앞에 일곱 등불 켜진 것이 일곱
영이고 그리고 어린양은 일곱 눈이 일곱 영인데 이는 다 일곱 영으로 보
인다. 이 일곱 영은 하나님께서 이 세상에 보내어 감찰하라고 보내는 부리
시는 영들인 것이다."[81] 서 목사의 이런 주장은 신학자들의 지지를 받을
수 있을까?

이 구절에 대한 해석은 신학자들 사이에서도 크게 두 가지로 나누어진
다. 하나는 일곱 영을 성령으로 보는 시각이고 다른 하나는 천사로 보는
시각이다. 대부분의 주석가들은 이 일곱 영을 성령으로 해석한다. 아돌프
폴은 이 구절을 여호와 앞에서 불타고 있는 성막 안에 일곱 촛대의 불꽃
(출 27:21)과 연관시키며 해석했는데 그는 이 불꽃을 교회를 충만케하는 성
령에 대한 상징으로 해석한다.[82] 그리고 이 일곱 영이 성령임을 분명하게
말한다. 렌스키도 이 일곱 영은 성령이라고 분명하게 말한다.[83] 그는 요한
복음 16:8-11을 언급하며 성령이 보좌 앞에서 나타나 하나님이 세상에 그
임무를 위해서 파송하시는 사실을 언급하며 그가 성령임을 확인했다. 그리
고 이 성령이 120명 문도에게 비치는 등불의 상징으로 오순절에 강림한
것은 이상한 일이 아니라고 한다.[84] Hendriksen은 이 주제에 대해 관심
이 없다.[85] Ladd는 계시록 1:4을 해석하면서 일 곱 영을 천사적인 존재로
해석하는 것을 거부하고 성령으로 해석한다. 그는 여기서 삼위일체를 보면
서 이 일곱 영이 성령이라고 주장한다.[86] 이상근도 요한계시록 1:4과 4:5

81) 서사라, 『이제도 있고 ⋯ 천국과 지옥 간증 수기 5(성경편 제 3권 - 계시록
이해 ⋯』, 70f., 86, 96.
82) Adolf Pohl, *Offenbarung des Johannes* in 『Wuppertaler Studienbibel』
(Wuppertal und Zürich: R. Brockhaus Verlag/ Giessen: Brunnen Verlag, 1989), 172f.
83) 렌스키, 『요한계시록』 in 렌스키주석 (서울: 도서출판로고스, 2000), 149.
84) 렌스키, 『요한계시록』 in 렌스키주석 (서울: 도서출판로고스, 2000), 149.
85) William Hendriksen, *More than Conquerors. An Interpretation of the Book
of Revelation* (Grand Rapids: Baker Book House, 1977. 72nd. printing), 44ff.

에 나오는 일곱 영을 성령으로 해석한다. 여기서 그는 Bengel, Plummer, Vincent를 따른다.[87] 70인경을 최종적으로 편집한 Swete는 이 일곱 영(靈)이 피조된 영들이라는 주장들이 있다는 것을 알았다.[88] 그리고 영화된 그리스도 옆에 최상위의 피조된 지성체가 그의 메시지를 온 세상에 전달한다는 것이 어울리지 않는 것은 아니라고 말하나 축복의 인사 구절에 피조물이 등장한다는 것은 어울리지 않는다고 주장한다.[89] 따라서 그는 이 일곱 영을 성령으로 해석한다.[90]

다른 한편 이 일곱 영을 피조된 천사로 해석하는 주석가들도 있다는 것이다. 놀랍게도 미국 복음주의 측의 대표적인 주석인 NICNT 시리즈에서 요한계시록을 주석한 Mounce는 이 일곱 영을 천사로 해석한다. 그는 이사야 11:2에 나오는 일곱겹(sevenfold) 활동을 지닌 성령이라기보다는 천사적인 존재와 동일시한다.[91] 그는 요한계시록 1:4을 주석하면서도 이 일곱 영을 어린 양과 연관하여 특별한 임무를 지닌 하늘의 측근으로 해석한다.[92]

해링톤은 요한은 요한계시록 4:5이 출애굽기 19:16과 스가랴 4:2,10에 근거하여 어린양의 일곱 눈은 하나님의 일곱 영이며 온 땅에 보내심을 받았다고 표현했음을 지적한다. 그리고 요한계시록 1:4에 나오는 보좌 앞에

---

86) George Eldon Ladd, *A Commemntary on the Revalation of John* (Grand Rapids: Eerdmans, 1972), 24f., 76.

87) 이상근, 『신약주해 요한계시록』 (대구: 성등사, 1991. 21판), 48,79.

88) Henry Barclay Swete, *The Holy Spirit in the New Testament* (Grand Rapids: Baker Book House, 1979), 273. 그는 외경인 Tobit 12:15에 언급된 '임재의 일곱 천사'를 여기서 언급한다. 그리고 저스틴이 예언의 영을 거룩한 천사로 표현한 것은 신약성경에 어울리지 않는다고 본다. 그리고 딤전 5:21에 나오는 표현인 ;하나님과 그리스도 예수와 택하심을 받은 천사들 앞에서… '라는 탄원에 등장하는 표현은 계 1:4f.에 나오는 내용에 병행되지 않는다고 본다.

89) Henry Barclay Swete, *The Holy Spirit in the New Testament* …, 273f.

90) Henry Barclay Swete, *The Holy Spirit in the New Testament* …, 274.

91) Robert H. Mounce, *The Book of Revelation* in NICNT (Grand Rapids: Eerdmans, 1998), 122.

있는 일곱 영은 '7겹 영' (the sevenfold Spirit)을 상징한다고 하며 일곱 등불 켠 것은 일곱 '얼굴의 천사' 라고 주장한다.[93] 이 일곱 등불이 일곱 영이기 때문에 결국 일곱 영은 일곱 천사라는 말이다.

WBC 주석시리즈의 요한계시록 저자인 David Aune은 이 구절을 주석하면서 구약성경에는 "하나님의 영"이라는 단수 형태는 94번 나오나 "하나님의 영들"이라는 복수 형태가 한 번도 나타나지 않음을 지적하고 구약성경에는 복수 형태인 "영들"은 천사로서 사용되지 않았음을 지적한다.[94] 그는 먼저 고대교회로부터 이 일곱 영을 성령으로 해석하는 해석가들이 많이 있음을 지적하고[95] 자신은 이 일곱 영을 하나님의 일곱 으뜸 천사로 본다는 것이다.[96] 그는 초기 유대 문헌에는 '영들'이라는 말이 '천사들'에 대한 유사어로 사용되었으나 드물었고 다양한 하늘 존재를 표시할 때 사용한다고 주장하며 초기 유대주의에서는 악령들로 또는 선한 영들로도 사용되었다고 한다.[97]그런데 쿰란 문헌에서는 천사들이 '영들'로 표기되고 이런 표현은 민수기 16:22과 27:16 그리고 마카베하서 3:24에서 그 기원을 발견한다고 한다.[98] Aune는 시편 104:4을 요한계시록 4:5에 나오는 하나님의 일곱 영들과 켠 등불 일곱과 관련하여 중요한 구절이라고 본다.[99] 우리는 이 두 구절을 비교하여 Aune는 요한계시록 4:5에

---

92) Robert H. Mounce, *The Book of Revelation* in NICNT …, 46ff.

93) Wilfrid J. Harrington, *Revelation* in 「Sacra sagina Series」 Vol.16 (Collegeville, Minnesota: The Liturgical Press. A Michael Glazier Book, 1993), 79.

94) David Aune, *Revelation* in WBC 52A (Dallas, Texas: Word Books, Publisher, 1997), 33.

95) David Aune, *Revelation* in WBC 52A …, 33.

96) David Aune, *Revelation* in WBC 52A …, 34.

97) David Aune, *Revelation* in WBC 52A …, 34.

98) David Aune, *Revelation* in WBC 52A …, 34. 우리말 번역에는 "민 16:22 그 두 사람이 엎드려 이르되 하나님이여 **모든 육체의 생명의 하나님이여** 한 사람이 범죄하였거늘 온 회중에게 진노하시나이까" "민 27:16 여호와, **모든 육체의 생명의 하나님이시여** 원하건대 한 사람을 이 회중 위에 세워서" NIV에서는 이 '생명'이 spirits로 번역되어 있다. 히브리 원문에는 "모든 육체의 영들의 하나님"으로 되어 있다.

서 켜있는 등불이 하나님의 일곱 영들임을 보고 계 5:6에서 어린 양의 일곱 눈이 온 땅으로 보냄을 받은 하나님의 일곱 영들로 해석됨을 주목한다.[100] 그리고 그는 요한계시록 1:4의 일곱 영들이 계 3:1, 4:5; 5:6에 나오는 하나님의 일곱 영들과 동일하다고 하며 계 8:2의 하나님 앞에 서있는 일곱 천사와 동일하다고 본다. 따라서 일곱 영들은 일곱 으뜸 천사들이라는 말이다.[101] 위에 언급한 서너명의 탁월한 주석가들의 주장이 서 목사의 증거와 일치한다는 점에서 서 목사는 엄청난 원군(援軍)을 얻은 셈이다.

우리는 여기서 엄청난 고민에 빠지게 된다. 이 구절은 축복의 말의 문맥으로 보아 일곱 영은 분명히 성령으로 볼 수 있는데, 매우 탁월한 주석가들이 이것을 천사로 해석하기 때문이다. 서 목사가 보좌 앞 일곱 영을 천사로 보고 증거한 내용은 후자의 주석가들의 해석과 일치하는데, 앞으로 이 주제를 두고 정직한 신학적인 논쟁이 필요할 것으로 보인다.

D. 삼위일체와 피조물 사이의 관계

1. 삼위일체 하나님과 인간 사이의 관계

서 목사는 그의 영성 교재에서 삼위일체 하나님과 인간 사이의 관계에 대해 설명한다.[102] 여기서 서 목사는 성부와 성도 사이 관계, 성자와 성도

Numbers 16:22

22 וַיִּפְּל֤וּ עַל־פְּנֵיהֶם֙ וַיֹּ֣אמְר֔וּ אֵ֕ל אֱלֹהֵ֥י הָרוּחֹ֖ת לְכָל־בָּשָׂ֑ר
הָאִ֤ישׁ אֶחָד֙ יֶחֱטָ֔א וְעַ֥ל כָּל־הָעֵדָ֖ה תִּקְצֹֽף׃ פ

Numbers 27:16

16 יִפְקֹ֣ד יְהֹוָ֔ה אֱלֹהֵ֥י הָרוּחֹ֖ת לְכָל־בָּשָׂ֑ר אִ֖ישׁ עַל־הָעֵדָֽה׃

99) 시 104:4 바람(영들)을 자기 사신으로 삼으시고 **불꽃**으로 자기 사역자를 삼으시며" "계 4:5 보좌로부터 번개와 음성과 우렛소리가 나고 보좌 앞에 **켠 등불 일곱**이 있으니 이는 **하나님의 일곱 영**이라"

100) David Aune, *Revelation* in WBC 52A …, 34.

101) David Aune, *Revelation* in WBC 52A …, 35.

사이 관계 그리고 성령과 인간 사이의 관계에 대해 설명하는데 매우 목회적인 시각으로 가르치고 있다. 즉 성도들이 삼위일체 각 위격과 가지는 관계를 통해 그들의 삶이 풍성해지는 비결을 설명하는 것이다.

서 목사는 우리가 기도할 때 제일 먼저 접하는 분은 성령 하나님이시고 그 다음은 성자 하나님 마지막으로 성부하나님이라고 하고 먼저 성부와 나와의 관계가 무엇인지를 로마서 12:1-2, 엡 1:3-6, 행 21:11-14에 근거하여 설명한다. "내 뜻이 아니라 하나님의 뜻을 분별해서 내 몸을 죽기까지 복종해야 하는 관계 속에 있습니다."[103] 그리고 그는 성자 하나님과 나와의 관계를 갈라디아서 2:20, 요한복음 15:5,7에 근거하여 주님과 우리 사이의 신비한 연합 중심으로 설명한다. 서 목사는 이 연합에서 중요한 것을 자아파쇄라고 말한다.[104] 마지막으로 서 목사는 성령 하나님과 나와의 관계를 한편으로는 요한복음 14:26에 근거하여 성령의 지도와 인도하심으로[105] 다른 한편으로는 내가 일상생활에서 계속 성령님께 물음을 통해 관계를 유지한다는 것이다.[106]

서 목사는 한마디로 여기서 성도들이 삼위일체 하나님과 정상적인 관계를 유지하여 온전한 기독인의 삶을 살도록 가르치는 것이다. 사실 성도들로 하여금 삼위일체 하나님과 관계 중심으로 그 삶을 영위하게 하는 것은 성경이 요구하는 바인데, 이는 우리가 세례를 받을 때 삼위일체 안으로 들어갔기 때문이다.[107]

문제는 그의 설명이 삼위 세 위격이 개별적으로 역사하시는 것으로 오

---

102) 서사라, 『영성훈련교재 예비반』 (나눔사 · 주님의 사랑 세계선교센타, 2019), 62ff.

103) 서사라, 『영성훈련교재 예비반』 …, 62-67.

104) 서사라, 『영성훈련교재 예비반』 …, 67-70.

105) 서사라, 『영성훈련교재 예비반』 …, 70.

106) 서사라, 『영성훈련교재 예비반』 …, 71ff.

107) Matthew 28^{19} πορευθέντες οὖν μαθητεύσατε πάντα τὰ ἔθνη, βαπτίζοντες αὐτοὺς εἰς τὸ ὄνομα τοῦ πατρὸς καὶ τοῦ υἱοῦ καὶ τοῦ ἁγίου πνεύματος,

해를 받을 수 있다는 것이다. 성경은 우리의 구원에 삼위일체 하나님이 동시에 역사하심을 가르치기 때문이다. 다음과 같은 칼빈의 말은 이런 사실을 잘 보여준다. "우리는 그리스도에 의해 구속함을 받았지만, 하나님의 부르심을 받아 그리스도와의 교제에 들어가기까지는 암흑과 죽음의 상속자이며 하나님의 원수인 것이다. 바울은 그리스도의 피로 우리의 불결을 깨끗이 씻는 일은 성령이 우리 안에서 이 일을 하시기까지 실현되지 않는다고 가르친다(고전 6:11)."[108] 그러나 서 목사가 세 위격의 하나됨을 강조하기 때문에 그리고 성도들이 성공적인 신앙생활을 위한 그 나름대로 시도로 보면 이런 오해는 풀릴 수 있다고 본다. 성경은 성자 예수 그리스도는 성부를 나타내고[109] 성령은 그리스도를 나타내기 때문에[110] 우리가 제밀 먼저 접하는 분은 성령이기 때문에 서 목사의 말이 맞으나 성령을 접합과 동시에 성부와 성자도 함께 접한다는 삼위일체론적 관계를 강조할 필요는 있는 것이다.[111]

2. 삼위일체 하나님과 자연 사이의 관계

개혁신학의 경우 우주적인 성령론을 말하기 때문에 성령과 우주만물 사이의 관계에 대해 많은 관심을 가진다. 인간이 창조함을 받을 때 그 속에 성령이 불어 넣어져 성령으로 사는 인간의 세포를 관할하시고 각자에게 재능을 부여하여 자연의 생명을 창조하시고 기르시는 것은 성령의 역사이

---

108) 칼빈, 『기독교강요』 3권 제14장 6절(서울: 생명의 말씀사, 1994. 13쇄).

109) "요 14:8 빌립이 가로되 주여 아버지를 우리에게 보여 주옵소서 그리하면 족하겠나이다 14:9 예수께서 가라사대 빌립아 내가 이렇게 오래 너희와 함께 있으되 네가 나를 알지 못하느냐 나를 본 자는 아버지를 보았거늘 어찌하여 아버지를 보이라 하느냐" "히 1:3 이는 하나님의 영광의 광채시요 그 본체의 형상이시라"(Hebrews 1 ὃς ὢν ἀπαύγασμα τῆς δόξης καὶ χαρακτὴρ τῆς ὑποστάσεως αὐτοῦ,)

110) "요 15:26 내가 아버지께로서 너희에게 보낼 보혜사 곧 아버지께로서 나오시는 진리의 성령이 오실 때에 그가 나를 증거하실 것이요"

111) 칼빈, 『기독교강요』 1권 제13장 2절(서울: 생명의 말씀사, 1994. 13쇄).

며 우주의 천체들을 움직이는 것도 성령의 능력으로 한다고 본다. 우리는 이것을 일반은총으로 본다.

그런데 서 목사의 경우 그녀가 체험하고 사역한 내용은 거의 모두가 영혼 구원에 집중되어 있다. 따라서 개혁교회 또는 장로교회 신학의 특징 중에 하나인 일반은총 측면에서 성령의 역사(力士)에 대한 관심을 가질 수 없었던 것으로 풀이 된다.

E. 요약정리

1) 서 목사는 기독교회가 지금까지 가르치고 있는 삼위일체론을 따른다. 그는 세 분의 위격이 독립적임을 믿는다.

2) 삼위일체 하나님에 대한 그의 간증은 성경의 증거에서 벗어나지 않는다.

3) 서 목사는 그의 저서에서 성부와 성령 그리고 성자와 성령의 관계에 대해서는 많은 것을 말하지 않는다. 이는 그의 저서가 주님의 인도를 받아 천국과 지옥을 체험하는 일에 집중하기 때문이다.

4) 서 목사는 삼위 세 위격의 하나됨을 말한다. 그런데 삼위 세 분의 존재방식을 특별한 방식으로 표현하여 양태론적인 오해를 불어 일으키나 그는 양태론자는 아니다. 그는 삼위 사이의 신비한 관계의 새로운 국면을 보여준다는 점에서 연구 대상으로 보인다.

5) 요한계시록 4:5에 나오는 보좌 앞 일곱 영에 대한 서 목사의 증거는 주목할 만하다. 전통적인 주석가들과는 서 목사는 달리 일곱 영을 천사로 보는데, 비록 충격적이나 근래 탁월한 주석가들의 지지를 받기 때문이다.

6) 서 목사는 삼위일체 하나님을 목회론적으로 설명하는 일에 비중을 두는 것은 바람직하나 성도들이 삼위일체 각 위격과 개별적으로 관계를 갖는다는 인상을 주지 않고 세 분 위격과 동시에 관계함도 강

조할 필요가 있다.

7) 서 목사는 구원론에 집중한 나머지 하나님과 자연 사이의 관계를 설
   명하는 일반은총은 간과한다.

요컨대, 삼위일체에 대한 서 목사의 간증은 삼위일체 하나님의 신비스
러운 존재방식에 대한 깊은 연구를 요구한다.

II. 교회사에 등장하는 삼위일체론

교회의 삼위일체론은 고대 교회 시대부터 수많은 논쟁과 더불어 형성되
었다. 반면에 서사라 목사가 증거하는 삼위일체 하나님 이해는 이런 논쟁
과 더불어 형성된 것이 아니고 성경을 읽고 성경에 계시된 하나님을 천국
에서 직접 만나보고 증거한 것이다. 사실 특별한 방식으로 일어난 천국과
지옥 체험에 대한 개인적인 간증은 신학적인 논의의 대상은 될 수 없을
것이다. 그러나 최소한 그런 체험 내용은 성경의 증거와 역사 속에서 발전
해 온 신학으로 평가는 할 수 있는 것이다. 어쩌면 우리 주위에 일어나는
여러 가지 부흥 운동은 교회의 신학이 평가해 주는 것이 신학의 과제 가
운데 하나임은 부인할 수 없을 것이다.

확실한 것은 2000년 기독교 역사 속에서 지금까지 만들어진 삼위일체
론 가운데 완전한 것은 없다는 것이다. 우주만물에 비해 지극히 작은 인간
이 만유보다 크신 하나님을 완전히 알았다는 것은 거짓말이다. 우리는 하
나님을 바르게 경배할 만큼 그를 인식할 뿐이다. 따라서 신학은 계속 삼위
일체 하나님을 쉽고 보다 명확하게 가르치기 위해 계속 연구해야 되는 것
이다. 성경은 주께서 다시 오시는 날에 하나님에 대해 온전히 알 수 있을
것이라고 말한다.

A. 고대교회 삼위일체론 논쟁

역설적이게도 성경이 생겨난 동기는 이단들이 초대교회시대부터 가르쳐
진 복음을 왜곡하는 일들로 교회의 분열을 초래했기 때문이다. 고대교회에
서 수세자(受洗者)들을 교육하는 세례고백서나 신조가 생겨난 것도 성도들
을 바르게 교육하여 교회의 하나됨을 유지하려는 목적이 있었다. 이런 교
육 자료의 내용은 삼위일체 하나님으로 구조되었다.[112] 2세기에는 성육신
을 부인하는 영지주의 가현설 이단이 교회를 위협했고 3세기에는 군주론
이 교회의 분쟁을 초래했다.

교회사 속의 이런 삼위일체 논쟁의 첫 출발은 예수 그리스도가 하나님
신가 하는 질문 곧 기독론 논쟁과 더불어 시작되었다. 여기서 일신론에 집
착하는 군주론자들과의 논쟁이 있었다.[113] 만일 그리스도가 하나님이라면
유일신을 주장하는 이들은 수용하기 힘들었던 것이다. 군주론에는 역동적
군주론과 양태론 군주론이 있다. 그 해석 과정에는 차이점이 있으나 그리
스도는 하나님이 아니라는 것과 일신론을 주장하는 데는 일치한다.[114]

놀랍게도 이런 논쟁에도 불구하고 고대 교부들을 통해 삼위일체론이 발
전하기 시작했다는 사실이다. 순교자 저스틴, 이레니우스, 터툴리안, 오리
게네스 등을 통해 발전해 나갔다.[115] 이런 과정에 일종의 군주론자인 아
리우스가 등장하여 소위 아리우스 논쟁이 일어났고 이 논쟁은 로마제국의
통일을 위협하는 데까지 이르러 콘스탄틴 대제를 통해 니케아 종교회가
소집되고 거기서 니케아 신조가 만들어졌다. 주목할 만한 것은 오리게네스

112) Alfred Adam, *Lehrbuch der Dogmengeschichte Bd. 1 Die Zeit der Alten Kirche* (Gerd Mohn: Gütersloher Verlagshaus, 1985. 5. Aufl.), 90.

113) Bernhard Lohse, *Epochen der Dogmengeschichte* (Stuttgart: Kreuz Verlag, 1988. 7.Aufl.), 49; Alfred Adam, *Lehrbuch der Dogmengeschichte Bd. 1* ···, 168ff.

114) Bernhard Lohse, *Epochen der Dogmengeschichte* ···, 49f.; Alfred Adam, *Lehrbuch der Dogmengeschichte Bd. 1* ···, 168ff.

115) Bernhard Lohse, *Epochen der Dogmengeschichte* ···, 51ff.

영향으로 삼위일체를 위한 새로운 용어가 만들어졌다는 것이다. 이들은 성부, 성자, 성령 세 분의 신격은 '본질' (ουσια)로 통일성을 표현하고 세분의 위격 각자는 '본체' (υποστασις)로 표현한다는 것이다.[116]

이 신조(A.D 325)는 예수 그리스도의 신성을 주장하는 동시에 아들과 성부의 동일 본질(ὁ μοούσιον τῷ Πατρί)을 강조한다. 이 신조의 특징은 예수 그리스도를 표현할 때 다음과 같은 표현을 사용한다는 데 있다. "즉 아버지의 본질로부터" (ἐκ τῆς ουσίας τοῦ Πατρος), "참 하나님으로부터 나신 참 하나님" (Θεὸν ἀληθινὸν ἐκ Θεοῦ ἀληθινοῦ), "조성되지 않고 출생하신" (γεννηθέντα οὐ ποιηθέντα), "아버지와 한 본질" (ὁ μοούσιον τῷ Πατρί) 여기에는 성부와 성자 사이의 관계만 언급되고 성령과의 관계는 침묵한다. 나중에 아타나시우스는 성령이 성부와 동일 본질임을 주장했다.[117] 4세기 말경의 삼위일체 교의는 하나님의 한 본질 안에는 세 위격이 존재한다는 형식을 완수했다.[118]

삼위일체론은 4세기 갑바도기아 신학자들에게 와서 더 발전했다. 이들은 또 삼위일체 각 위격의 특성에 대해 설명했다는 것이다. 성부에게는 부성(父性, Vaterschaft)과 태어나지 않음)이, 성자에게는 아들됨(Sohnschaft)과 낳아짐이, 성령에게는 성화(Heiligung)와 발현 등의 특성이 붙여졌다.[119]

어거스틴은 갑바도키아 교부들과 비슷하게 삼위일체 내의 각 위격의 구별은 외적 활동에 기인하지 않고 내적 관계성에 기인한다고 주장했다. 어거스틴은 성부, 성자, 성령은 동일본질이며 세분은 불가불리의 상태로 함

---

116) Bernhard Lohse, *Epochen der Dogmengeschichte* …, 69.

117) 후스토 L. 곤잘레스, 『기독교사상사(I) 고대편』 (서울: 대한예수교장로회총회출판사, 1988), 355. 곤잘레스는 여기서 아타나시우스가 「세라피온에게 보내는 4개의 서신」에서 언급했음을 지적한다.; Bernhard Lohse, Epochen der Dogmengeschichte …, 67f.

118) 캐서린 모리 라쿠니, 『우리를 위한 하나님. 삼위일체와 그리스도인의 삶』 이세형 옮김 (서울: 대한기독교서회, 2012), 91.

119) Bernhard Lohse, Epochen der Dogmengeschichte …, 69.

께 사역하신다라고 주장했다. 삼위일체 세분은 각자 고유의 특성을 지니고
있다. 터키 지역에 있는 갑바도키아 신학자들은 각 위격 혹은 본체의 상이
성으로부터 출발하여 본질(우시아)의 통일성으로 나아가는 반면에 어거스
틴은 하나님의 본질적 통일성으로부터 시작하여 각 위격의 구별로 움직여
갔다. 그는 피조물 속에는 삼위일체 흔적이 있다고 주장했다.[120]

  고대교회 교리는 '아타나시우스 신경'에서 종합 정리된다. 이 신경은
성부, 성자, 성령은 동일본질이며 영광에 있어서 동등하며 각자 특성을 지
니며 독립적이며 아리우스파, 양태론, 삼신론 그리고 유티케스 일원론을
경계한다.

  고대교회 삼위일체론은 성도들을 그리스도의 교회의 지체로 바르게 교
육하는 데, 성령 안에서 그리스도를 통해 하나님을 찬양하고 기도하는데,
사용되었다.[121] 이런 점에서 이 시대의 삼위일체론은 그리스도인의 삶과
밀접하게 연관되어 있었다. 우리는 이런 면을 눈여겨 볼 필요가 있다고 본
다. 사실 그 동안 대부부분의 기독인들은 삼위일체 하나님을 너무 사변적
으로 취급하고 실제 삶에서 소외시키는 풍토 속에 살았던 것을 반성해야
할 것이다. 목회적 차원에서 삼위일체 하나님과 성도 사이의 관계를 강조

---

120) Aurelius Augustinus, *Über den dreieinigen Gott.* ausgewählt und übertragen
von Michael Schmaus(Leipzig: Verlag Jakob Hegner, 1936), 106. 이 책의 9권에서 15
권까지 제목을 보면 이런 내용을 감지할 수 있다.

- Neuntes Buch: Das Abbild des Dreieinigen Gottes im menschlichen Geiste
  und zwar in der Dreiheit von Geist, Selbsterkenntnis und Selbstliebe(123-).
- Zehntes Buch: Die Dreiheit von Ged?chtnis und Wille als Abbild des Dreieinigen
  Gottes(137-).
- Elftes Buch: Das Abbild des Dreieinigen Gottes im äußeren Menschen(154-).
- Zwölftes Buch: Jeder einzelne Mensch, nicht erst die menschliche Gemeinschaft
  ist Bild Gottes und zwar in der gottzugewandten Schicht seines Ichs.
- Dreizehntes Buch: Das Abbild des dreipers?nlichen Gott im Bereiche der
  Wissenschaft und der Weisheit(186-).

121) 캐서린 모리 라쿠니, 『우리를 위한 하나님. 삼위일체와 그리스도인의 삶』…,
166ff.

하는 서 목사의 시도는 이런 문제를 극복하는데 도움이 될 수도 있다고 본다.

B. 칼빈의 삼위일체론

매우 흥미롭게도 칼빈은 삼위일체론을 설명하면서 이 교리를 교육하는 방법을 제시한다는 것이다. 『기독교강요』 I,13은 사실상 칼빈이 삼위일체론을 설명하는 방법과 그 과정을 열거한 것으로 볼 수 있다. 우선 그는 삼위일체 용어를 설명했다. 그 다음 성자와 성령의 신성을, 그리고 성령의 인격성을 설명한 다음 성부, 성자, 성령 이 세 분 사이의 관계를 설명함을 통해 누구든지 납득이 갈 수 있는 설명을 시도한 것이다.

그의 삼위일체론은 Servetus의 비판 곧 위격(位格)은 인간이 고안한 것이라는 반(反)삼위일체론을 비판하면서 시작한다. 그는 이것을 히브리서 1:3에 근거하여 변증한다. 즉 성부는 성자와 다른 실재라는 말이다. "히 1::3 이는 하나님의 영광의 광채시요 그 본체의 형상이시라…"(Hebrews 1³ ὃς ὢν **ἀπαύγασμα** τῆς δόξης καὶ **χαρακτὴρ** τῆς ὑποστάσεως αὐτοῦ, …)

칼빈은 본체(hypotasis)라는 말을 본질(essens)과 구별시킨다. 그는 히브리서 1:3을 주석하여 "성부가 고유한 특성에 있어서는 구별되지만 성자 안에서 전적으로 자신을 나타내셨기 때문에 그가 성자 안에서 자신의 본체를 나타내셨다는 주장은 충분한 이유가 된다"라고 말한다(I,13,2).

칼빈의 해석을 계시의 시각으로 표현하면 다음과 같다. 칼빈은 성자(聖子) 안에 있는 바로 그 본체가 성부 안에 있었다고 주장한다. 이것을 도식(圖式)으로 표현하면 다음과 같다. 아래 도식에서 성자 안의 있는 파란 색깔은 성부의 본체를 의미하며 성령 안에 있는 빨간색은 성자의 본체라는 말이다. 즉 칼빈은 이것은 성자와 성령 사이의 관계에도 적용될 수 있다고 본다. 즉 성령 안에는 그리스도의 본체가 있다는 말이다. 그래서 성령은

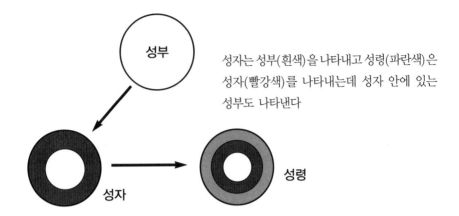

성자는 성부(흰색)을 나타내고 성령(파란색)은 성자(빨강색)를 나타내는데 성자 안에 있는 성부도 나타낸다

그리스도를 나타내는 것이다. 그리스도 안에 성부가 나타나기 때문에 성령은 성부와 성자 모두 드러내는 것이다. 칼빈의 이런 해석은 성경에 충실한 것으로 보인다.

칼빈은 '삼위일체'와 같은 새로운 용어를 만들어 낸 일을 성경해석에 도움이 된다고 주장한다. 삼위는 각자가 완전한 하나님이며 하나님은 한 분이시라는 말이다. 이런 용어들은 성경이 증거하고 보증하는 용어라고 주장한다(Inst I,13,3). 외래어를 사용하는 문제와 연관하여 칼빈은 '생각하는 것과 말하는 것의 확실한 규범을 성경에서 찾고 마음의 생각과 입으로부터 나오는 일체의 말을 여기에 순응하는 것이다'라고 말했다(ibid.).

C. 개혁교회 이후 삼위일체론

1. 개혁교회 신앙고백서

개혁교회신앙고백서에는 하이델베르크신앙교육서(1563) 25문과 53문, 벨직신앙고백서(1561) 제 8조항, 제 2헬베틱고백서(1566) 제 3장, 프랑스신앙고백서(1559) VII 등은 각자 처한 환경의 특징을 보여주지만 이들 모두에게 공통점은 한 분 하나님이 삼위로 존재하시고 각 위격은 독립성과 고유의 특성을 지니며 세 분은 동일본질이며 모든 면에 동등함과 성부는 낳음을 받지 않으며 성자는 낳음을 받았고 성령은 아버지와 아들에게서도(*filioque*) 낳음을 고백한다는 것이다. 그리고 삼위 하나님의 통일성과 다양성을 강조한다.

2. 웨스트민스터 신앙고백서 제 2장

이 고백서는 16세기 종교개혁운동 이후 만들어진 여러 가지 신앙고백서들을 종합 정리하는 동시에 한 걸음 더 발전한 것이다.

이 고백서는 제 2장 1절에서는 한 분이신 하나님의 속성과 사역을 논하고 2절에서 이 하나님과 피조물 사이의 관계를 통해 삼위일체 하나님을 설명하고 3절에서는 삼위 각각의 특징을 가르친다. 특별한 것은 이 삼위일체 하나님은 만물의 경배를 받으심의 대상임을 강조한다는 것이다.

즉 '웨스트민스터 신앙고백서'의 삼위일체론의 특징을 분석해 보면 다음과 같다. 첫째, 하나님은 한 분이시다. 둘째, 하나님의 속성을 매우 구체적으로 상세하게 논했고, 논할 때에는 한 분 하나님 차원에서 논한다. 셋째, 삼위일체 하나님을 피조물과 관계에서 설명한다. 삼위일체 하나님의 영광은 피조물에게 비치며 나아가 피조물을 통해 반사된다. 넷째, 이 하나님은 성부, 성자, 성령 삼위로 존재하신다. 삼위일체 세 분의 각 본체의 특징을 열거할 때 아타나시우스 신경을 따른다. 다섯째, 그는 만물의 경배를 받으시기에 합당하다. 여섯째, 성령은 성부와 "그리고 성자에게서"(*filioque*)라는 특징을 보여준다.

전체적으로 볼 때 웨스트민스터신앙고백서의 삼위일체론은 아타나시우스 신경(神經)의 전통을 이어 받아 발전시킨 것이다.

요컨대 16세와 17세기의 개혁교회 신앙고백서는 약간의 강조점 차이는 있어도 삼위일체론에 있어서는 공통점을 가진다. 삼위일체의 통일성과 다양성, 세 위격의 고유성, *filioque* 등의 특징을 지닌다.

루터파 교회는 16세기에 만든 신앙고백서를 그대로 사용한다. 그러나 개혁교회는 가는 곳마다 다시 만들어지고 있다. 한 지역의 개혁교회가 자립하려면 그 지역에 맞는 신앙고백서가 만들어져야 한다. 여기에는 그 지역 사람들이 사고방식을 연구하여 성경을 효과적으로 이해시키는 동시에 그 지역의 이단들이나 잘못된 종교생활과 풍습이 언급되어 성도들이 실족하는 것을 방지하는 내용이 수록되어야 한다. 이런 의미에서 신앙고백서는 시대와 환경의 제한을 받는다.

그와 동시에 삼위일체 하나님에 대한 해석도 계속 이루어져야 한다. 오래 전에 다른 지역에서 나온 기존의 신앙고백서에 나오는 삼위일체론으로 만족해서는 안 되고 주께서 재림하시는 날까지 계속 성경을 연구하여 보다 쉽게 그리고 명확하게 설명하기 위해 노력을 해야 한다. 그렇지 않으면 과거지향적 시간관에 의해 제자리 걸음에 머물 것이다. 그 결과 성도들은 풍성한 삶의 원리를 배우지 못해 영적으로 큰 손해를 당할 것이다.

서사라 목사의 삼위일체 하나님에 대한 증거는 지금까지 발전해 온 삼위일체론으로 평가할 수 있을 것이다. 2천년 기독교 역사 속에 매우 신중하게 논의된 삼위일체론은 나름대로 매우 가치 있는 인간의 생산물이기 때문이다. 그런데 주의할 것은 지금가지 만들어진 삼위일체론이 완전하지는 않다는 것이다. 이런 신앙고백서에 등장하는 삼위일체론을 참조는 하지만 성경 본문을 보다 역사적으로 그리고 문자적으로 분석하여 서 목사의 증거를 평가하는 것이 더 좋을 것 같다.

III. 결론

1) 서 목사는 기독교회가 지금까지 가르치고 있는 삼위일체론을 따른다. 그녀는 세 분의 위격이 독립적임을 믿는다.

2) 삼위일체 하나님에 대한 그녀의 간증은, 근본적인 측면에서, 성경의 증거에서 벗어나지는 않는다. 오히려 베일을 더 벗긴다는 인상을 준다.

3) 서 목사는 그의 저서에서 성부와 성령 그리고 성자와 성령의 관계에 대해서는 많은 것을 말하지 않는다. 이는 그의 저서가 주님의 인도를 받아 천국과 지옥을 체험하는 일에 집중하기 때문이다.

4) 서 목사는 삼위 세 위격의 하나됨을 말한다. 그런데 삼위 세 분의 존재방식을 특별한 방식으로 표현하여 양태론적인 오해를 불어 일으키나 그녀는 양태론자는 아니다. 그녀는 삼위 사이의 신비한 관계의 새로운 국면을 보여준다는 점에서 연구 대상으로 보인다.

5) 요한계시록 4:5에 나오는 보좌 앞 일곱 영에 대한 서 목사의 증거는 주목할 만하다. 전통적인 주석가들과는 서 목사는 달리 일곱 영을 천사로 보는데, 비록 충격적이나 근래 등장한 탁월한 몇몇 주석가들의 지지를 받기 때문이다.

6) 서 목사는 삼위일체 하나님을 목회론적으로 설명하는 일에 비중을 두는 것은 바람직하나 성도들이 삼위일체 각 위격과 개별적으로 관계를 갖는다는 인상을 주지 않고 세 분 위격과 동시에 관계함도 말할 필요가 있다.

7) 서 목사는 구원론에 집중한 나머지 하나님과 자연 사이의 관계를 설명하는 일반은총은 간과한다.

8) 2천년 역사 속에서 교회가 만든 삼위일체론은 수많은 논의 가운데 형성되었다. 그러나 완전한 삼위일체론은 이루지 못했다. 따라서 교회는 삼위일체 하나님에 대해 보다 쉽게 설명하기 위해 부단히 애써야 한다. 우리는 어거스틴처럼 삼위일체 흔적을 피조물 가운데 자국이 있다고 보고 자연과학을 연구하는 가운데 그 흔적을 발견할 수는 없을까? 이것도 한 방법이 될 수 있을 것이다. 이런 의미에서, 삼위일체에 대한 서 목사의 간증이 성경 내용과 연관되어 있어서 삼위일체 하나님의 신비스러운 존재방식에 대한 깊은 연구를 하는데 자극제(刺戟劑)가 될 수 있다고 본다. 그런데 서 목사는 교회신학의 비판을 감내할 줄 알아야 하고 교회 신학은 경건한 성도의 증거를 존중하며 살필 줄 알고 더 깊은 연구로 나아가야 할 것이다.

[Abstract]

A Critical Study on the Doctrine of Trinity of Rev. Sarah Seoh

Prof. Dr. theol. Kwon, Ho Duck

Pastor Sarah Seoh's understanding of the Trinity is based on her interpretation of the Bible and the testimony she gained from her experience in heaven. The question we are curious about is, 'Is the content of her heavenly experience and testimony consistent with the Bible?' Pastor Seoh accepts the creeds and the Reformed Church Confession of Faith created in the two-year history of the Christian church.

One of her witnesses that is particularly impressive is that of God the Father. That is, there is the palace of the Father in heaven, and the Father has no external appearance and only expresses his will through sound. The fact that God the Father reveals Himself only through sound is consistent with the evidence of the New Testament.

She spoke about the three Persons of the Triune God whom she met in Heaven, and how the three Persons are closely related to each other. The relationship between the three persons was so unique that her remarks seemed close to modalism, one of the heresies of the ancient church.

Jesus said that he who sat on the throne of the Father, the Father, was himself, and he referred to the Holy Spirit as himself. Looking closely at her remarks, it seems that this is a unique way of being of the three persons, which is difficult for human reason to understand.

Pastor Seoh sees the event in which Jesus was baptized as an event in which the Triune God was clearly revealed. About 7 doves flew into the palace from God the Father's palace in heaven, and she saw that the three persons were together. We're just checking to see if these things she experienced in heaven are consistent with what her Bible testifies.

Pastor Seoh sees the event in which Jesus was baptized as an event in which the Triune God was clearly revealed. In the palace of God the Father in heaven, she saw the Holy Spirit appearing in the form of a dove and three Persons being together. We are just checking to see if these things she experienced in heaven are consistent with what the Bible testifies.

Among Pastor Suh's testimonies, what seriously conflicts with what Christian theology claims so far is Revelation 4:5. Most theologians and pastors see the seven spirits in this passage as the Holy Spirit. However, the seven spirits that Pastor Seoh saw on the throne in heaven were not the Holy Spirit, but seven angels. Interestingly enough, Mounce, a commentator on the book of Revelation in the NIRCNT commentary series, and Aune, a commentator on the book of Revelation in the WBS commentary series, interpret these seven spirits as seven angels. And Harrington, a commentator on the Book of Revelation in the Sacra sagina commentary series, also interprets these seven spirits as seven angels. In this respect, Pastor Seoh has gained the support of very authoritative theologians.

We get into a lot of trouble here. Many pastors see the three Persons of the Trinity in this verse and use it in worship and benediction. That is, they see these seven spirits as the Holy Spirit, while Pastor Seoh's testimony is supported by these very prominent commentators. Since Pastor Seoh saw the seven spirits in front of the throne as seven angels and testified, it is consistent with the interpretations of these commentators, so rather than unilaterally disregarding it, an honest theological debate on this topic is needed in the future. Pastor Seoh is silent about the relationship between the Triune God and creation. This is because she focused on her salvation issue.

In the second part of the thesis, the present presenter summarizes the Trinity theory that appeared in the 2,000-year history of the church. While the Trinity theory of the church was formed with a very serious controversy, Pastor Sara Seoh's understanding of the Trinity reflects the Triune God that she saw and experienced in heaven. It was pointed out that it was based on the content of the evidence.

If Pastor Seoh's testimony is consistent with the evidence of the Bible, it is hoped that the existing Christian theology should be an opportunity to develop the Trinity theory through this testimony. At the same time, it seems that the witness must be evaluated by the existing theology and must judge the right or wrong of his or her testimony. All the Trinitarian doctrines created by the Church teach that the three Persons are each independent person, and that these three are united by mysterious love and work together.

We cannot fully know God. We only have enough knowledge of God to worship him. We will be able to fully understand God only when the Lord returns and makes all things new. Therefore, you should always study the Bible with humility and strive to get to know God rightly.

• **Keywords**: Seoh Sarah, Trinity, modalism, mode of existence, Baptyzing of Jesus Christ, seven spirits, Mounce, Aune.

[참고문헌]

1차 자료

1) *Biblia Hebraica Stuttgartensia(BHS)*. Hrsg. von K. Elliger et W. Rudolph. Stuttgart: Deutsch Bibelgesellschafgt, 1990. vierte verbesserte Auflage.

2) *Nestle-Aland NOVUM TESTAMRENTUM GRAECE*. Begründet von Eberhard und Erwin Nestle. hrsg. von Barbara und Kurt Aland, Johannes Karavidopoulos, Carlo M. Martini, Bruce M. Metzger. 28. revidierte Auflage. Herausgegeben vom Institut für Neutestamentliche Textforschung Münster Westfalen unter der Leitung von Holger Strutwolf. Stuttgart: Deutsch Bibelgesellschafgt, 2012.

3) 서사라, 『이제도 있고 전에도 있었고 장차 올 자 예수 그리스도. 서사라 목사의 천국과 지옥 간증 수기 3 (성경편 제 1권 - 창세기 』수원: 하늘빛출판사, 2015.

4) 서사라, 『이제도 있고 전에도 있었고 장차 올 자 예수 그리스도 Jesus Christ, who is, and who was, and who is to come, "과학자였던 서사라 목사의 천국과 지옥 간증 수기" 1권』 수원: 하늘출판사, 2017. 초판 43쇄.

5) 서사라, 『이제도 있고 전에도 있었고 장차 올 자 예수 그리스도 서사라 목사의 천국과 지옥 간증 수기 7(성경편 제 4권) 하나님의 인』남양주시: 하늘빛출판사, 2017.

6) 서사라, 『이제도 있고 전에도 있었고 장차 올 자 예수 그리스도 천국과 지옥 간증 수기 5』 (성경편 제 3권-계시록 이해). 남양주시: 하늘출판사, 2018. 초판 3쇄.

7) 서사라, 『이제도 있고 전에도 있었고 장차 올 자 예수 그리스도. 서사라 목사의 천국과 지옥 간증 수기 6 (지옥편)』 남양주시: 하늘빛출판사, 2017.

8) 서사라, 『이제도 있고 전에도 있었고 장차 올 자 예수 그리스도. 서사라 목사의 천국과 지옥 간증 수기 7 '하나님의 인'』 (남양주시: 하늘빛출판사, 2017.

9) 서사라, 『영성훈련교재 예비반』 나눔사 · 주님의 사랑 세계선교센타, 2019.

기타 참고 자료

1) 곤잘레스, 후스토 L. 『기독교사상사(I) 고대편』 서울: 대한예수교장로회총
회출판사, 1988.

2) 렌스키, 『요한계시록』 in 렌스키주석. 서울: 도서출판로고스, 2000.

3) 막스 터너, 『그리스도인과 성령』이한수 역. 서울: 총신대학교출판부, 1992. 2
쇄.

4) 매튜헨리, 『마태복음』 서울: 크리스챤다이제스트, 2006.

5) 스웨트(Swete), H. B. 『신약속의 성령』 The Holy Spirit on the New Testament
권호덕 역. 서울: 은성, 1995.

6) 앤드류 머리, 『성령론』 The Spirit of Christ 강연준 옮김. 서울: 크리스챤다
이제스트, 2002.

7) 이상근, 『구약주해 이사야 』 대구: 성등사, 1992. 재판.

8) 이상근, 『신약주해 요한계시록』 대구: 성등사, 1991. 21판.

9) 전경연, 『마태복음』 서울: 대한기독교교서회, 1958.

10) 칼빈, 『공관복음』 박문재 역. 서울: 크리스챤다이제스트, 2011.

11) 칼빈, 『기독교강요』 3권 제 14장 6절. 서울: 생명의 말씀사, 1994. 13쇄.

12) 캐서린 모리 라쿠니, 『우리를 위한 하나님. 삼위일체와 그리스도인의 삶』
이세형 옮김. 서울: 대한기독교서회, 2012.

13) Adam, Alfred. *Lehrbuch der Dogmengeschichte Bd. 1 Die Zeit der
Alten Kirche*. Gerd Mohn: Gütersloher Verlagshaus, 1985. 5. Aufl.

14) Augustinus, Aurelius. *Über den dreieinigen Gott.* ausgewählt und
übertragen von Michael Schmaus. Leipzig: Verlag Jakob Hegner,
1936.

15) Aune, David. *Revelation* in WBC 52A. Dallas, Texas: Word Books,
Publisher, 1997.

16) Aune, David. *Revelation 6-16* in WBC 52B. Dallas, Texas: Word
Books, Publisher, 1998.

17) Böhl, Eduard. *Christologie des Alten Testaments oder Auslegung der wichtigsten messianischen Weissagunfen.* Wien: Wihelm Braumüller, 1882,

18) Boring, M. Eugene. *Revelation in Interpretation A Bible Commentary for Teaching and Preaching* (Louisville: John Knox, 1989), 122.

19) Bruce, F.F. 「요한복음」 *The Gospel of John.* 서문강역. 서울: 로고스, 1996.

20) Bultmann, Rudolf. *Das Evangelium des Johannes.* Göttingen: Vandenhoeck & Ruprecht, 1986.

21) Calvin, John. *Isaiah* Vol.I in 「Calvin's Old Testament Commentaries」 tr. by William Pringle. Grand Rapids: Eerdmans, 1953.

22) Carson, D.A. *The Gospel according to John.* Grand Rapids: Eerdmans, 1995.

23) de Boor, Werner. *Das Evangelium des Johannes. Die Apostelgeschichte.* Wuppertal und Zürich: R. Brockhaus Verlag/ Giessen: Brunnrn Verlag, 1989.

24) Delitzsch, F. *Isaiah* in 「Commentary on the Okd Testament in Ten Volumes」 vol. VII. Grand Rapids: Eerdmans, 1976.

25) Hare, Douglas R.A. *Matthew* in INTERPRETATION. Louisville: John Knox Press, 1993.

26) Harrington, Wilfrid J. *Revelation* in 「Sacra sagina Series」 Vol.16. Collegeville, Minnesota: The Liturgical Press. A Michael Glazier Book, 1993.

27) Hendriksen, William. *Mark* in 「New Testament Commentary」 The Banner of Truth trust, 1976.

28) Hendriksen, William. *More than Conquerors. An Interpretation of the Book of Revelation.* Grand Rapids: Baker Book House, 1977. 72nd. printing.

29) Hendriksen. William. *John* in New Testament Commentary. Banner of Truth Trust, 1976).

30) Hengstenberg, E.W. *Christology of the Old Testament.* Grand Rapids, Michigan: Kregel Publication, 1976. third printing.

31) Ladd, Eldon George. *A Commemntary on the Revalation of John.* Grand Rapids: Eerdmans, 1972.

32) Lohse, Bernhard. *Epochen der Dogmengeschichte.* Stuttgart: Kreuz Verlag, 1988. 7.Aufl.

33) Morris, Leon. *The Gospel according to John* in NICNT. Grand Rapids: Eerdmans, 1995.

34) Mounce, Robert H. *The Book of Revelation* in NICNT. Grand Rapids: Eerdmans, 1998).

35) Oswalt, John N. *The Book of Isaiah Chapters 1-39* in NICOT. Grand Rapids: Eerdmans, 1986.

36) Pohl, Adolf. *Offenbarung des Johannes* in 「Wuppertaler Studienbibel」 Wuppertal und Zürich: R. Brockhaus Verlag/ Giessen: Brunnen Verlag, 1989.

37) Schlatter, Adolf. *Der Evangelist Matthäus. seine Sprache, sein Ziel, seine Selbst?ndigkeit. Ein Kommentar zum ersten Evangelium.* Stuttgart: Calwer Verlag, 1982. 7.Aufl.

38) Wildberger, Hans. *Jesaja Kapitel 1-12* in 「Biblisscher Kommentar Altes Testamentes」 Neukirchen: Neukircherner Verlag, 1980. 2., verbesserte Aufl.

제3논문

서사라 목사의
간증수기에 나타난 성경 인용 평가

-서사라 목사의 천국과 지옥 간증수기 1-2권을 중심으로-

서 요 한 교수

(역사신학, Ph.D. 전총신대학교 신학대학원 교수)

서사라 목사의
간증수기에 나타난 성경 인용 평가[1]

-서사라 목사의 천국과 지옥 간증수기 1-2권을 중심으로-

1. 서론

옛 말에 호랑이는 죽어서 가죽을 남기고 사람은 죽어서 이름을 남긴다
고 하였다. 이렇듯 사람이 태어나 살아가는 동안에 경험하는 일들이 많지
만, 그 중에 가장 보람 된 일은 자신의 경험을, 그것이 무엇이든지 글로 남
기는 것이다. 이것은 과거와 달리 개인의 인권과 자유, 권리가 안정적으로
보장된 시대에, 특별히 모든 분야가 전문화 내지 최 첨단 정보화 된 우리
시대에 더욱 긴밀히 요청되고 있다.[2] 이러한 전제 속에서 우리가 지난 역
사를 살펴보면, 유사 이래 인류의 역사를 획기적으로 바꾼 것들이 많지
만,[3] 그 중에 성경은 특별하고 가히 독보적이다. 그 이유는 성경은 단순히

---

1) 본 논문은 서서라 목사의 이미 출간된 총 8권의 저서 중에서 1-2권을 중심으로
취급하였다. 향후 본 주제와 관련하여 추가적인 연구는 서사라 목사의 저서를 참고하라.
서사라, 「이제도 있고 전에도 있었고 장차 올 자 예수 그리스도」, (하늘빛출판사, 2016-
2017), 제1-2권 참조.
2) 실로 분야가 매우 다양하지만 능력에 따라서 각자의 연구 업적을, 대표적으로
인문 사회와 자연과학과 특별히 예체능 분야, 시인은 시를 소설가는 소설을, 화가는 그림
을 도예가는 도자기를, 그리고 음악가는 작곡과 음반 등 그것이 무엇이든 흔적을 남기는
것이다. 물론 지난 번 제32회 도쿄 올림픽(2021. 07. 23(금)-08. 08(일), 17일간)에서 보았
듯이 경우에 따라서는 글과 문자 대신에 기록으로 남길 수 있다. 하여튼 서두에서 언급한 대
로 사람이 평생을 살면서 이름 석자를 역사에 남기는 일은 소중하고 매우 의미있는 일이다.

지상에서 인간의 길흉화복과 도덕 군자 및 이상적인 삶을 실현하는 것을
뛰어 넘어 남녀노소, 빈부귀천 할 것 없이 궁극적으로 전 인류가 극복해야
할, 지금까지 그 어느 누구도 해결하지 못한, 심지어 21세기 최첨단 과학
도 해결할 수 없는 생사문제, 장차 도래할 영원한 삶을 확실하게 보장하였
다.4) 따라서 이러한 몇 몇 특징 때문에 종교학자들은 기독교를 계시 종교
로 기존의 종교와 구별하였다.

그들에게 성경은 하나님의 영감을 받은 사람들이 기록한 구원의 책, 부
활의 책, 영생 혹은 생명의 책으로 인식되었다. 이것을 입증하듯이 1460년
독일의 J. 구텐베르크가 목판활자를 만들고 1450년경에 금속활자를 발명
한 이후5) 2021년 10월 현재까지 성경은 판매 부수 매년 1위6)를 기록하

3) 대표적으로 4대 종교 혹은 6대 종교의 기능과 역할로 인류 역사의 정신사의 대
전환을 이끌었다. 전자는 힌두교와 불교, 기독교와 이슬람교, 후자는 전자를 포함하여 유교
와 도교, 8대 종교는 시크교와 유대교이다. 상기한 종교들은 각각의 경전을 통해서 수많은
사람들을 선도하며 인격적으로 보다 성숙한 삶을 실현할 수 있게 하였다.

4) 성경은 인류 역사상 가장 특별한 책이다. 이 책은 특별한 편집자나 출판사가 없
고 단시 여 20개의 직업을 가진 약 40명의 저자들이 1,600년에 걸쳐 서로 다른 10여 개
국가에 흩어져 살면서 하나님의 구속 경륜을 성취하기 위하여 히브리어와 아람어, 헬라어
등 3개 언어로 2,930명의 인물과 1,551개의 지명을 중심으로 기록되었다. 이 책은 총 66권
으로 1,189장 총 31,173구절(구약 929장 23,145절과 신약 260장 7,957절), 774,746단어와
3,567,180글자로 구성되었다. 이 책의 특징은 처음부터 끝까지 오직 한 분 하나님과 인류
의 근본 문제인 죄 문제를 치유하는 치료법(하나님의 아들이자 구원자)을 일관성 있게 가
르치고 있다. 카나다 성공회 교구장 Dyson Hague(1857-1935) 목사에 의하면 성경은 일
곱 가지 놀라운 일들을 기록하였다. (i) 성경 형성: 한 책은 한 시대에 한 나라의 언어로 기
록되었고 다른 책은 다른 나라에서 다른 언어로 기록되었다. (ii) 성경의 통일성: 성경은 66
권으로 되어있는 전집인데, 한 분 저자인 성령의 영감에 의하여 기록되어 책과 책 사이에
서로 모순이 없이 온전한 통일성을 유지하고 있는 책이다. (iii) 성경의 연륜: 성경은 모든
책들 중에 가장 오래된 책이다. (iv) 성경의 많은 판매 부수: 1년에 1억부의 성경이 인쇄된
다. (v) 성경에 관한 관심: 모든 시대의 모든 계층, 어린이나 누구나 모든 민족 모든 사람들
이 관심을 갖는 책은 성경뿐이다. (vi) 성경의 언어: 성경은 대개 교육을 많이 받지 못한
사람들에 의하여 기록되었지만 성경은 우수한 문학작품이다. (vii) 성경의 보존: 모든 책 중
에 가장 미움을 받아온 책이지만 그러나 오늘날 어느 가정에서나 성경을 발견할 수 있다.

5) 인류 역사는 인간의 출현과 더불어 시작된 언어와 글자의 발명 이후, 종이와 목
판 인쇄술, 활자 인쇄술과 타자기의 발명, 그리고 컴퓨터의 발명으로 엄청난 변화를 겪으면
서 급속히 발전하였다. 이러한 발전과 향후 일어날 일에 대하여 성경은 오래전에 예시 예

며 세계인의 사랑을 받고 있다. 그런데 만약 성경에 일부라도 문제가 있을 경우 감히 이렇게 역대급 기록을 남길 수 있겠는가? 누가 기독교를 종교로 간주하겠는가? 대표적인 말씀이 사도 바울이 역설한 고전 15장[7]의 부활신앙이다.

그런데 서사라 목사는 하나님의 은혜로 뜻밖에 천국지옥을 체험한 후 주님으로부터 사명을 받고, 이후 전 세계 복음의 불모지, 특별히 아프리카에 자비량 선교와 교회 설립, 또한 미국의 LA 코리아 타운에 설립한 교회와 국내를 오가며 말씀을 증거하며 여러 지역에 교회를 설립하였다. 그런 가운데 2020년 8월, 이미 출간된 총 8권의 천국지옥 간증수기를 중심으로 신학포럼[8]을 실시하였다. 이것은 사실 평생 교단에서 헌신한 대학자나 목

언하였다. 사 40:26; 요 1:2-3; 사 43:7; 히 1:10-12 참조.

6) 성경은 B.C. 3세기 이집트의 알렉산드리아에서 구약 히브리어를 헬라어로 번역한 70인경 혹은 70인역이후 지금까지 실로 다양한 언어로 번역되었다. 2020년 8월 현재, 세계성서공회연합회(United Bible Societies, UBS)에 의하면 성경은 총 7,359개의 언어 중에서 3,435개로 번역되었고 현재는 312개가 진행 중이다. 무엇보다도 2020년 코로나 시대 한 해 동안에 7억 7백만 명이 사용하는 66개 언어로 성경이 번역되었다. 이는 지금까지 감히 그 어떤 종교도 시도하지 못한 또한 앞으로도 할 수 없는 기독교 만의 독보적인 역사이다.

7) 사도 바울의 부활신앙은 아래의 말씀을 참고하라. 고전 15:12-22, "그리스도께서 죽은 자 가운데서 다시 살아나셨다 전파되었거늘 너희 중에서 어떤 사람들은 어찌하여 죽은 자 가운데서 부활이 없다 하느냐. 만일 죽은 자의 부활이 없으면 그리스도도 다시 살아나지 못하셨으리라. 그리스도께서 만일 다시 살아나지 못하셨으면 우리가 전파하는 것도 헛것이요 또 너희 믿음도 헛것이며, 또 우리가 하나님의 거짓 증인으로 발견되리니 우리가 하나님이 그리스도를 다시 살리셨다고 증언하였음이라 만일 죽은 자가 다시 살아나는 일이 없으면 하나님이 그리스도를 다시 살리지 아니하셨으리라. 만일 죽은 자가 다시 살아나는 일이 없으면 그리스도도 다시 살아나신 일이 없었을 터이요, 그리스도께서 다시 살아나신 일이 없으면 너희의 믿음도 헛되고 너희가 여전히 죄 가운데 있을 것이요, 또한 그리스도 안에서 잠자는 자도 망하였으리니, 만일 그리스도 안에서 우리가 바라는 것이 다만 이 세상의 삶뿐이면 모든 사람 가운데 우리가 더욱 불쌍한 자이리라. 그러나 이제 그리스도께서 죽은 자 가운데서 다시 살아나사 잠자는 자들의 첫 열매가 되셨도다. 사망이 한 사람으로 말미암았으니 죽은 자의 부활도 한 사람으로 말미암는도다. 아담 안에서 모든 사람이 죽은 것 같이 그리스도 안에서 모든 사람이 삶을 얻으리라". 보다 자세한 것은 고전 15:42-58을 보라.

8) 조상열 외 5인,「성경해석의 새 지평」, (하늘빛출판사, 2020), 1-429; 서울동

회자가 아니면 감히 도전할 수 없는 일이다. 그런데 서 목사는 자신의 간증수기를 한국 교회 앞에서 공적으로 검증받는 모험을 하였다. 이후 이를 둘러싸고 몇 몇 목회자들과 정체불명의 이단감별사들이 마치 내로남불식 논쟁을 야기했으나 포럼 발제자들의 객관적인 신학 평가와 함께 서 목사가 소속한 예장 대신 동노회의 적극적인 변호[9)]로 대부분의 의혹이 불식되었다.

그 후 서사라 목사는 주님의 소명을 확실히 하기 위하여 제2차 한미신학포럼을 개최하고, 2020년 1월 이후 코로나19로 여전히 혼란에 빠진 국내외 기성 교회에 전도의 열정과 도전, 회개 운동의 전개, 특별히 세상에서 방황하는 영혼들을 구원할 사명에 노심초사하고 있다. 차제에 필자는 서사라 목사의 천국지옥 간증수기의 제1차 한미신학포럼에서 밝힌 대로,[10)] 모태 출신으로 평생을 대부분 정통 개혁주의 신학만을 연구해 온 학자로서 간증수기를 살피는 것은 삼가 주의가 요청되었지만, 사실 새롭게 안목을 넓히는 특별한 기회를 경험하였다.

무엇보다도 역사적 기독교의 신앙 전통, 오랫동안 체계적인 논리로 검증된 신학 그 이상을 경험하는 계기였다. 따라서 이번에 기획된 서 목사의 간증수기에 대한 연구를 다시 요청받고, 여러 주제 중에서 필자는 서 목사의 총 8권의 간증 수기 중 1-2권에 나타난 성경 인용을 분석하였다. 본 논문에서 필자는 먼저 일반적으로 학문 분야에서 폭 넓게 활용되는 인용 문제, 그리고 성경의 구속 경륜이 성취되는 과정에서 어떻게 성경 저자들의

노회주관,「서사라 목사 저서에 대한 질의 응답 기자간담회」, (하늘빛출판사, 2021), 1-79 참조.

9) 신학 포럼 후 제기된 몇 몇 질문과 의혹에 맞서 서목사는 다시 포럼을 개최하고, 당시 발표된 내용을 책자로 출간하였다. 서울동노회주관,「서사라 목사 저서에 대한 질의응답 기자간담회」, (하늘빛출판사, 2021), 1-81.

10) 서요한, "3 서사라 목사의 천국 지옥 간증수기에 대한 평가: 십계명의 관점에서 본 지옥의 실상을 중심으로",「성경해석의 새 지평」, (하늘빛출판사, 2020), 164, 각주 9번 참조.

말씀을 인용했는지를 고찰하고, 이후 서 목사의 간증수기에서 발견되는 성경인용의 몇 몇 특징을 말씀 사역자와 말씀의 관계 속에서 그 중요성을 간략히 평가할 것이다.

2. 인용의 정의와 종류

(1) **인용의 정의**: 우리말 인용, 영어로는 quotation 혹은 citation은 사전적 내지 학문적으로 일상적인 대화와 연설, 강연과 설교, 일반 교과서와 저술, 학술 논문과 같은 문장에 나타난 특별한 견해나 연구 결과를 자신의 말과 글에 필요한 부분을 따거나 끌어다가 직간접으로 설명하고 논증하는 용어이다. 다시 말하면 남의 말이나 문장을 차용하여 자신의 주장을 학문적으로 강조하며 정당성을 부각시키는 것이다.[11] 그 이유는 특정인이 말을 하거나 문장을 사용할 때 누구도 100% 완벽하게 자신의 주장과 연구만으로 자신이 의도한 결과를 객관적으로 도출할 수 없기 때문이다. 대개 인용자는 기존의 주장과 자료를 추가적으로 자신의 독자적인 언어와 문장에 기술적으로 활용한다. 그리하여 자신이 하고 싶은 주장을 더욱 돋 보이게 하는 것이다. 따라서 우리가 일상에서 타인의 말과 문장을 적절히 인용하는 것은 매우 중요하다. 이는 요즘 같은 최첨단 정보화 시대에 세련된 그리고 집약된 말과 문장의 사용은 품위있는 지성인으로 삶에 매우 적절한 방식이기 때문이다. 하지만 우리가 어떤 말이나 글을 인용할지는 분야마다 형식이 다르며, 특별히 사람마다 삶의 취향과 스타일이 다르기에 주의가 요청된다. 여기서 중요한 것은 '타인의 말이나 글, 문장을 학문적으로 활용하되 도덕적 · 윤리적으로 표절하지 않겠다'는 자세이다.

---

11) 원만희 외 6인 공저, 「학술적 글쓰기」, (성균관대학교 출판부, 2021), 263-280; 전북대학교 국어국문학과, 「인문계 글쓰기」, (전북대학교 출판문화원, 2020), 316-325; 「대학 글쓰기」, (대학글쓰기 편찬위원회 편, 2021), 298-316; 정희모, 「대학 글쓰기」, (삼인, 2016), 228-239.

(2) **인용의 종류**[12]): 타인의 말과 글 혹은 문장을 인용하는 데는 전통적으로 3가지 방식이 있다. (i) 직접인용: 말과 글, 문장과 논문 원문의 내용을 그대로 옮기는 것으로 그것이 몇 줄 이든지, 필요한 대로 그대로 옮기는 것이다. 인용 시 대체로 세 줄 이상이면 따옴표를 붙이며, 혹 그 이상일 경우에는 블록을 만들기도 한다. 여기서 인용자는 그 때 그 때의 상황에 따라서 말과 문장을 문맥에 따라서 다양하게 사용할 수 있다. (ii) 간접인용: 원문의 내용을 자신의 언어로 다시 써서(paraphrasing) 서술하는 것이다. 여기에는 따옴표 없이 문장 뒤에 '고'를 사용하고 혹은 문장 끝에 서술격 조사 '(이)다'나 '아니다'이면 어미 '-다'를 '-라'를 바꾸어 사용한다. 내용의 전개에 따라서 내용은 물론 인칭대명사도 바뀐다. 하지만 말과 달리 설교나 강연, 학술적 저작물에서 최고의 가치는 간접 인용시에 원문을 자신의 언어로 완전히 바꾸어 사용하는 것으로, 고도의 학문적 기술이 요청된다.[13] (iii) 재인용: 원문의 내용을 자신이 갖고 있는 정보원에서 찾을 수 없는 경우에 부득이 타인의 인용을 다시 인용하는 것이다. 하지만 부득이한 몇 몇 경우, 도무지 원문을 구할 수 없는 예외적인 경우를 제외하고는 학술적인 글이나 연구에서 재인용은 그렇게 권장되지 않는다. 그 이유는 재인용은 학문적 가치와 권위를 떨어뜨리기 때문이다.[14]

---

12) 인용에는 다양한 종류와 방식이 있는데, 대부분의 연구자들은 자신이 몸 담은 분야의 인용법을 활용하여 논문이나 연구보고서를 작성한다. 어떤 학계에 어떤 인용법이 활용되는지는 아래의 문헌을 참고하라. namu.wiki/w/인용/양식, 나무위키, 2021-05-27; debate.or.kr/doku.php id=참고자료 인용법, 디베이트 인터넷 포털사이트, 2019.07.20 참조.

13) 여기서 간접인용이면 참고문헌(references)을 명시하는바, 인문 분야에서는 각주(footnote)와 참고문헌을 연결하는 Note & Bibliography 방식을 사용하고, 사회과학 및 자연과학에서는 내주(in-text citation)와 참고문헌을 연결하는 Author & Date 방식을 사용한다. 참고문헌의 인용 순서는 두 가지로 ABC/가나다순을 지켜서 나열하는 저자 순 방식(Name & Year System)과 본문에서 인용된 순서에 맞게 나열하는 인용 순 방식 (Citation Order System)이 있다.

14) 이와 관련하여 필자는 보다 실제적으로 재인용을 5가지로 정리하였다. (i) 일반적으로 사람들이 주고 받는 대화, 즉 생활 속에서 자유롭게 사용한 경우, (ii) 강의나 강

(3) **인용의 사례:** 이렇듯 사람이 다른 사람의 말과 글, 혹은 문장과 논
문을 인용하는 사례는 매우 다양하다. 그러나 인용에 따라서 나타나는 결
과는 잘하면 약이지만 못하면 독이 된다. 전자는 사람을 격려하고 세워주
며, 삶을 더욱 가치있고 용기[15]와 희망을 주며[16] 영혼을 부요하게 하지

연, 연설과 혹은 설교 시에 인용하는 경우, (iii) 시와 문학, 예를 들면, 단편 중편 장편 소
설을 포함하여 특정 기사나 논문 등에 인용하는 경우 등이다. 그리고 (iv) 법원에서 인용
하는 경우이다. 이것은 법률 용어로 법원이 당사자의 신청을 받아들여 주는 것이다. 즉, 신
청한 대로 재판을 해 주는 것이다. 따라서 이는 곧 '원고 승소'와 같은 뜻으로 이해하면
좋다. (v) 그런데 예외적으로 몇 몇 특별한 경우에 경전에서 경전을 인용하는 경우이다.
부연하면 앞에서 언급한 일반적인 대화와 생활 속에서의 인용은 무시로, 자유롭게 다양하
게 인용하여 활용 할 수 있다. 여기에는 각 민족 집단의 속담이나 전설도 포함된다. 두 번
째 강의나 강연, 연설과 혹은 특정 설교시에 인용하는 경우이다. 하지만 경전에서 경전을
인용하는 경우는 특별히 기독교의 경전 성경에 많이 기록되었다.

15) 역사상 현재 세계인들이 가장 좋아하는 위대한 인용은 미국의 제16대 대통령
아브라함 링컨(Abraham Lincoln, 1809-1865)이 남북전쟁에서 북군을 이끌며 1862년 연
방제와 민주주의의 전통을 수호하고, 1863년 노예 해방을 위해 게티스버그에서 행한 "국
민의, 국민에 의한, 국민을 위한 정부"라는 연설(그 후, 1865년 4월 14일, 저녁 워싱턴의
포드 극장에서 암살되었다)과 제35대 미국의 존 F. 케네디(John Fitzgerald Kennedy,
1917-1963) 대통령의 취임 연설이다. 전자는 19세기 미국의 남북전쟁 당시 공화당 후보로
대통령에 당선 된 후 취임과 동시에 노예해방운동을 전개하였다. 특별히 게티즈버그에서
전투가 벌어지는 상황에서 취임 4개월 후 전사자를 위한 봉헌식의 연설은 미국 역사상 가
장 많이 인용되는 연설 중에 하나이다. 이후 정작 링컨은 해당 연설을 기억하지 못했다고
했지만 실제로는 수많은 사람들이 인용하며 기억하고 있다. 그의 연설은 2-3분으로 역사상
가장 짧은 연설이었으나, 나라를 위기에서 벗어나게 함으로 연방을 보존하였고, 노예제를
종식하였다. 그리하여 링컨은 게티즈버그에서 죽은 군인들을 기리기 위한 것도 있지만 내
전으로 인한 반전쟁, 반링컨주의를 타파하였다. 링컨은 이 연설을 통해서 죽은 자의 추모
와 자신의 주장을 훌륭하게 보여주었다. 단순히 이제 한가지 만 이야기한 것이 아니라 전
사자들을 추모하며 앞으로 있을 내전에 동기를 불어주었다. blog.naver.com/
jzkgreen/222422264094. 후자는 1960년 미국 대선에서 리처드 닉슨을 근소한 차로 따돌
리고 대통령에 당선된 73일 후, 1961년 1월 20일, 취임 선서시에 행한 연설이다. 이 연설
은 역사상 가장 유려한 연설로 이후 사람들의 입에 자주 회자되었다. 연설에서 케네디는
먼저 성경에서 인용한 두 구절 "무거운 짐을 내려주고...억압받은 자들을 자유롭게 하라"
(사 58:6), "희망 속에서 환호하고 고난 속에서 인내하라"(롬 12:12)고 역설하였다. 그런
데 취임 연설의 백미는 끝부분으로 "우리가 이 임무를 달성하기 위해 끌어들일 무한한 힘
과 믿음, 헌신은 우리 조국에게, 그리고 조국을 위해 봉사하는 모든 이들에게 빛이 될 것
입니다. 그로부터 나오는 불빛은 진정으로 온 세상을 환히 밝힐 것입니다. 그러니 국민 여
러분, 조국이 여러분을 위해 무엇을 할 수 있을지를 묻지 마십시오. 여러분이 조국을 위해

만, 후자는 자신은 물론 다른 사람의 인격과 영혼을 황폐화 시키고[17] 죽인다. 그리하여 결국은 사탄의 도구로 그리스도께서 친히 피로 사서 세운 교회와 하나님의 나라를 파괴한다. 사탄의 도전은 우는 사자와 같이 몰인정하며 무차별적이다. 특별히 후자는 하나님을 모독하고 대적하는 적그리스도의 행위로서 한국교회를 혼란에 빠뜨리고 있는 소위 사이비 이단들[18]

───────────

무엇을 할 수 있을지를 물으십시오. 세계 시민 여러분, 미국이 여러분을 위해 무엇을 해줄 것인가를 묻지 마십시오. 인류의 자유를 위해 우리가 힘을 모아 무엇을 할 수 있을지를 물으십시오"이다. 1963년 6월 26일, 독일 베를린의 브란덴베크 앞에서의 연설, "저 또한 베를린 시민입니다((Ich bin ein Berliner)도 취임 연설과 함께 기억해야 할 명연설이다. http://100.naver.com/100.nhn docid=151250. 그리고 참고로 이와 비견되는 대표적인 연설로는 마틴 루서 킹 목사(Martin Luther King Jr., 1929-1968: (1968년 3월 29일)이다. 킹은 3월 12일부터 더 나은 임금과 대우를 요구하며 파업을 벌인 화장실 청소부들을 지지하러 멤피스로 갔다. 그리고 다음 날 킹은 머물고 있던 로레인 모텔 2층 발코니에서 저격당했다. 킹은 평생을 인종차별의 철폐와 인종 간의 공존을 호소하던 중에 39세로 타계하였다. 그의 연설의 백미는 '나는 꿈이 있습니다' 로 5분이었으나, 실제로는 그 보다 짧게 구성되었다.

16) 도쿄=연합뉴스, 이세원 특파원, 2016-08-01 16:18. "핵없는 세계 추구"…히로시마시, 원폭일에 오바마 대통령의 연설 인용, "원폭은 죄 없는 사람 살육한 '절대악'" 규정=벼락 오바마 미국 대통령이 핵무기 없는 세상을 만들자며 일본 히로시마(廣島)에서 던진 올해 피폭일 추모 행사 때의 메시지 일부이다. https://www.seoul.co.kr/news/newsView.php id=20210611500105

17) 공미나 기자 mnxoxo@mtstarnews.com: 저작권자 ⓒ '리얼타임 연예스포츠 속보, 스타의 모든 것' 스타뉴스, 2020.6.1.; www.mimint.co.kr/bbs/ view.asp strBoardID= news&bbstype=S1N13&bi. 마이민트. 한국을 대표하는 세계적인 그룹의 방탄소년단(BTS)의 이야기이다. BTS는 총7명으로 구성된 한국을 대표하는 청년 그룹으로 이들 중에 슈가는 5월 29일 진행한 네이버 브이앱 라이브 방송에서 5월22일 발매한 활동명 어거스트 디(Agust D)로 발매한 두 번째 믹스테이프 'D-2'와 관련하여, 믹스테이프(비상업적 목적으로 제작해 무료로 배포하는 음반) 수록곡 "어떻게 생각해"에서 한 때 미국의 사이비 교주 짐 존스(Jim Jones)의 연설을 인용하였다. 짐 존스는 1950년 미국에 인민사원이라는 사이비 종교를 세운 교주로, 1978년 11월 신도 900여명에게 음독 자살을 강요, 일명 '존스타운 대학살'을 일으킨 범죄자이다. 이에 대하여 소속사 빅히트엔터테인먼트 측이 즉시 사과하였다.

18) 사이비(似而非)란 문자적으로 '비슷하나 다르다', 직설적으로 가짜라는 뜻이며 성경을 자의적 판단으로 가르치는 것을 말한다. 이와 달리 이단(異端)은 가르치는 내용이 성경과 다른 내용, 즉 다른 복음과 다른 교리 혹은 성경과 다른 행동을 하는 것이다. 성경에는 수많은 비밀과 약속이 있는데 내용 중에 이미 이루어졌거나 현재 이루어지고 있는

의 주된 사역이다. 최근에 우리 사회를 혼란에 빠뜨리며 혹세무민(惑世誣
民)하는 사이비 이단들은, 대표적으로 신천지(이만희)와 장막성전(유재열),
구원파(이요한·유병헌), 하나님의 교회(안상홍 증인회), 엘리야복음선교원(박명
호), 영생교(조희성), 에덴성회(이영수), 세일파(세일 중앙교회), 밝은 빛 종말
론(공용복), 시한부종말론(이장림), 은혜로 교회와 영적군사훈련원(신옥주)
등의 끝없는 도전,[19] 이들 사이비 이단들에는 한국교회의 이단의 두 원조
인 통일교 교주 문선명[20]과 천부교 교주 박태선이 있다.[21]

일, 그리고 아직 이루어지지 아니한 것을 자의적으로 가르치는 것이다. 그러므로 성경과
관련된 검증받은 양서들을 선별하여 읽고 해석하며 통시적으로 가르치는 것이 중요하다.
성경 해석을 주관적 지식이나 경험적 관점에서 접근하는 것은 다른 복음으로 가라지를 뿌
리는 것과 같다. 기록된 하나님의 약속(예언)을 성령의 인도를 따라서 올바로 가르치고 전
달하는 것이 중요하다. 혹 주변에서 자신을 포함한 특정인을 하나님이나 재림 예수, 보혜
사라고 주장하는 것, 혹은 목사나 교주, 장로와 권사를 성경에 예언된 존재라는 사람이나
단체는 사이비 이단이며, 또한 어떤 종교적인 행위의 대가로 헌금을 강요하거나 시한부 종
말론처럼 사회적으로 그리고 가정적으로 문제를 야기한 단체가 바로 사이비 이단이다. 보
다 자세한 것은 「이단 사이비 연구: 종합 자료 II」, (한국기독교총연합회, 이단사이비문제
상담소, 2007), 3-170.

19) http://blog.daum.net/jncwk/13750922; blog.daum.net/jncwk/13750922; 사
이비 이단 단체의 연대별 목록 표 2018년 기준(기독교포털) 참조.

20) namu.wiki/w/; gyeongju.dmook.co.kr/gallery/viewContents.asp seq
=73043&path=&p. 통일교의 창시자 문선명 총재는 1951년 부산에서 피난 생활 중에
「원리」원본을 집필하고 1952년 부산과 대구에서 포교를 시작하였다. 1954년 5월 서울로
교단을 이전한후 '세계기독교통일신령협회'를 창립하였다. 1958년 전국에 선교사 파견과
동시에 일본에, 1959년에는 미국에 선교사를 파견하였고, 1965년에 문선명이 직접 세계
40개국을 순방하였다. 그리고 1972년 미국에서 선교활동을 총괄하면서 적극적으로 해외
활동을 전개하였다. 이 때 세간의 이목은 이른바 '연대와 이대 사건'이다. 1955년 대표적
인 개신교 대학 연세대학교 교수 박상래와 일부 학생들이 세계평화통일가정연합에 입교하
였고, 이화여자대학교는 양윤영을 비롯한 일부 교수들과 몇몇 학생들이 세계평화통일가정
연합으로 개종하였다. 게다가 총장의 지시로 세계평화통일가정연합의 내사 및 진상조사에
나선 이화여자대학교 교수 김영운이 세계평화통일가정연합으로 개종하여 이화여자대학교
는 교수 5명과 학생 14명을 제적하였고, 연세대학교는 교수 1명을 면직하고 학생 2명을
제적하였다. 이를 계기로 통일교와 기존 개신교 간의 이단시비가 확산되었다. 1960년대는
문선명이 승공활동을 통하여 탈 공산주의 활동을 전개하였다. 1970년대 이후 활동은 계속
되었으며, 해외 진출과 함께 1980년대 후반부터는 북한을 비롯한 공산주의 국가들과 교류
하였다. 1990년 공산주의의 몰락 후 사상적 기조를 바로잡기 위해서 많은 국가에서 세계

3. 간증수기와 인용문제

위에서 고찰한 대로 인용, 영어 quotation 혹은 citation은 소위 말과
글, 강연과 설교 등 다양한 형태의 문장, 특별히 학술적인 연구 분야에서
자주 사용된다.[22] 그런데 신학에서 인용은 일반 학문과 달리 성경 해석학
(hermeneutics)[23]과 깊이 연관되었다. 이것은 성경학자들이 성경의 의미를
설명하고 자신의 관점을 강조할 때 사용하는 기술적 및 학문적인 용어이

평화통일가정연합을 국교 형태로 유지시켰다. 하지만, 그와 함께 탄압도 받았으며, 북한에
서는 평화자동차 사업과 같은 대북 지원 사업을 지속적으로 수행하며, UN 활동과 네팔에
서의 정치 활동, 한국에서의 평화통일 가정당을 통한 대내외 활동을 전개하였다. 2,000년
대 이후 주로 해외 기반을 한국에 정착시키는 활동에 주력하였다. 그러던 중에 2012. 9. 3
일 타계하여 경기도 가평에 안장되었으며, 이후 부인 한학자씨가 교단의 지도자로 활동하
고 있다. 송주열, "통일교 후계자 다툼 점입가경", 「노컷뉴스」, "한학자가 문선명 위에 서려
고 하기 때문" 참조.

21) 이들 중에 대표적인 이단 천부교 교주 박태선은 2014년 출간된 「하나님 말씀」
에서 성경 본문을 자신의 우상화에 왜곡되게 인용하여, 가르치고 선포하였다. 허병주 목사
의 표현대로 "망언록"에 의하면 박태선은 자칭 하나님으로 성경 말씀을 수없이 왜곡하여
자신에게 적용하였다. 1990년 2월 7일 사망하기까지 박태선은 성경 66권은 단지 2%만이
진실일 뿐 98%가 거짓이다. 그리고 자신을 3조 살의 천부 하나님, 동방의 한 사람과 자유
율법의 완성자, 생명물과 어린양 구세주, 감람나무와 이슬성신이라고 하였다. 특별히 그는
1980년 1월 1일, 자신이 천부 하나님임을 선포한 후 더욱 강조하였다. 이 같은 사례는 최
근 한국교회를 흉난에 빠뜨린 신옥주와 신천지의 이만희가 있다. 서요한, "사이비 이단 천
부교 경전 '하나님 말씀' 소고: 천부교 초대 교주 자칭 하나님 박태선 장로의 설교 비판적
평가", 「한국교회신흥사이비이단의 실태와 대처방안」, (국제기독교뉴스사, 2017), 1-37.

22) 각주 11번 참조.

23) 성경 해석학(Hermeneutics)은 신학의 중요한 부분으로서 성경, 즉 하나님의
말씀을 정확히 이해하기 위해서 오랫동안 연구된 학문이다. 역사적으로 이 용어는 J.C. 단
하우어, 「성서주석의 방법으로서의 성서해석학」(*Hermeneutica Sacra sive Methodus
Exponendarum Sacrum Literarum*, 1654년)에서 시작되었다. 하지만 이 용어는 최근 학
계에서 폭넓게 사용되었다. 이것은 성경 해석의 과학적 기술로, 하나의 체계 속에서 법칙
을 적용하는 부분에서는 과학이며, 그 법칙의 적용을 기계적인 모방에 의존하지 않고 고도
의 학문적 이해를 탐구하는 편에서는 기술적인 학문이다. 성경 해석학의 거두 존 칼빈은
성경 해석은 저자의 의도를 성령의 조명을 통하여 성경의 단순하고 자연스러운 의미를 밝
히는 것이라고 하였다. 이런 점에서 성경 해석은 올바른 논리적 이해가 매우 중요하다. 신
학은 성경해석에서 시작되기 때문이다.

다. 그런데 16세기 종교개혁자 존 칼빈은 중세의 오랜 전통[24])을 극복하고
성경의 내용을 성경의 다른 부분으로 해석하는 방법을 선도하였다. 그에게
이 원리는 성경의 참된 의미란 오직 성경 안에서 발견되는 것을 의미했다.
그 이유는 칼빈이 성경을 성령의 인도를 받아 쓰여진 것으로 보았기 때문
이다. 따라서 칼빈은 성경의 참된 저자를 성령으로 간주하였다. 그는 이
믿음에 기초하여 성령이 확실한 해석자이므로 성경을 해석할 때에는 성령
의 조명을 받아야 한다고 믿었다.[25]) B. S. 차일즈(Childs)는 칼빈의 성경
해석에서 성령의 조명에 의한 성경 해석을 탁월하게 인정하였다.[26])

그런데 서사라 목사의 간증수기는 개인적인 체험으로, 일반적인 말이나
글 혹은 강연이나 심지어 설교가 아니며, 학술적인 논문은 더 더욱 아니다.
그런데 서사라 목사는 자신이 체험한 천국과 지옥을 기록하는 중에 성경
말씀을 지속적으로 인용하였다. 이것은 서 목사의 간증이 한편 지극히 평
범하지만, 다른 한편 말씀의 인용을 통하여 독자들에게 영적 교훈을 주고,
무엇보다도 자신의 체험을 하나님의 말씀으로 점검하는데 적극적으로 활

24) 로마 가톨릭이 지배한 중세 교회의 해석학은 사실 초대 교회의 알렉산드리아
학파의 오리겐에 의해 알레고리적 성경해석이 주를 이루었다. 그 후 4중적 의미의 해석으
로 발전되었으나 실제로 역사적인 성경해석을 벗어난 4중적 의미의 해석은 저자의 의도를
밝히는데 실패하였다. 그러나 중세 로마 가톨릭은 종종 알레고리 성경해석이 성경 본문의
의미보다는 해석자에게 힘을 싣는 해석방법이므로 교황의 권위에 기초한 성경해석과 교리
를 강화하기 위하여 알레고리 성경해석을 중시하였다. 서방교회에서는 1054년 교회의 대
분열 이후 알레고리 성경해석이 주를 이루었고, 교회의 공식 문건과 교황, 유명 교회학자
의 알레고리 해석의 내용을 반복하는 형태로 유지되었다. 참고로 중세 로마 가톨릭의 성경
해석의 4중적 의미는 아래와 같다. (i) 역사적 의미 혹은 문자적 의미(sensus historicus or
literalis)란 단어들을 있는 그대로 설명하는 것, (ii) 교훈적인 의미(senus tropologicus)란
교훈과 도덕적 시정(the correction of morals)을 찾는 것, (iii) 풍유적인 의미(sensus allegoricus)
란 문자적 의미 이상의 다른 의미를 설명하는 것, (iv) 영적 의미(sesus anagoricus)란 신
비적으로 혹은 공적으로(mystically or openly) 사용되는데, 듣는 자의 마음이 하늘의 것
들(heavenly things)을 묵상함으로써 감동받고 훈계를 받는 것 등이다.

25) 안명준, "21세기를 위한 해석자: 칼빈의 해석학에 있어서 성령과 해석의 관계
를 중심으로."「복음과 신학」, 2 (1999): 164-210.

26) Paul R. Noble, *The Canonical Approach: A Critical Reconstruction of the Hermeneutics of Brevard S. Childs*, 290

용하였다. 여기에는 주님의 소명에 대한 깊은 감사와 서 목사 자신의 신앙
적 헌신, 다짐과 결의가 표현되었다. 특별히 간증수기의 출간으로 서 목사
는 전도자로서 영혼 구원의 긴박성과 세계 선교에 대한 소명의식을 힘있
게 고취하였다.[27]

4. 성경과 인용의 관계

(1) **성경의 특징:** 이것은 1,600년 동안 약 40여 명의 저자들의 구절 연
결과 주석적 형태, 반복적인 형태로 인용되었다. 그 과정에서 인용된 말씀
과 언약은 구속사의 거대한 흐름으로 역사 속에서 유기적으로 통합되었
다.[28] 이것은 놀랍게도 성령의 전적인 능력으로 메시야의 도래 4,000년,
2,000년, 1,000년 전에 계시된 예언의 말씀이 때가 되어 그리스도를 통해
성취[29]되었다. 이를 위하여 하나님은 이스라엘의 열조에게 다양한 언약의
모형(예표)을 세우시고 그것을 이루시는 과정에서 역사 속에 크게 섭리(창
~에)하신바, 이는 구약의 신학적 중요한 근거와 기초가 되었다. 이후 계속
된 시가서(욥~아)[30]는 이스라엘의 열조에게 언약하여 이룬 배경에 기초하

---

27) 서사라 목사에 의하면 천국에서 제일 큰 방을 가진 사람은 사도 바울로, 순교
하기까지 평생을 교회설립과 복음전도에 주력하였다.

28) 각주 4번을 참조하라.

29) 언약을 성취하신 예수님은 주로 복음서(마 1:22-23, 2:5-6, 15:17-18, 23 등)
에서 구약의 언약을 인용하고 복음서 간에 일부 차이가 있지만, 이는 신약의 저작자들이
각각의 관점에서 그 본문을 해석하고 적용했기 때문이다. 중요한 것은 그들이 본질적인 의
미를 바꾸지 않고 필요에 따라서 오늘날 설교자들이 청중들에게 말씀을 깨우쳐 그들의 특
정한 상황에 적용시키듯이 당시 백성들을 설득하셨다. 따라서 신약의 저자들은 성경 본문
을 쉽게 풀어 혹시 있을지 모를 의문을 덜기 위하여 그 뜻을 보다 분명히 밝혔다. 하지만
대부분의 이단들은 신구약의 특정 성경 구절만을 인용하여 자신들의 교리를 정당화하였다.

30) 시가서는 여호와의 5대 속성(전능성, 성실성, 주권성, 영원성, 자비성)이 각각
특징적으로 찬양하였다. 그 내용은 실체적인 언약의 대상인 메시야, 예수 그리스도를 증거
한다. 그러면 여호와를 찬양한 내용이 어떻게 언약이 될 수 있는가 이 문제는 성경 전체
와 부분의 문제로 통합적인 이해가 요청된다. 바로 여기에 성경의 신비성이 내포되었다.

여 하나님의 속성을 노래하였다. 예언서(사~말) 또한 대부분의 열조와 세운 언약이 성취되는 과정에서 하나님이 선지자를 통해 말씀하신 내용이다.

상기한 구약의 시가서와 예언서는 모형과 그림자적인 언약으로 성취된 하나님의 역사적 섭리와 긴밀이 연관되었다. 그러므로 구약의 특징은 시대는 달라도 전체가 여호와의 언약으로 서로 예속되었다.[31] 그리고 구약 언약과 구약성경의 일부로서 시가서의 찬양과의 관계는 하나님의 구속 경륜을 성취하는 일관된 목적과 방법으로 통합되었다. 특별히 아담 이후 족장시대를 거치면서 전개된 언약의 발전은, 역사가 흐르면서 더욱 고조되었고, 마지막 언약의 중보자이신 예수 그리스도를 통해서 성취되었다. 그 성취 과정에서 대부분의 인용은 예수 그리스도 중심의 기독론 형태로 나타났다.

(2) **예시적 관계**: 주목할 것은 약 1,600년 동안 성경의 기록자들은, 비록 시대와 환경, 처지는 달라도 성령의 감동하심으로 하나님의 계시를 기록하였다. 그리하여 딤후 3:16-17처럼, 하나님의 말씀, 성경이 참된 하나님의 말씀, 구원을 이루는 영혼의 양식으로 확립되었다. 이것은 주로 구약, 즉 옛 언약에 대한 신약, 소위 새 언약의 성취 과정에서 지속적으로 발견된다. 구약의 언약을 후대의 선지자들이 일부 인용했으나 신약에서는 예수님과 사도들이 주로 인용하였다. 신약의 인용은 주로 예표에 대한 성취로, 구약의 인물이나 제도 혹은 그리스도께서 행하신 일들이다. 그 목적은 예수님이 구약의 명백한 예언들뿐 아니라 그 전체의 구조까지 어떻게 성취하셨는지를 보여주는 것이다. 그것은 그리스도의 오심을 수 세기에 걸쳐

---

31) 성경의 표면상 핵심 주제로, 구약은 '하나님은 여호와이시다' 이고, 신약은 '예수는 그리스도이시다' 이다. 그리고 성경의 목적상 핵심은 '하나님 여호와' 이고, 내용상 핵심은 '예수 그리스도' 이다. 구약은 하나님 여호와를 계시하는 예수 그리스도에 대한 언약이고, 신약은 하나님 여호와를 계시하는 예수 그리스도에 대한 성취이다. 따라서 택한 백성은 성경의 핵심인 예수 그리스도를 통하여 목적상의 핵심인 여호와 하나님의 존재를 확인하고 속성을 알아서 믿고 경외하는 것이다. 성경의 특징적 요점은 구약과 신약이 유기적으로 그림자와 실체로, 언약과 성취로 상호간에 증거한다는 점이다.

진행하신 하나님의 구원사역의 완전하고도 최종적인 실현을 위한 것이다. 특별히 그것은 예수님 자신이 참 이스라엘로, 그의 교회는 이제 하나님의 백성이며 그 안에서 이스라엘의 소망과 목적이 성취를 보게 되는 것을 보여주는 것이다. 그러므로 신약의 구약 인용은 주로 초기 기독교인들에게 예수님의 도래로 모든 것이 성취되었음으로 구약이 예언한 "마지막 날들"이 이미 이르렀고, 하나님이 그의 백성을 찾아오셨다는 사실을 확신시키는 데 있다.[32]

(3) **예수님의 성취**: 성경의 인용에서 중요한 것은 장차 오실 메시야에 대한 논증이다. 이것은 단순히 언어적 전달 보다도 학술 논문의 전개 과정에서 매우 중요한, 일종의 창의적인 전개이다. 그러므로 구약의 모든 말씀과 절로부터 신약은 이해되어야 한다. 이 말은 사실 모든 신약의 주제는 구약에서 출발해야 한다는 것이다. 어거스틴의 지적처럼 신약은 구약에 감추어졌고, 구약은 신약 내에 계시되었기 때문이다. 이러한 관점에서 성경의 모든 언약은 창 3:15, 소위 원시 언약에 기초하였고, 그 약속은 역사 속에서 계속 확인되는 중에 마지막 계시록에서 꽃을 피웠다. 그 과정에서 구약의 율법은 몽학선생으로 묘사되었고,[33] 언약의 당사자인 메시야가 친히 십자가에 달려 죽으심으로 모든 언약을 성취하셨다. 신약이 다 그렇지만 특별히 히브리서는 그에 관한 주석이요 산 역사이다.

5. 구약과 신약의 인용

구약 신학자 바톤 페인(J. Barton Payne, 1922-1979)은 *Encyclopedia of*

32) 비록 장기간에 걸쳐 예언되었지만, 당사자인 예수님께서 직접 여러 번 말씀하셨다(마 12:3-6, 40-42, 13:13-14; 막 7:6-7) 대부분의 구약의 예언은 히브리서를 통해서 가장 폭넓게 그리고 완전하게 이루어졌다. 히브리서는 모세 율법의 전체 의식이 다 참 대제사장이시요 완전하고도 최종적인 제물이신 그리스도를 예표하는 것으로 간주하였다.

33) 이것은 어린아이가 자랄 때까지 돌보아주는 가정교사를 가리킨다. 언약의 실체이신 예수님이 오기 전까지 율법은 연약한 어린아이들의 가정교사였다(갈 3:23-29; 4:1-7 참조)

Biblical Prophecy: The Complete Guide to Scriptural Predictions and their Fulfillment[34])에서 성경의 예언은 총 1,817개로, 구약 1,239개, 신약 578개라고 하였다. 그런데 페인에 의하면 1,817개의 예언은 총 8,352 구절로, 이는 전체 성경의 27%이다. 놀라운 것은 그 모든 예언들이 온전히 성취된[35]) 것이다. 그 중에 메시야의 예언은 191개로 구약은 주로 이사야, 예레미야, 에스겔, 신약은 마태복음, 누가복음, 계시록에 많이 포함되었다. 특별히 8,352 구절의 예언적 자료들은 737가지의 예언적 주제들로 구분되는바, 주 내용은 예수 그리스도의 재림관련 계시록을 제외하고 모두 나사렛 예수의 탄생과 죽음과 부활, 승천으로 성취되었다. 그런데 그 성취된 말씀 중에서 구약은 구약대로, 신약은 신약대로, 예수님과 제자들이 구원의 진행과 성취 과정에서 성경을 다양하게 인용하였다.

(1) **구약의 인용:** 구약에서 구약의 인용은 매우 미미하다. 그런데 하나님이 아브라함과 언약을 맺으실 때, 창 17:7, "내가 내 언약을 나와 너와,? 네 대대 후손의 사이에 세워서 영원한 언약을 삼고 너와 네 후손의 하나님이 되리라" 라고 하신 말씀이, 출 6:7-9[36])의 모세, 삼하 7:12-17[37])의 다

---

34) J. Barton Payne, *Encyclopedia of Biblical Prophecy: The Complete Guide to Scriptural Predictions and their Fulfillment*,(New York: Harper and Row, 1973), 631-682.

35) 사 34:16, "너희는 여호와의 책을 자세히 읽어보라 이것들이 하나도 빠진 것이 없고 하나도 그 짝이 없는 것이 없으리니 이는 여호와의 입이 이를 명하셨고 그의 신이 이것들을 모으셨음이라"; 민 23:19, "하나님은 인생이 아니시니 식언치 않으시고 인자가 아니시니 후회가 없으시도다 어찌 그 말씀하신 바를 행치 않으시며 하신 말씀을 실행치 않으시랴". 벧후 1:20-21; 호 6:6; 계 22:18-19 참조.

36) 출 6:7-8, "너희로 내 백성을 삼고 나는 너희 하나님이 되리니 나는 애굽 사람의 무거운 짐 밑에서 너희를 빼어낸 너희 하나님 여호와인 줄 너희가 알찌라 내가 아브라함과 이삭과 야곱에게 주기로 맹세한 땅으로 너희를 인도하고 그 땅을 너희에게 주어 기업을 삼게 하리라 나는 여호와로라 하셨다 하라".

37) 삼하 7:12-17, "네 수한이 차서 네 조상들과 함께 잘 때에 내가 네 몸에서 날 자식을 네 뒤에 세워 그 나라를 견고케 하리라. 저는 내 이름을 위하여 집을 건축할 것이요 나는 그 나라 위를 영원히 견고케 하리라. 나는 그 아비가 되고 그는 내 아들이 되리니

윗과 맺은 언약으로 렘 31:33[38])과 겔 37:26-27[39])에, 특별히 히 8:6-13[40]) 에 인용되었다. 그밖에 아직 성취되지 않은 예언들은 이전의 예언처럼 장 차 이스라엘로부터 오실것이다(민 24:17-19[41])). 따라서 구약의 선지자들은

저가 만일 죄를 범하면 내가 사람 막대기와 인생 채찍으로 징계하려니와, 내가 네 앞에서 폐한 사울에게서 내 은총을 빼앗은것 같이 그에게서는 빼앗지 아니하리라. 네 집과 네 나 라가 내 앞에서 영원히 보전되고 네 위가 영원히 견고하리라 하셨다 하라. 나단이 이 모든 말씀과 이 모든 묵시대로 다윗에게 고하니라".

38) 렘 31:33-34, "나 여호와가 말하노라 그러나 그 날 후에 내가 이스라엘 집에 세울 언약은 이러하니 곧 내가 나의 법을 그들의 속에 두며 그 마음에 기록하여 나는 그들 의 하나님이 되고 그들은 내 백성이 될 것이라. 그들이 다시는 각기 이웃과 형제를 가리켜 이르기를 너는 여호와를 알라 하지 아니하리니 이는 작은 자로부터 큰 자에 이르기까지 다 나를 앎이니라. 내가 그들의 죄악을 사하고 다시는 그 죄를 기억지 아니하리라 여호와 의 말이니라." 이와 관련하여 추가적으로 아래의 말씀을 참고하라. 렘 32:38, "그들은 내 백성이 되겠고 나는 그들의 하나님이 될 것이며."; 렘 32:40, "내가 그들에게 복을 주기 위 하여 그들을 떠나지 아니하리라 하는 영영한 언약을 그들에게 세우고 나를 경외함을 그들 의 마음에 두어 나를 떠나지 않게 하고".

39) 겔 36:26-27, "또 새 영을 너희 속에 두고 새 마음을 너희에게 주되 너희 육 신에서 굳은 마음을 제하고 부드러운 마음을 줄 것이며 또 새 신을 너희 속에 두어 너희로 내 율례를 행하게 하리니 너희가 내 규례를 지켜 행 할 찌라."; 겔 37:13-14, "내 백성들아 내가 너희 무덤을 열고 너희로 거기서 나오게 한 즉 너희가 나를 여호와인줄 알리라. 내가 또 내 신을 너희 속에 두어 너희로 살게 하고 내가 또 너희를 너희 고토에 거하게 하리니 나 여호와가 이 일을 말하고 이룬 줄을 너희가 알리라, 나 여호와의 말이니라 하셨다 하 라."; 겔 37:26, "내가 그들과 화평의 언약을 세워서 영원한 언약이 되게 하고 또 그들을 견고하고 번성케 하며 내 성소를 그 가운데 세워서 영원히 이르게 하리라".

40) 히 8:6-13, "그러나 이제 그가 더 아름다운 직분을 얻으셨으니 이는 더 좋은 약속으로 세우신 더 좋은 언약의 중보시라. 저 첫 언약이 무흠하였더면 둘째 것을 요구할 일이 없었으려니와, 저희를 허물하여 일렀으되 주께서 가라사대 볼찌어다 날이 이르리니 내가 이스라엘 집과 유다 집으로 새 언약을 세우리라. 또 주께서 가라사대 내가 저희 열조 들의 손을 잡고 애굽 땅에서 인도하여 내던 날에 저희와 세운 언약과 같지 아니하도다. 저 희는 내 언약 안에 머물러 있지 아니하므로 내가 저희를 돌아보지 아니하였노라. 또 주께 서 가라사대 그날 후에 내가 이스라엘 집으로 세울 언약이 이것이니 내 법을 저희 생각에 두고 저희 마음에 이것을 기록하리라. 나는 저희에게 하나님이 되고 저희는 내게 백성이 되리라. 또 각각 자기 나라 사람과 각각 자기 형제를 가르쳐 이르기를 주를 알라 하지 아 니할 것은 저희가 작은 자로부터 큰 자까지 다 나를 앎이니라. 내가 저희 불의를 긍휼히 여기고 저희 죄를 다시 기억하지 아니하리라 하셨느니라. 새 언약이라 말씀하셨으매 첫 것 은 낡아지게 하신 것이니 낡아지고 쇠하는 것은 없어져가는 것이니라".

41) 민 24:17-19, "내가 그를 보아도 이때의 일이 아니며 내가 그를 바라보아도

처음부터 옛 언약을 지속적으로 예수 그리스도와 연결하였다. 그리고 선지
자들은 역사속에서 구약의 율법과 계명을 자주 인용하였다. 메시야에 대한
최초의 예언은 창 3:15, "여자의 후손이 뱀의 머리를 상하게 할 것"이라는
말씀에 기초하여, 이후 족장시대와 광야시대, 사사시대와 왕정시대, 포로
기를 거치면서 메시야의 탄생과 가계도, 메시야의 사역, 그리스도의 고난
과 죽음, 그리스도의 부활, 그리스도의 승천 등이 지속적으로 예언되었고,
이를 신약의 저자들이 인용하였다.

특별히, 이사야 선지자는 53:2-14에서 고난받는 종을 열 두 가지로 예
언하였고, 다니엘은 그리스도의 죽음을 예언하였다(단 9:26). 그 밖에 또
다른 선지서도 그리스도의 생애와 사역을 예시적으로 증거하였다.[42] 예를
들면, 미 5:2, 메시야의 베들레헴 출생, 슥 1:13, 은 30에 메시야가 팔리고,
슥 11:13, 그 은 30은 토기장이의 밭 매입에 사용되며, 시 22:16은 메시야
가 십자가에 달리시며, 시 16:10은 그리스도의 부활, 시 2:4-6은 그리스도
의 승천을 예언하였다. 이렇듯 구약에서 모든 예언은 구원자 예수 그리스
도에게 집중되었고 모든 제사와 제물, 성막과 성전, 제사장과 선지자, 왕
등?모든 예표들도 예수 그리스도를 나타낸다.

　(2) **신약의 구약 인용**: 구약의 선지자들에게 나타난 영감의 증거는 동

가까운 일이 아니로다 한 별이 야곱에게서 나오며 한 규가 이스라엘에게서 일어나서 모압
을 이쪽에서 저쪽까지 쳐서 무찌르고 또 셋의 자식들을 다 멸하리로다. 그의 원수 에돔은
그들의 유산이 되며 그의 원수 세일도 그들의 유산이 되고 그와 동시에 이스라엘은 용감
히 행동하리로다. 주권자가 야곱에게서 나서 남은 자들을 그 성읍에서 멸절하리로다 하
고".

　42) 사도 요한은 12:41에서 사 6:1-13, "이사야가 이렇게 말한 것은 그(그리스도)
의 영광을 보고 그를 가리켜 말한 것이라"고 하였다. 마태는 2:15에서 호 11:1-2을 인용하
며, "이스라엘이 어렸을 때에 내가 사랑하여 내 아들을 애굽에서 불러 냈거늘, 선지자들이
그들을 부를수록 그들은 점점 멀리하고 바알들에게 제사하며 아로새긴 우상 앞에서 분향
하였느니라"고 하였다. 그밖에 사도 베드로는 벧전 1:11에서, "자기 속에 계신 그리스도의
영이 그 받으실 고난과 후에 얻으실 영광을 미리 증거하여 어느 시 어떠한 때를 지시하시
는지 상고하니라" 라고 하였다.

일하게 신약시대에 특별히 영감받은 사람들에게 나타났다(요 14-16장; 고전 2:9-13, 7:40; 엡 3:5; 딤전 4:1; 계 1:1-3, 10이하, 22:18). 그런데 신약의 메시야 관련 구약 인용은 바울서신에 약 100건을 포함하여 총 250건으로, 특별히 예수님의 생애와 사역을 기록한 사복음서부터 계시록까지 매우 포괄적이다. 그러나 위의 인용 구절은 아직 시작으로, 사실 누구도 기록된 말씀의 성격과 의도를 부정할 수 없는 암묵적인 언급중에서, 대략 70건이 예수님의 말씀이며, 신약 전체는 대략 1,000여 건이다. 신약의 구약 인용이 주로 직간접 형태이지만 대부분은 의미가 간과되었다.[43] 하지만 이를 차치하고 신약에서 구약 인용의 대표적인 사례는 예수님과 제자들로, 전자는 복음서를 중심으로, 후자는 주로 서신서를 중심으로, 그리고 마지막 계시록은 다시 오실 예수 그리스도를 간절히 열망하고 있다(계 22:20).

(i) **예수님의 인용**: 신약성경의 구약 인용중에서 예수님의 말씀은 언약의 당사자로서 대략 40건이다.[44] 예수님은 옛 언약의 성취자로서 당시에

---

43) 대표적인 메시야에 관한 예시적 말씀은 시 118편과 시 110편이다. 두 말씀은 신약에서 가장 많이 인용되었다.

44) 그 중에서 예수님의 대표적인 구약 인용은 (1) 산상수훈에서 (i) 마 5:21; 출 20:13의 제 6계명 인용, (ii) 마 5:21; 출 20:14의 제 7계명 인용(마 5:31; 신 24:1 참조) 그분은 나중에 부자 청년 관원과 대화하실 때도 같은 계명을 인용하셨다(막 10:19 참조) (2) 고향에서 설교하실 때(눅 4:18-19에서 사 61:1-2 인용), (3) 유대인 지도자들과 대면하셨을 때, (i) 자신과 죄인들과의 교제를 변호하실 때(마 9:13에서 호 6:6 인용), (ii) 결혼 문제를 자세히 설명하실 때(막 10:7-8에서 창 2:24 인용), (iii) 계명 중에서 어느 것이 가장 크냐는 질문을 받으셨을 때(막 12:29-30에서 신 6:4 인용), (iv) 바리새인들의 헛된 전통을 책망하실 때(막 15:7-9에서 사 29:13 인용), (v) 바리새인들이 그분의 권위에 대하여 질문할 때(요 8:17에서 신 17:6 인용), (4) 세례요한을 칭찬하실 때(눅 7:27에서 말 3:1 인용), (5) 승리의 입성에(마 21:16에서 시 8:2 인용), (6) 성전 정화 시에(눅 19:46에서 사 56:7 인용), (7) 이스라엘에 대한 비유를 말씀하실 때(마 21:42, 44에서 시 118:22-23; 사 8:14-15 인용), (8) 성전에서 율법에 대하여 토론하실 때(막 12:36에서 시 110:1을 인용), (9) 마지막 유월절을 지키던 밤에, 세상이 그분을 미워한 것같이 그분의 제자들을 미워할 것이라고 말씀했을 때, 요 15:25에서 시 35:19; 69:4 인용), (10) 십자가 위에서, (i) 네 번째 말씀(마 27:46에서 시 22:1 인용), (ii) 일곱 번째 말씀(눅 23:46에서 시 31:5 인용) 예수님은 자신의 신적 존재와 부활에 대하여, 전자는 마 12:1; 마 12:6-8, 후자는 마 16:4; 눅 24:21-26을 인용하였다. 상기한 인용 외에도 언약의 성취자로서 예수님은 여러 명의 구약

선택받은 사람들의 영감에 대한 그리스도의 증거를 잘 아시고(마 15:7, 22:
43, 24:15; 막 7:10; 요 5:46), 이들을 하나님의 영적 도구로 직간접으로 활용
하셨다.45) 그러나 예수님은 요 8:56, "너희 조상 아브라함은 나의 때 볼
것을 즐거워하다가 보고 기뻐하였느니라"를 통해서 아브라함과 모세, 그
어느 누구도 중보자가 될 수 없음을 보이셨다. 이를 입증하듯이 사도 바울
은 딤전 2:5-6, "하나님은 한 분이시요, 또 하나님과 사람 사이에 중보도
한 분이시니 곧 사람이신 그리스도 예수"뿐임을 천명하였다.

언약의 성취자로서 이 땅에 오신 예수님이 구원 사역을 전개하는 중에
마 4:1-11, 광야에서 40일을 금식하신 후 사탄의 시험을 받고 3차례 구약
을 인용하셨다.46) 당시 사탄에 맞서 예수님이 인용하신 말씀은 자신의 존
재를 나타내는 확신에 찬 매우 강력한 메시지였다. 그리고 마 21:33-46에
서 왕직을 가지신 예수님의 증거가 포함되었다. 여기서 예수님은 포도원
상속자의 비유로써 자신이 메시야의 권세를 가지고 있음을 증거하시고, 이
를 위하여 시 118:22-23을47) 막 14:49에서 "내가 날마다 너희와 함께 성

인물들, 대표적으로 (i) 아벨, 예수님께서 아벨의 피를 의로운 피라고 말씀을 하셨다(마
23:36), (ii) 롯의 아내 사건, 창 19:26를 눅 17:32에서 인용, (iii) 소돔과 고모라의 사건 창
18:20을 눅 17:29(유 1:7) 인용, (iv) 노아를 눅 24:36-39에 인용, (v) 아브라함을 요
8:39(눅 16:22)인용, (vi) 모세를 요 3:14에서 인용, (vii) 다윗을 막 2:25-26 인용, (viii)
솔로몬을 눅 11:31; 눅 12:27 인용, (ix) 솔로몬의 지혜, 왕상 4:29-30를 마 12:42 인용,
(x), 엘리야의 변화산을 마 17:2-4(눅 4:25-26) 인용, (xi) 엘리사, 예수님께서 엘리사가 아
람의 군대장관 나아만의 나병을 고치신 것을 인용, (xii) 이사야를 사 61:1을 인용(눅 4:16-
19), (xiii) 요나와 큰 물고기의 욘 1:17를 마 12:39-40(눅 11:32) 인용, (xiv) 지옥, 사
66:24을 마 9:48-49 인용, (xv) 다니엘, 예수님께서 다니엘의 예언 마 24:1-16 등을 인용
하셨다.
    45) 예를 들면, 팔복(마 5:3-10)은 실제적인 구약인용 구절을 포함하지 안치만 분
명히 축자적인 2건의 구약 언급이 있고, 3-4은 사 61:1-3, 5과 시 37:11을 예시하였다. 또
한 실제적으로 각 문구들은 구약과 대조할 수 있다. 하지만 그보다 더 놀라운 것은 공식적
인 구약 인용을 포함하고 있지 않은 계시록이 구약의 구절들, 특히 다니엘서, 에스겔서, 스
가랴서 등의 구절들의 형식을 취한 것이다. 하지만 구약의 내용에 대한 의도적인 언급과
무의식적인 사용 사례를 구분하는 것은 삼가야 할 것이다.
    46) 예수님이 시험받으셨을 때 (i) 첫 번째 시험(마 4:4에서 신 8:3), (ii) 두 번째
시험(마 4:7에서 신 6:16), (iii) 세 번째 시험(마 4:10에서 신 6:13을 인용하셨다.

전에서 가르쳤으나 너희가 나를 잡지 아니하였도다. 그러나 이는 성경을 이루려 함이니라 하시더라"고[48] 하셨다.

한 때 예수님은 자신의 정체성을 묻는 바리새인들에게, 마 22:41-46, "...너희는 그리스도에 대하여 어떻게 생각하느냐 뉘 자손이냐 대답하되 다윗의 자손이니이다. 가라사대 그러면 다윗이 성령에 감동하여 어찌 그리스도를 주라 칭하여 말하되, 주 하나님께서 내 주, 그리스도 예수께 이르시되 내가 네 원수를 네 발아래 둘 때까지 내 우편에 앉았으라 하셨도다 하였느냐. 다윗이 그리스도를 주라 칭하였은 즉 어찌 그의 자손이 되겠느냐 하시니, 한 말도 능히 대답하는 자가 없고 그 날부터 감히 그에게 묻는 자도 없더라"로 답변하셨다. 이 때 예수님은 친히 시 110:1, "여호와께서 내 주에게 말씀하시기를 내가 네 원수로 네 발등상 되게 하기까지 너는 내 우편에 앉으라 하셨도다"를 인용하셨다. 여기서 내 주, 즉 다윗의?내 주가 바로 예수 그리스도 자신임을 증거하셨다. 마 22:45, "다윗이 그리스도를 주라 칭하였은 즉 어찌 그의 자손이 되겠느냐 하시니"라고 하셨다. 이 말씀은 주님이 직접 해석하신 것이다. 주님은 모든 것을 다 아셨기 때문이다. 여기서 예수님은 선재하신 그리스도 곧 성자 하나님이시다.

예수님은 요 5:39, "...성경이 곧 나에 대하여 증거한다"[49]고 하셨다.

---

47) 인용된 말씀은 여호와의 권능 찬양시(시 107-150편)에 위치하는데, 그 중에서도 보수하신 권능 찬양시(시 107-118편)에 포함되었다. 여기서 '건축자'는 예수님 당시에 예수를 잡던 대제사장과 바리새인들이다(마 21:45) 이 '건축자'가 누구를 말하는지는 다른 부분(행 4:1-11)에서 확인할 수 있다. '버린 돌'과 '모퉁이 머릿돌'은 모두 예수님이다(마 21:43-46) 단지 '버린 돌'은 낮아지신 예수의 상태로, '모퉁이의 머릿돌'은 높아지신 예수님의 상태로 묘사된 것이다. 이 설명에 대한 내용은 다른 부분(벧전 2:1-8)에서도 볼 수 있다. 여기서 '버린 돌'과 '머릿돌'은 각각 예수님의 죽음과 부활로 집약된다. 예수님이 버려지고 머릿돌이 되는 이 모두가 주로 말미암았다. 이렇게 되는 것이 여호와의 정하신 것이라고 구약성경(시 118:24)이 밝혀 준다. 곧 예수가 오고 죽고 부활하는 이 모두가 여호와의 계획이며 작정이라는 뜻이다.

48) 이러한 표현은 신구약의 창 18:19; 신 8:18; 왕하 23:24; 마 1:22, 마 26:56; 요 19:36; 골 1:25 에서 폭넓게 발견된다.

49) 요한복음 전체는 예수 그리스도께서 신성이신 본성으로 언약을 성취하신 사

여기서 예수님이 말씀하는 성경은 구약성경 전체를 가리킨다. 예수님은 이처럼 구약을 의심치 않고 자유롭게 인용하셨다. 복음서에 따르면 예수님은 구약 13권에서 36개의 말씀들을 인용하셨다.[50] 뿐만 아니라 암시, 요약, 특정 단어 사용 등의 다양한 형태를 통하여 간접적으로 구약을 인용하셨다. 예수님은 당시 유대주의자들과 달리 그 가르치는 것이 권위 있는 자와 같고 그들의 서기관들과 같지 아니하였다(마 7:28-29). 또한 "다윗이 성령에 감동하여 친히 말하되"(막 12:36)라고 말씀하심으로 성경이 하나님의 영감으로 된 것임을 강조하셨고, 구약과 율법 제도를 인정하고 존중하셨으며, "나의 계명을 지키는 자라야 나를 사랑하는 자니"(요 14:21)라고 하셨다. 그리고 예수님은 직접 구약의 메시야 예언 구절을 인용하고 자신이 메시야이심을 말씀하셨다.

하지만 당시 율법주의자들은 더불어 메시야가 고난받아야 할 것을 말씀하실 때 그 사실을 도무지 이해하지 못하였다. 그들은 사 53장이 민족만이 아니라 개인에게도 관련되었다는 것을 믿지 못하였다. 그런데 눅 4:18-19, 예수님은 회당에서 이사야서를 직접 인용하시고 해석하셨다. 그리고 21, "이 글이 오늘 너희 귀에 응하였느니라"고 말씀하셨다. 그 후 예수님은 십자가에서 운명하시면서 시 22:2, "나의 하나님이여 나의 하나님이여, 어찌하여 나를? 버리셨나이까. 어찌하여 이토록 멀리 계셔서 나를 돕지 않으시고, 살려 달라 울부짖는? 나의 신음소리를 듣지 아니하시나이까. 나의 하나님이여, 내가 낮에도 부르짖고 밤에도 잠잠치 아니하오나 응답하지 아니하시나이다"를 마 27:46, "제 구시 쯤에 예수께서 크게 소리 질러 이르시되

실에 대하여 증거한 내용이다. 앞 부분은 아버지께로서 오신 예수(요 1-11장)이고 뒷부분은 아버지께로 가시는 예수(요 12-21장)이다. 그런데 예수님의 직접적 근거는 그 문장 안에 들어 있는 '나를 가리켜 기록된 모든 것'이다. 여기서 '나를 가리켜 기록된 모든 것'은 예수를 가리켜 기록된 구약성경 전체를 지칭한다. 간접적 근거는 신약에서 구약 전체를 싸잡아 언급할 때 '율법과 선지자의 글'이라는 의미(마 5:17, 11:13, 22:40; 눅 16:17; 행 13:15, 24:14, 28:23; 롬 3:21)로 언급되었다.

50) 각주 44번을 참조하라.

엘리 엘리 라마 사박다니 하시니 이는 곧 나의 하나님, 나의 하나님, 어찌하여 나를 버리셨나이까 하는 뜻이라"에서 인용하셨다.

특별히 예수님은 부활 후 눅 24:44-49, 엠마오 도상에서 자신을 새롭게 나타내셨다. "또 이르시되 내가 너희와 함께 있을 때에 너희에게 말한바 곧 모세의 율법과 선지자의 글과 시편에 나를 가리켜 기록된 모든 것이 이루어져야 하리라 한 말이 이것이라 하시고". 여기서 예수님은 구약을 크게 3부분, 모세의 글과 선지자의 글과 시편으로 나누셨다. 이것은 다른 성경에서는 쉽게 찾을 수 없는 구분이다.[51] 극히 일부지만 위 인용문들은 예수님의 구약, 성경관을 보여주는 중요한 근거이다. 예수님에 의하면 구약성경은 당신 자신에 관한 말씀으로 그리스도를 가리킨다.[52]

(ii) **신약 저자들의 인용**: 복음서 저자들은 예수님의 출생에 성취된 사

---

51) 우리는 위에 언급된 모세의 율법과 선지자의 글과 시편이 어떤 근거로 구약 전체를 지칭하는 것인지를 살펴야 한다. 그런데 예수님이 성경 전체를 명쾌하게 구분해 주셨다. 대개 성경(마 22:29; 요 5:39; 롬 1:2)은 율법과 선지자나 혹은 모세와 선지자(마 5:17; 마 7:12; 행 24:14 등), 선지자들의 글(마 26:25; 눅 18:31) 등으로 다양하게 표현되었다. 그러므로 여기서(눅 24:44) 선지자의 글과 시편은 구약에서 모세의 율법을 제외한 모든 선지자들의 글을 가리킨다. 그런데도 혹자들은 구약에서 예수를 증거하는 것이 어떤 특정한 부분만이 예수에 대하여 증거하는 것으로 주장한다. 예를 들면, 시편의 일부(2편, 20편, 21편, 22편, 23편, 24편, 45편, 72편, 110편 등)만이 그리스도를 증거한다는 것이다. 그러나 사실 시편 150편 전체가 그리스도가 언약된 내용으로, 여호와의 그리스도에 대한 구원 언약시이다. 비록 예수님이 구약을 셋으로 구분했다 해서 각각의 목적과 중심이 다른 것이 아니다. 예수님이 구분하셨듯이 구약이 세 가지로 불리든 아니면 39(권)가지로 불리든 하나의 중심으로 집약하는 것이 중요한다. 분명히 구약은 하나이기 때문이다.

52) 그 외에도 예수님께서 율법과 선지자 곧, 구약을 이루러 오셨다고 말씀하신 것(마 5:17-18)과, 적극적으로 구약의 말씀을 순종하신 것(요 19:28-30, 다 이루었다는 말씀)은 예수님이 구약의 신적 권위를 인정하셨음을 의미한다. 또한 신약이 구약의 인물이나 사건들을 아무 의심 없이 역사적인 것으로 인용한 경우들도 구약의 신적권위를 증거 하는 것이다. "예수께서 대답하여 가라사대 사람을 지으신 이가 본래 저희를 남자와 여자로 만드시고"(마 19:4) "노아의 때와 같이 인자의 임함도 그러하리라. 홍수전에 노아가 방주에 들어가던 날까지 사람들이 먹고 마시고 장가들고 시집가고 있으면서"(마 24:37-38) "또 롯의 때와 같으리니 사람들이 먹고 마시고 사고팔고 심고 집을 짓더니 롯이 소돔에서 나가던 날에 하늘로서 불과 유황이 비 오듯 하여 저희를 멸하였느니라. 인자의 나타나는 날에도 이러하리라"(눅 17:28-30) "모세가 광야에서 뱀을 든 것 같이 인자도 들려야 하리니"(요 3:14) 등이다.

실에 초점을 맞추었다. 인용의 대표적인 사례는 막 1:2, "선지자 이사야의
글에 보라 내가 내 사자를 네 앞에 보내노니 그가 네 길을 준비하리라".
눅 1:76, "이 아이여 네가 지극히 높으신 이의 선지자라 일컬음을 받고 주
앞에 앞서 가서 그 길을 준비하라", 사 7:14, "그러므로 주께서 친히 징조
를 너희에게 주실 것이라 보라 처녀가 잉태하여 아들을 낳을 것이요 그의
이름을 임마누엘이라 하리라". 사 9:6, "이는 한 아기가 우리에게 났고 한
아들을 우리에게 주신 바 되었는데 그의 어깨에는 정사를 메었고 그의 이
름은 기묘자라, 모사라, 전능하신 하나님이라, 영존하시는 아버지라, 평강
의 왕이라 할 것임이라". 마 1:23, "보라 처녀가 잉태하여 아들을 낳을 것
이요 그의 이름은 임마누엘이라 하리라 하셨으니 이를 번역한즉 하나님이
우리와 함께 계시다 함이라".

그리고 눅 4:16-19, "예수께서 그 자라나신 곳 나사렛에 이르사 안식일
에 늘 하시던 대로 회당에 들어가사 성경을 읽으려고 서시매, 선지자 이사
야의 글을 드리거늘 책을 펴서 이렇게 기록된 데를 찾으시니, 주의 성령이
내게 임하셨으니 이는 가난한 자에게 복음을 전하게 하시려고 내게 기름
을 부으시고 나를 보내사 포로 된 자에게 자유를, 눈 먼 자에게 다시 보게
함을 전파하며 눌린 자를 자유롭게 하고, 주의 은혜의 해를 전파하게 하려
하심이라 하였더라". 그리고 마 1:22, "이 모든 일이 된 것은 주께서 선지
자로 하신 말씀을 이루려 하심이니", 마 2:17-18, "이에 선지자 예레미야
로 말씀하신 바, 라마에서 슬퍼하며 크게 통곡하는 소리가 들리니 라헬이
그 자식을 위하여 애곡하는 것이라. 그가 자식이 없으므로 위로 받기를 거
절하였도다 함이 이루어졌느니라"라며 두 살 아래 남아 살해사건을 인용
하였다. 이에 예수님도 구약의 예언들이 자신에 관한 것임을 말씀하셨다
(눅 24:27, 44-47; 요 5:39, 45-47).

마가는 12:36, "다윗이 성령에 감동되어 친히 말하되 주께서 내 주께
이르시되 내가 네 원수를 네 발아래에 둘 때까지 내 우편에 앉았으라 하
셨도다 하였느니라"에서 다윗의 시 110:1, "여호와께서 내 주에게 말씀하

시기를 내가 네 원수들로 네 발판이 되게 하기까지 너는 내 오른쪽에 앉아 있으라 하셨도다"를 인용하였다. 누가는 22:37-38, "내가 너희에게 말하노니 기록된 바 그는 불법자의 동류로 여김을 받았다 한 말이 내게 이루어져야 하리니 내게 관한 일이 이루어져 감이니라. 그들이 여짜오되 주여 보소서 여기 검 둘이 있나이다 대답하시되 족하다 하시니라"는 말씀에 대하여 사 53:12, "그러므로 내가 그에게 존귀한 자와 함께 몫을 받게 하며 강한 자와 함께 탈취한 것을 나누게 하리니 이는 그가 자기 영혼을 버려 사망에 이르게 하며 범죄자 중 하나로 헤아림을 받았음이니라. 그러나 그가 많은 사람의 죄를 담당하며 범죄자를 위하여 기도하였느니라"를 인용하였다. 그리고 눅 20:43, "내가 네 원수를 네 발등상으로 삼을 때까지 내 우편에 앉았으라 하셨도다 하였느니라"는 히 10:13-14, "그 후에 자기 원수들을 자기 발등상이 되게 하실 때까지 기다리시나니, 그가 거룩하게 된 자들을 한 번의 제사로 영원히 온전하게 하셨느니라"에서 인용되었다.

특별히 누가는 행 2:16-19에서 엘 2:28-30, "이는 곧 선지자 요엘로 말씀하신 것이니, 일렀으되 하나님이 가라사대 말세에 내가 내 영으로 모든 육체에게 부어 주리니 너희의 자녀들은 예언할 것이요 너희의 젊은이들은 환상을 보고 너희의 늙은이들은 꿈을 꾸리라 그 때에 내가 내 영으로 내 남종과 여종들에게 부어 주리니 저희가 예언할 것이요 또 내가 위로 하늘에서는 기사와 아래로 땅에서는 징조를 베풀리니 곧 피와 불과 연기로다"를 인용하였다. 그리고 사도 바울은 사 49:8, "여호와께서 이같이 이르시되 은혜의 때에 내가 네게 응답하였고 구원의 날에 내가 너를 도왔도다 내가 장차 너를 보호하여 너를 백성의 언약으로 삼으며 나라를 일으켜 그들에게 그 황무하였던 땅을 기업으로 상속하게 하리라"를 인용하여 고후 6:2, "보라 지금은 은혜 받을 만한 때요 보라 지금은 구원의 날이로다."라고 인용하였다.

제자 중에 베드로는 행 2:25에서 시 16:8-11을 그리스도의 부활과 관련하여 다윗의 말을 인용했으나, 행 3:17-26의 설교가 대표적이다. 행 3:22,

"모세가 말하되 주 하나님이 너희를 위하여 너희 형제 가운데서 나 같은 선지자 하나를 세울 것이니 너희가 무엇이든지 그의 모든 말을 들을 것이라"이다. 여기서 베드로가 인용한 말씀은 신 18:15, "네 하나님 여호와께서 너희 가운데 네 형제 중에서 너를 위하여 나와 같은 선지자 하나를 일으키시리니 너희는 그의 말을 들을지니라"는 말씀이다. 구약의 율법을 기록한 모세가 이미 선지자였고, 그를 통해서 선지자 역할을 감당하는 메시야가 오실 것이 예언된 것을 인용하였다. 여기서 베드로는 하나님의 말씀을 해석하고 적용하는 중요한 방식을 보여주었다.

사도 요한은 출애굽한 이스라엘 백성들에게 주신 말씀 출 12:46-47, "한 집에서 먹되 그 고기를 조금도 집 밖으로 내지 말고 뼈도 꺾지 말지며, 이스라엘 회중이 다 이것을 지킬지니라"를 요 19:36, "그 뼈가 하나도 꺾이우지 아니하리라"에서 인용하였다. 그리하여 사도는 예수님의 십자가의 죽으심의 성취를 보여준다. 특별히 히브리서는 마치 구약의 총합처럼 직간접 인용이 범람할 정도이다. 이것에 대해서는 누구도 문제를 제기할 수 없을 것이다. 그러면 히브리서가 어떤 원칙 없이 구약을 직간접으로 인용했는가? 전혀 그렇지 않다. 오히려 전면적인 구약 사용에도 불구하고 히브리서는 구약의 구절들을 서술적 흐름에 따라서 자연스럽게 인용하고 해석하였다.53)

---

53) 히브리서에 사용된 구약의 핵심 구절들은 크게 4가지이다. (i) 안식에 관해서 말하는 시 95:7-11(히 3:7-11), (ii) 멜기세덱에 대하여 말하는 시 110:4(히 5:6), (iii) 언약에 관하여 말하는 렘 31:31-34(히 8:8-12), (iv) 제물에 관해서 말하는 시 40:6-8(히 10:5-7)이다. 이 구절들은 사실상 히브리서의 중요 인용으로 대체적으로 히브리서의 네 단락을 구성하였다. 히 1-2장에 나오는 연속인용이 하나님의 아들을 설명하는 것에 이어서 히 3-4장은 영원한 안식에 관한 해석이며, 히 5-7장은 영원한 대제사장에 대한 해석이며, 히 8-9장은 새 언약에 관한 해석이며, 히 10-13장은 새 제물(몸)에 관한 해석이다. 이렇게 히브리서의 구약인용은 기독론적이다. 따라서 히브리서는 초대교회의 설교 전형으로 예수 그리스도에 대한 신앙고백을 명확히 표시하였다(히 3:1; 4:14; 10:23) 이 신앙고백은 예수 그리스도의 이름을 가리켜 "더욱 아름다운 이름"(히 1:4)이라고 부른다. 히브리서는 구약이 인용을 통하여 예수 그리스도께서 신앙고백의 사도이며 친히 대제사장(히 3:1)이시고, 구원의 인도자이시며(히 2:10), 믿음의 시작이며 완성자 이심을(히 12:2) 고백하였다.

(3) **성경 저자들의 인용 특징:** 본 논문 서두에서 필자는 인용과 관련한 학계의 다양한 사례를 서술하였다. 그 과정에서 특별히 성경에 나타난 사례들, 예수님과 제자들의 사례를 고찰하였다. 실로 성경은 심지어 몇 몇 기존 종교의 경전과 달리 장기간에 걸쳐서 특별히 선택받은 자들이 영감으로 기록하였다. 각각의 저자들은 그 말씀, 즉 언약을 성취하는 과정에서 소명 받은 도구로 충실히 말씀을 인용하였다. 이것은 어떤 종교나 학문으로도 규명할 수 없는 신비와 독특함이 자리한다. 그것은 바로 성경 자체의 신적 권위에 기초했기 때문이며, 이는 마치 끝없이 솟아나는 샘물처럼 시대와 역사를 초월하여 줄기차게 전개되었다. 무엇보다도 성경의 인용은 하나님의 구속 경륜, 예언과 성취라는 구속사의 큰 맥락에서 충일한 신적 지식과 영성으로 여전히 현재 진행형이며, 앞으로도 주님 오실 때까지 계속될 것이다.

(i) **통시적 성경관:** 창조주 여호와, 즉 삼위일체 하나님의 구속 경륜에 따라서, 성경의 저자들은 어떻게 그 경륜이 역사 속에 성취되는지, 영감으로 기록된 말씀이 각 시대를 따라서 어떻게 발전되며 성취되어 가는지, 자신들의 소명과 역할이 무엇인지를 기독론적 및 구원론적으로 가장 적절히 말씀을 인용하였다. 여기에는 바로 성경은 살아계신 하나님의 말씀이며, 생명의 구주이신 예수님의 구속 성취, 성령의 놀라운 역사가 내포되었다. 여기서 중요한 것은 하나님은 당신이 특별히 선택한 성경의 저자들에게 초자연적으로 유기적인 영감을 통하여 당신의 계시를 완벽하게 보존하셨다. 그리하여 특별 계시인 성경으로 위로는 성삼위 하나님께 아래로는 구원받은 백성들의 역사, 즉 과거와 현재와 미래를 보증하였다. 계시의 영감 과정에서 성령 하나님의 능력과 임재는 성경의 각권 저자들의 성격과 문체를 최대한 활용하여 오류없이 당신의 구속 경륜을 이루도록 강력히 섭리하셨다. 그러므로 모든 성경이 성령의 주권적 역사와 내주로 저술되었다.

딤후 3:15-17, "또 어려서부터 성경을 알았나니 성경은 능히 너로 하여금 그리스도 예수 안에 있는 믿음으로 말미암아 구원에 이르는 지혜가 있게 하느니라. 모든 성경은 하나님의 감동으로 된 것으로 교훈과 책망과 바르게 함과 의로 교육하기에 유익하니, 이는 하나님의 사람으로 온전하게 하며 모든 선한 일을 행할 능력을 갖추게 하려 함이라'. 요 5:39, "너희가 성경에서 영생을 얻는 줄 생각하고 성경을 연구하거니와 이 성경이 곧 내게 대하여 증언하는 것이니라"고 하였다. 성경은 원저자이신 성령께서 1,600년 동안 약 40명의 저자들을 통해서 기록하셨다. 여기에는 일관성과 통일성, 다양성과 완전성이 강조되었다. 이러한 전제 속에서 모든 예언이 성취되었다.

(ii) **그리스도 중심**: 오직 하나님 한 분만이 성경의 저자라면 성경의 내용은 서로 상충되지 않고 오히려 보완적인 역할을 할 것이다. 예수님은 약속된 메시야, 이스라엘의 구속자로서 직접 옛 언약을 이루기 위하여 언약의 중보자로서 그 계시를 더욱 풍성하게 하셨다. 우리는 예수님의 가르침을 통해서 신약으로 구약을, 구약으로 신약의 의미를 이해한다. 이것은 바로 성경의 자기해석 때문이다. 성경은 66권 모두가 예수 그리스도를 믿어 구원에 이르는 길과 하나님의 언약을 믿는 사람들에게 영생을 약속하였다. 이처럼 성경은 성경 자체로 가장 좋은 해석자이다. 예수님은 친히 말씀으로 말씀을 해석하셨고, 성경을 통해서 성경을 해석하셨다. 그러므로 우리는 성경 본문에 따라서 성경을 성경으로 해석하는 자세를 가져야 할 것이다.

(iii) 종말론적 전개: 성경은 하나님의 천지창조, 인간의 타락, 구원에 이르는 길, 죄인의 운명, 성도의 행복을 증거한다. 성경의 교리는 거룩하며, 그 교훈은 구속력이 있고, 그 역사는 진실하며, 그 판단은 착오 없이 정확하다. 그러므로 성경을 읽는 자는 지혜로워지며, 믿는 자는 안전해지고, 실천하는 자는 기뻐할 것이다. 히 4:12-13, "하나님의 말씀은 살았고 운동력이 있어 좌우에 날 선 어떤 검보다도 예리하여 혼과 영과 및 관절과 골수를 찔러 쪼개기까지 하며 또 마음의 생각과 뜻을 감찰하나니, 지으신 것이 하나라도 그 앞에 나타나지 않음이 없고 오직 만물이 우리를 상관하시는 자의 눈앞에 벌거벗은 것같이 드러나느니라". 이처럼 성경은 인생의 앞길

을 밝히는 빛으로, 주림과 목마름을 해결하는 참된 양식으로, 기쁨을 안겨
주는 위로의 말씀이다. 또한 성경은 여행자의 지도요 지팡이,˙ 항해사의 나
침반과 군인들의 무기, 천성을 향해 가는 순례자의 좌표이다. 성경을 통해
서 천국 문이 열리고 지옥문은 닫힐 것이다. 성경의 주제는 오직 예수 그
리스도이며, 그 동기는 구원받은 백성들의 영원한 복락, 궁극적으로는 하
나님의 영광이다. 그러므로 교회와 성도는 성경을 신앙생활과 교리의 기준
으로 삼아야 할 것이다.

6. 서사라 목사의 천국지옥 체험 출간

하나님의 은혜로 회심한 성도들의 소원이 많지만 그 중에 하나는 변화
산상의 예수님과 세 제자, 밧모섬의 사도 요한, 특별히 사도 바울의 천국
입신, 삼층천 체험[54]이다. 이렇듯 대부분이 천국지옥을 열망하지만, 실제
로 체험한 사람들은 그렇게 많지 않다. 그 이유는 여러 가지가 있겠지만
단적으로 회심 후 말씀대로 살지 못하기 때문이다. 그런데 국내외적으로
최근 사회적 및 국가적 혼란이 가중되는 중에 교회 안팎의 일부 성도들이

---

[54] 고후 12:1-10, "무익하나마 내가 부득불 자랑하노니 주의 환상과 계시를 말하
리라. 내가 그리스도 안에 있는 한 사람을 아노니 그는 십사 년 전에 셋째 하늘에 이끌려
간 자라. 그가 몸 안에 있었는지 몸 밖에 있었는지 나는 모르거니와 하나님은 아시느니라.
내가 이런 사람을 아노니. 그가 몸 안에 있었는지 몸 밖에 있었는지 나는 모르거니와 하나
님은 아시느니라. 그가 낙원으로 이끌려 가서 말로 표현할 수 없는 말을 들었으니 사람이
가히 이르지 못할 말이로다. 내가 이런 사람을 위하여 자랑하겠으나 나를 위하여는 약한
것들 외에 자랑하지 아니하리라. 내가 만일 자랑하고자 하여도 어리석은 자가 되지 아니할
것은 내가 참말을 함이라. 그러나 누가 나를 보는 바와 내게 듣는 바에 지나치게 생각할까
두려워하여 그만두노라. 여러 계시를 받은 것이 지극히 크므로 너무 자만하지 않게 하시려
고 내 육체에 가시 곧 사탄의 사자를 주셨으니 이는 나를 쳐서 너무 자만하지 않게 하려
하심이라. 이것이 내게서 떠나가게 하기 위하여 내가 세 번 주께 간구하였더니, 나에게 이
르시기를 내 은혜가 네게 족하도다 이는 내 능력이 약한 데서 온전하여짐이라 하신지라
그러므로 도리어 크게 기뻐함으로 나의 여러 약한 것들에 대하여 자랑하리니 이는 그리스
도의 능력이 내게 머물게 하려 함이라. 그러므로 내가 그리스도를 위하여 약한 것들과 능
욕과 궁핍과 박해와 곤고를 기뻐하노니 이는 내가 약한 그 때에 강함이라".

천국 지옥 체험 간증 동영상을 유튜브에 올렸다. 그들 중에 대부분은 교회
의 직분자들로 목사와 장로, 권사와 집사, 그리고 일부 청소년이 포함되었
다.[55] 하지만 이들과 달리 예외적으로 신학박사와 의사겸 과학자가 포함
되었다. 전자는 한때 총신대학교 신학대학원 교수(신약신학)를 역임한 신성
종 박사[56]이며, 후자는 의사겸 과학자 서사라 목사이다.[57]

　서사라 목사는 약 18년 전,[58] 능력있는 사역을 위하여 천국과 지옥 체
험을 열망하는 중에, 하나님의 특별한 은혜로 체험한 내용을 총 8권으로
출간하였다. 여기에는 서 목사가 어떻게 천국과 지옥을 체험했는지가 자세
하게 일지 형태로 기록되었다. 서 목사에 의하면 체험은 어떤 경우에는 하
루에 몇 시간씩 기도 후에 아침과 오후, 저녁 2-3회 체험하였다.[59] 이후
서 목사는 하나님의 은혜에 감사하여, 소명 당시 하나님과의 약속을 지키
기 위하여 아프리카를 포함한 전 세계 오지에서 복음을 전파하고 도처에
교회를 설립해 왔으며, 최근에는 미국 LA와 국내를 오가며 말씀 증거와
교회 설립, 그리고 인도의 불쌍한 어린이들과 극빈자들에 대한 구제와 복
음 전파에 헌신하고 있다.[60]

---

55) 서요한, "3 서사라 목사의 천국 지옥 간증수기에 대한 평가: 십계명의 관점에
서 본 지옥의 실상을 중심으로", 「성경해석의 새 지평」, (하늘빛출판사, 2020), 180-189.
지옥의 실상에 대해서는 특별히 서 목사의 간증수기 지옥편(6권), 14-605를 참고하라.

56) http://reformednews.co.kr/bbs.html　Table=ins_bbs9&mode=view&uid=
4832&page=1&section; npgo.tistory.com/197; cafe.daum.net/prayingchurch/9Pjt/77;
cafe.daum.net/yh8815/4bZi/555.

57) 서요한, "3 서사라 목사의 천국 지옥 간증수기에 대한 평가", 160-240.

58) 서사라 목사의 회심과 천국체험에 대한 내용은 "나의 예수 믿게 된 동기와 하
나님의 부르심", 「이제도 있고 전에도 있었고 장차 올 자 예수 그리스도」, (하늘빛출판사,
2017), 1권, 199-239를 참고하라.

59) 서요한, "3 서사라 목사의 천국 지옥 간증수기에 대한 평가", 187. 각주 68
참조.

60) "나의 예수 믿게 된 동기와 하나님의 부르심", 「이제도 있고 전에도 있었고
장차 올 자 예수 그리스도」, 1권, 199-239.

7. 서사라 목사의 성경 인용 분석

서 목사의 천국지옥 체험에서 성경 인용은 어떻게 나타나는가? 이는 서 목사의 체험 수기의 전체 내용 중에 일부는 기존의 체험자들과 유사하지만 몇몇 경우는 전혀 다른 서 목사만의 독특함이 발견된다. 그것을 대략 7가지로 아래와 같이 정리하였다.[61]

(1) **포괄적 성경 인용:** 위에 언급한 서 목사의 7가지 특징 중에서 가장 특징적이며 현저한 점이다. 사실 회심 후 구원받은 성도들의 최대의 꿈과 이상은 삼층천 혹은 입신 체험이다. 그런데 그 체험은 열망에도 불구하고 역사 속에 극히 일부만 체험하였고, 그들의 체험담은 간증 형태로 유튜브에 올라 있다. 그런데 그들 중에서 극히 몇 사람만이 체험을 책으로 출간하였다. 그분들 중의 한 분은 앞에서 언급한 총신대학교 신학대학원 교수를 역임한 신성종 박사이다.

신 박사는 천국지옥 체험 후 그 내용을 책으로 출간하였고,[62] 몇몇 교회의 초청을 받고 간증하였다. 신 박사의 전체 내용은 설교 형태로 주로 자신의 체험에 기초하여 도전과 사명을 고취했지만, 간증 과정에서 성경 인용은 거의 찾을 수 없다. 하지만 서사라 목사는 천국지옥 체험 후, 자신이 체험한 내용을 출간하라는 주님의 명령을 받고 망설이던 중에 출간하였다.[63] 여기서 서 목사는 자신이 본 내용과 관련하여 말씀을 필요 적절히 인용하였다. 서 목사의 성경 인용은 도표 1과 도표 2에서 보듯이 포괄적이며 매우 실제적이다.

---

61) 지면 관계상 베리칩과 666의 관계, 그리고 루시퍼와의 대화에서 보여진 서 목사의 성경 인용은 제외되었다. 추가적인 연구가 요청된다 하겠다. 전자는 1권 25와 2권 72, 74, 76, 후자는 1권 31을 참고하라.

62) 서요한, "3 서사라 목사의 천국 지옥 간증수기에 대한 평가", 182, 각주 51 참조. Cf. 신성종, 「내가 본 지옥과 천국」, 크리스챤월드리뷰(http://www.christianwr.com.

63) 2권, 37. 150-151; 50. 194-195; 60. 225.

도표 1 : 서사라 목사 저서, 1-2권 성경인용 목록표

	번호 1	1권: 3. 지옥의 카스트로
	2	11. 천국의 꽃과 동물원 방문
	3	15. 천국 어린이 놀이터 방문
	4	17. 불륜가정 파괴자들의 지옥
	5	22. 천국에서 서 목사 아이들을 보다
무인용	6	32. 내 방식 대로 산 기독교인이 가는 곳
	7	33. 주님의 집무실
	8-10	2권: 1-3. 한국전쟁
1권 7회	11	13. 한국전쟁
2권 19회	12	16. 이단 괴수
(총 26회)	13	17. 다윗 전쟁기도
	14	26. 한국전쟁
	15	38. 처음 황금대문 보이심
	16	39. 간증집회 기뻐하심
	17	45. 남북통일
	18	55. 한국전쟁 서울 초토화
	19	56. 아버지 거처방문
	20	58. 천국에서 스크린으로
	21	59. 아버지 지상 모친 쪽지
	22	66. 7세 이전에 죽은 자 천국에
	23	67. 천국에서 집회 때 전할 내용 선진들로 듣다
	24	68. 7세 이전에 죽은 이이들 천국과 지옥에
	25	70. 주님이 머플러 선물
	26	73. 천국지옥 간증 이유(불교와 천주교 회개)

	번호 1	(1) 처음 천국지옥 방문, 고후 11:23-27; 삼상 22:1-2; 신 5:7, 마 18:8-9
1권 소주제 총 34회 성경인용 구약 24+ 신약 53 =총 77회	2	(2) 믿음의 조상 람과 이삭 만나다, 창 22:9; 히 11:17-19; 창 15:2-5
	3	(4) 서 목사 천국 집, 요일 2:15-17
	4	(5) 신랑 예수님, 아 2:2-7
	5	(6) 남 정죄할 때 천국에서 일어나는 일, 마 18:35; 사 59:1-2
	6	(7) 베드로 만남, 계 21:4; 마 14:28-31; 요 21:15-22; 롬 14:8
	7	(8) 예수 불신자들 지옥, 계 20:15; 마 18:23-35; 고후 5:10
	8	(9) 서 목사 천국 집, 마 12:28
	9	(10) 바울의 집 방문, 행 19:12
	10	(12) 천국에서 사명 받다, 계 1:7-8
	11	(13) 천국인도 천사와 대화, 고후 6:1-2; 계 15:2-4; 눅 21:1-4
	12	(14) 인간창조역사관 방문, 창 3:6-11; 창 3:14-15
	13	(16) 다니엘을 만나다, 히 13:6; 갈 1:10; 단 6:10-13; 단 6:19-24
	14	(18) 1개월 전 목사님 천국 확인, 마 7:21-23
	15	(19) 천국에서 한 죄인인 여인 상봉, 눅 7:36-38; 요일 2:15-17
	16	(20) 솔로몬 상봉, 왕상 8:18-20; 왕상 8:26-30; 왕상 3:16-28
	17	(21) 주님이 천국에서 키우시는 아이들을 보다, 마 19:14
	18	(23) 12 진주문과 회개소, 행위로 보관 소를 보다, 계 3:14-22; 계 22:12-13; 계 20:11-15

	19	(24) 생전 유명한 대형교회 목사님, 지옥, 사 42:8; 눅 17:7-10
	20	(25) 베리칩 말씀, 계 13:16-18; 계 14:9-12; 계 16:2; 계 20:4-6; 행 20:7-12
1권 소주제 총 34회	21	(26) 주님이 하셨습니다 말하라, 시 24:1; 학 2:8; 눅 3:16; 살전 5:18
	22	(27) 낙태된 아이들을 보다, 신 5:1-6; 신 5:7-21
	23	(28) 사도 요한 상봉, 마 22:37-38; 요 1:1; 요 1:14; 계 1:9-11; 계 22:18-19
성경인용 구약 24+ 신약 53 =총 77회	24	(29) 독재자와 돈 따른 자의 지옥, 눅 16:20-26; 신 5:7; 마 6:24
	25	(30) 술중독자 지옥, 고전 3:16-17
	26	(31) 루시퍼와 대화, 계 12:9; 사 14:12-15; 창 3:1-4
	27	(34) 도적질한 자, 레 5:15-16; 신 5:19
	28	(35) 주님의 위로, 마 19:5-6
	29	(36) 향유옥합 마리아 상봉, 마 26:7-13,
	30	(37) 지옥 장면 구경, 신 5:18
	31	(38) 이단 섬긴 자들 지옥, 요 14:6
	32	(39) 역사관에서 베드로와 요한을 상봉, 계 3:15-21; 마 24:48-51; 마 22:9-13; 마 25:28-30; 마 25:10-13
	33	(40) 오병이어 주인공 상봉, 마 19:14
	34	(41) 회심동기: 고전 15:10; 빌 3:4-9; 눅 12:29-31
2권 소주제 총 60회	번호 1	서론: 마 7:21-23; 계 22:12-15
	2	(4) 주의 종 지옥, 히 6:4-8
	3	(5) 천국서 목사 선진 파티, 고전 15:58
	4	(6) 마리아 집 방문과 사모들의 지옥, 막 3:28-30
	5	(7) 마리아와 아기 예수, 요셉 동상 보다, 눅 2:8-12; 눅 2:34-35; 요 14:1-3

	6	(8) 천국의 크리스 마스 이브, 눅 1:30-35
	7	(9) 교회 분당 자들과 분열자, 엡 1:22-23
	8	(10) 천국이 안 보일 때, 삼상 2:6-7; 삼상 2:10
	9	(11) 에스더의 집 방문, 에 4:13-16
2권 소주제 총 60회	10	(12) 가롯유다, 막 14:18-21
	11	(14) 이웃 거짓 증거자들, 출 20:16
성경인용 구약 23＋ 신약 83 ＝총106회	12	(15) 어두운데 슬피 우는 자들, 마 24:45-51; 계 22:13-15; 계 21:1-2; 사 56:9-12
	13	(18) 엘리야와 엘리사를 반나다, 약 5:17-18; 왕상 17:17-24; 왕하 4:1-7; 왕하 5:9-14
	14	(19) 한국전쟁, 요 1:9-13; 요일 1:5
	15	(20) 남북통일, 마 24:45-51; 마 4:16-17
1-2권, 77+106＝ 총합계 183 회	16	(21) 세습, 삼상 16:7
	17	(22) 재환상, 요 4:35; 단 12:3; 잠 9:1-6
	18	(23) 불교.석가모니, 요이 1:7; 마 15:14; 신 4:28
	19	(24) 한국전쟁, 마 24:7-8,
	20	(25) 미카엘, 계 12:7-9
	21	(27) 대형교회 목사님, 사 56:9-12; 마 7:21-23
	22	(28) 대형교회, 계 22:14-15,
	23	(29) 천국이름 지어짐, 계 3:5; 출 32:30-33; 계 20:15
	24	(30) 육신과 영혼생각, 롬 8:5-8; 사 9:6; 요 6:33
	25	(31) 본 것을 지우심, 계 10:1-4
	26	(32) 마음의 모든 것을 아심, 눅 19:8-9
	27	(33) 육체복종 천국파티, 마 24:45-51; 고전 9:27
	28	(34) 참된 회개, 요 8:10-11; 마 26:62-68
	29	(35) 남북전쟁, 마 12:42,
	30	(36) 고난 감수, 롬 8:17
	31	(37) 간증 책 저술, 롬 10:13-15

2권 소주제 총 60회 성경인용 구약 23 + 신약 83 = 총106 회 1-2권, 77＋106 = 총합계 183 회	32	(40) 우리나라 계획(통일), 사 55:8-11
	33	(41) 왕의신분 없음, 계 2:26-27; 고전 15:41, 42-44
	34	(42) 자살자, 눅 12:4-5
	35	(43) 동성애자, 롬 1:21-27
	36	(44) 유산죄, 갈 6:7-9; 벧후 2:9
	37	(46) 사도신경금지, 막 15:37-38; 히 10:11-14
	38	(47) 천주교의 구원자들, 요 3:4-6; 요이 1:7; 사 9:6
	39	(48) 천국의 거북이들: 인내와 사랑, 요 13:35; 요 13:34
	40	(49) 휴거, 고전 15:51-53; 살전 4:16-17
	41	(50) 천국지옥간증집 선진들 기뻐함, 빌 1:18
	42	(51) 사도바울 황금집, 고후 3:17
	43	(52) 한국전쟁이유, 계 3:14-22; 히 12:11
	44	(53) 적그리스도, 단 9:27
	45	(54) 하늘군대, 왕상 17:42-51; 왕하 6:15-17
	46	(57) 천국에서 스크린으로 본다(58), 히 4:13
	47	(60) 간증집 천국보관, 고전 15:10(2회); 계 22:12-13
	48	(61) 이기는 자들, 계 2:7, 2:11, 2:17, 2:26, 계 3:5; 계 3:12; 계 3:21; 계 21:6-7; 마 7:21-23; 눅 13:24-27
	49	(62) 최고의 삶은 하나님 기다리는 삶, 살전 5:24; 사 55:12; 사 55:8-11
	50	(63) 천국 왕권 가진 자, 요일 2:15-17
	51	(64) 천국 예배, 계 1:3; 마 5:17-18
	52	(65) 집회 병치료 은사, 사 53:5
	53	(69) 천국지옥 선포 칭찬, 요 3:16-19
	54	(71) 토마스 주님 상봉, 베리칩＝666, 계 13:16-18
	55	(72) 주님, 베리칩＝666, 계 14:9-11
	56	(74) 주님, 베리칩을 에스겔로 경고, 겔 33:7-9

	57	(75) 천국에서 십자가 예수 목격, 히 9:27
	58	(76) 베리칩=666 써 주심, 계 21:5-7
	59	(77) 영의 감정 확인, 롬 8:5-8, 8:12-14
	60	(78) 후기: 계 22:12-13; 살전 5:16-23

도표 2: 서사라 목사 저서, 1-2권 성경인용 목록표

1권 성경 인용 구약 24+ 신약 53= 총 77 회 *성경 ( )안의 숫자 는 반복 인용 회수임	***구약 39권 중에 10권 = 총 24회**
	(1) 창 15:2-5; 창 22:9; 창 3:6-11; 창 3:14-15; 　　창 3:1-4=5
	(2) 레 5:15-16=1
	(3) 신 5:7(3); 신 5:1-6; 신 5:7-21(3); 신 5:7(3); 　　신 5:19; 신 5:18(2)=6
	(4) 삼상 22:1-2=1
	(5) 왕상 8:18-20; 왕상 8:26-30; 왕상 3:16-18=3
	(6) 시 24:1=1
	(7) 아 2:2-7=1
	(8) 사 59:1-2; 사 42:8; 사 14:12-15=3
	(9) 단 6:10-13; 단 6:17-24=2
	(10) 학 2:8=1
	*신약 27권 중에 12권=총 53회
	(11) 마 18:8-9; 마 18:35(2); 마 14:28-31; 마 18:23- 　　35(2); 마 12:28; 마 7:21-23; 마 19:14(2); 　　마 22:37-38; 마 6:24; 마 19:5-6; 마 26:7-13; 　　마 24:48-51; 마 22:9-13; 마 25:28-30; 마 25:10- 　　13; 마 19:14(2)=16
	(12) 눅 21:1-4; 눅 7:36-38; 눅 17:7-10; 눅 3:16; 　　눅 16:20-26=5

1권 성경 인용 구약 24+ 신약 53= 총 77 회 ＊성경 ( )안의 숫자 는 반복 인용 회수임	(13) 요 21:15-35; 요 1:1; 요 1:14; 요 14:6=4
	(14) 행 19:12; 행 20:7-12=2
	(15) 롬 14:8=1
	(16) 고전 3:16-17=1
	(17) 고후 11:23-27; 고후 5:10; 고후 6:1-2; 고전 15:10=4
	(18) 갈 1:10=1
	(19) 살전 5:18=1
	(20) 히 11:17-19; 히 13:6=2
	(21) 요일 2:15-17=1
	(22) 계 21:4; 계 20:15(3); 계 1:7-8; 계 15:2-4; 계 3: 14- 22(2); 계 22:12-13(6); 계 20:11-15(3); 계 13:16-18; 계 14:9-12; 계 16:2; 계 20:4-6;계 1:9- 11; 계 22:18-19; 계 12:9; 계 3:15-21(2)=15

2권 성경 인용 구약 23+ 신약 83= 총 106회 ＊성경 ( )안의 숫자 는 반복 인용 회수임	**＊구약 39권 중에 10권=총 23회**
	(1) 출 20:16; 출 32:30-33=2
	(2) 신 4:28=1
	(3) 삼상 2:6-7; 삼상 2:10; 삼상 16:7=3
	(4) 왕상 17:17-24; 왕상 17:42-51=2
	(5) 왕하 4:1-7; 왕하 5:9-14; 왕하 6:15-17=3
	(6) 에 4:13-16=1
	(7) 잠 9:1-6=1
	(8) 사 56:9-12(2); 사 9:6(2); 사 55:8-11; 사 9:6(2); 사 55:12; 사 55:8-11; 사 53:5=7
	(9) 겔 33:7-9=1
	(10) 단 12:3; 단 9:27=2

	＊신약 27권 중에 18권=총 83회
2권 성경 인용	(11) 마 7:21-23(3); 마 24:45-51(2); 마 4:16-17; 마 15:14; 마 24:7-8; 마 7:21-23(3); 마 24:45-51(2); 마 26:62-68; 마 12:42; 마 7:21-23(3); 마 5:17-18=11
구약 23＋ 신약 83＝ 총 106회	(12) 막 3:28-30; 막 14:18-21; 막 15:37-38=3
	(13) 눅 2:8-12; 눅 2:34-35; 눅 1:30-35; 눅 19:8-9; 눅 12:45; 눅 13:24-27=6
＊성경 ( )안의 숫자 는 반복 인용 회수임	(14) 요 14:1-3; 요 1:9-13; 요 4:35; 요 6:33; 요 8:10-11; 요 3:4-6; 요 13:35; 요 13:34; 요 3:16-19=9
	(15) 롬 8:5-8(2); 롬 8:17; 롬 10:13-15; 롬 1:21-27; 롬 8:5-8(2); 롬 8:12-14=6
	(16) 고전 15:58; 고전 9:27; 고전 15:41, 42-44; 고전 15:51-53; 고전 15:10=6
	(17) 고후 3:17=1
	(18) 갈 6:7-9=1
	(19) 엡 1:22-23=1
	(20) 빌 1:18=1
	(21) 살전 4:16-17; 살전 5:24; 살전 5:16-23=3
	(22) 히 6:4-8; 히 10:11-14; 히 12:11; 히 4:13; 히 9:27=5
	(23) 약 5:17-18=1
	(24) 벧후 2:9=1
	(25) 요일 1:5; 요일 2:15-17=2
	(27) 요이 1:7(2); 요이 1:7(2)=2
	(28) 계 22:12-15(6); 계 22:13-15(6); 계 21:1-2; 계 12:7-9; 계 22:14-15(6); 계 3:5(2); 계 20:15(3); 계 10:1-4; 계 2:26-27; 계 3:14-22(2); 계 22:12-13(6); 계 2: 7; 계 2:11; 계 2:17; 계 2:26; 계 3:5(2); 계 3:12; 계 3:21; 계 21:6-7; 계 1:3; 계 13:16-18; 계 14:9-11; 계 21:5-7; 계 22:12-13(6)=24

무엇보다도 주목할 것은 서 목사가 성경 인용 시에 구약과 신약을 자유
롭게 오가되, 도표에서 보는 대로(혹시 있을지 모를 누락 확인 바람) 극히 일
부 계 22:12-15(6회), 마 7:21-23(3회), 요일 2:15-17(3회), 사 9:6(2회), 계
3:14-22(2), 고전 15:10(2회) 등을 제외하고는 총괄적으로 폭넓게 인용했
다는 점이다. 이는 도표 1과 도표 2의 전체 성경 인용 183 구절에서 볼
때 무인용 1권 7회, 2권 19회 총 26회를 제외하고는 자신의 논리에 맞게
목회적 관점에서 적절히 인용하였다. 이는 현재 유튜브에 올라 있는 간증
자들에게서는 찾아 볼 수 없는, 서 목사 만의 영적 혜안이요 놀라운 능력
이라 할 것이다.

(2) **천국의 실상= 영광의 보상:** 서 목사는 천국과 지옥 체험에서 내용
을 구체적으로 제시하였다. 이를 둘러싸고 지난 해 포럼 후 일부에서 내로
남불 식 의문을 제기했지만, 서 목사는 기도 중에 천사들의 인도를 따라
천국에서 성경에 기록된 옛 선진들을 만나고 그들의 집을 방문하였으며
또한 그들과 직접 대화하였다. 그리고 그들에게 묻고 답하는 과정에서 신
앙적 열망을 고조시켰으며, 자신에게 신앙적 교훈과 큰 도전을 받았다. 서
목사에 의하면 천국은 황금 대문에 보석으로 된 꽃들과 보석 동물원,[64)]
아름다운 어린이 놀이터[65)]가 있다.

천국은 예수님을 중심으로 구약과 신약의 선진들이 잘 조성된 각자의
황금 방에 거주하였다. 구약에서는 아브라함과 사라, 이삭,[66)] 솔로몬[67)]과
다니엘,[68)] 에스더,[69)] 엘리야와 엘리사,[70)] 신약에서는 베드로[71)]와 요

---

64) 1권, 11. 65-68.

65) 1권, 15. 84-85.

66) 1권, 2. 25-27. 창 22:9, "하나님이 그에게 지시하신 곳에 이른지라 이에 아브
라함이 그 곳에 단을 쌓고 나무를 벌여 놓고 그 아들 이삭을 결박하여 단 나무 위에 놓고"
와 히 11:17-19, "아브라함은 시험을 받을 때에 믿음으로 이삭을 드렸으니 그는 약속들을
받은 자로되 그 외아들을 드렸느니라. 그에게 이미 말씀하시기를 네 자손이라 칭할 자는
이삭으로 말미암으리라 하셨으니, 그가 하나님이 능히 이삭을 죽은 자 가운데서 다시 살리
실 줄로 생각한지라 비유컨대 그를 죽은 자 가운데서 도로 받은 것이니라"를 인용하였다.

67) 1권, 20. 102-105.

한,[72] 바울,[73] 향유 옥합 마리아,[74] 오병이어 주인공,[75] 마리아[76] 그리고 예외적으로 토마스 주남[77]을 만났다. 이들의 지상 사역은 그들의 주요 행적과 함께 모두 인간창조역사관에 전시되었다.[78] 그런데 인간창조역사관은[79] 기본 층, 우리 주님의 기념관으로 출생에서 승천을 중심으로 지하 1층, 2층, 3층 그리고 지상 1층 2층, 3층 총 7층으로 구성되었다. 지하는 주로 구약의 선진들의 생전의 사역과 활동으로, 지상은 신약 시대의 제자들이 전시되었다. 지하 3층 그림은 태초에 하나님께서 천지를 창조하시니라였다. 그 다음은 아담과 하와가 보였다. 죄를 짓기 전의 그들의 얼굴은 너무나 싱그럽게 아름다웠다. 하지만 범죄한 후의 그들의 얼굴은 너무나 추하고 달라 보였다. 어두운 그림자가 얼굴에 가득하였다.[80]

천국에는 여러 선진들이 있지만 필자는 다니엘과 솔로몬을 사례로 들었다.[81] 서 목사에 의하면 다니엘은 실로 아름다운 청년이었다. 주님께서 그 때 서 목사에게 다니엘에게 질문하라고 하자, 서 목사는 어떻게 사자굴에 던져질 것을 알면서도 그렇게 기도했느냐고 물었다. 이에 대하여 다니엘은 "백성들을 위하여 하루에 세 번씩 예루살렘을 향하여 창문을 열고

---

68) 1권, 16. 86-90.

69) 2권, 11. 53.

70) 2권, 18. 75-81.

71) 1권, 7. 45-48.

72) 1권, 28. 138-143.

73) 1권, 1. 20-21; 10. 62-63; 2권, 51. 197-198.

74) 1권, 36. 178.

75) 1권, 97. 196.

76) 2권, 7. 40-41.

77) 2권, 71. 264; 74. 270-272.

78) 1권, 14. 79-83, 113; 1권, 39. 185-193.

79) 1권, 14. 113; 16. 86-90.

80) 창 3:6-11, 14-15 참조.

81) 그 밖에 사례는 도표 1과 도표 2의 목록을 참고하라.

기도하였다". "도무지 그 기도를 멈출 수가 없었다". "나는 사람을 무서워하지 않았다". 그리고 다니엘이 그렇게 말했을 때 서 목사는 "사람이 내게 어찌하리요"의 말씀이 생각났다"고 하였다.[82] 그리고 서 목사는 단 6:10-13, "다니엘이 이 조서에 왕의 도장이 찍힌 것을 알고도 자기 집에 돌아가서는 윗방에 올라가 예루살렘으로 향한 창문을 열고 전에 하던 대로 하루 세 번씩 무릎을 꿇고 기도하며 그의 하나님께 감사하였더라. 그 무리들이 모여서 다니엘이 자기 하나님 앞에 기도하며 간구하는 것을 발견하고, 이에 그들이 나아가서 왕의 금령에 관하여 왕께 아뢰되 왕이여 왕이 이미 금령에 왕의 도장을 찍어서 이제부터 삼십 일 동안에는 누구든지 왕 외의 어떤 신에게나 사람에게 구하면 사자굴에 던져 넣기로 하지 아니하였나이까 하니 왕이 대답하여 이르되 이 일이 확실하니 메대와 바사의 고치지 못하는 규례니라 하는지라. 그들이 왕 앞에서 말하여 이르되 왕이여 사로잡혀 온 유다 자손 중에 다니엘이 왕과 왕의 도장이 찍힌 금령을 존중하지 아니하고 하루 세 번씩 기도하나이다 하니". 그 후 다니엘은 굴 속에 던져졌는데, 굴 속에 들어가니 사자들이 너무 얌전히 앉아 있었다. 심지어 며칠 굶은 사자들은 그 다음 날 자기가 밖으로 나올 때까지 그렇게 얌전히 있었다고 하였다.[83]

단 6:19-24, "이튿날에 왕이 새벽에 일어나 급히 사자 굴로 가서, 다니엘이 든 굴에 가까이 이르러서 슬피 소리 질러 다니엘에게 묻되 살아 계시는 하나님의 종 다니엘아 네가 항상 섬기는 네 하나님이 사자들에게서 능히 너를 구원하셨느냐 하니라. 다니엘이 왕에게 아뢰되 왕이여 원하건대 왕은 만수무강 하옵소서. 나의 하나님이 이미 그의 천사를 보내어 사자들의 입을 봉하셨으므로 사자들이 나를 상해하지 못하였사오니 이는 나의 무죄함이 그 앞에 명백함이오며 또 왕이여 나는 왕에게도 해를 끼치지 아니하였나이다 하니라. 왕이 심히 기뻐서 명하여 다니엘을 굴에서 올리라 하매 그들이 다니엘을 굴에서 올린즉 그의 몸이 조금도 상하지 아니하였으니 이는 그가 자기의 하나님을 믿음이었더라. 왕이 말하여 다니엘을 참소한 사람들을 끌어오게 하고 그들을 그들의 처자들과 함께 사자 굴에 던져 넣게 하였더니 그들이 굴 바닥에 닿기도 전에 사자들이 곧 그들을 움켜서 그 뼈까지도 부서뜨렸더라".

당시 주님은 다니엘이 굴에 떨어지기 전에 천사들로 하여금 그들의 입을 봉하셨다. 그래서 그들은 다니엘이 굴에 떨어졌을 때, 얌전히 앉아 있었다. 그리고 다니엘이 굴에서 나오자 천사들은 그들의 봉한 입을 풀어 주었다. 대화를 마친 서 목사는 자신도 다니엘처럼 꿈 해석의 은사를 받기를 원한다고 했을 때 다니엘이 손을 서 목사 머리에, 그리고 그 손 위에 주님이 손을 얹고 기도하였다고 하였다.[84] 그리고 서 목사는 히 13:6, "그러므로 우리가 담대히 말하되 주는 나를 돕는 이시니 내가 무서워하지 아니하겠노라 사람이 내게 어찌하리요 하노라"와 갈 1:10, "이제 내가 사람들에게 좋게 하랴 하나님께 좋게 하랴 사람들에게 기쁨을 구하랴 내가 지금까지 사람의 기쁨을 구하는 것이었더면 그리스도의 종이 아니니라"를 인용했는데, 이는 서 목사의 신앙을 확증하는 계기였다.

그 후 서 목사는 천사들의 안내를 받고 천국에 올라갔다. 그 때 천사 중의 한 천사가 펜과 공책을 들고 주님과 서 목사를 뒤따랐다. 그리고 인간창조 역사관에 도착하자마자 하얀 천을 어깨부터 내려뜨린 채 바닥에 끌리는 듯 옷을 입은 미남 청년 솔로몬을 만났다.[85] 그리하여 서 목사는 자연스럽게 솔로몬의 행적을 보기 위해 지하 2층으로 갔다. 그곳에서 솔로몬이 하나님의 성전을 지은 것과 성전을 짓고 나서 백성들 앞에서 하늘을 향해서 감사기도를 하는 그림을 보았다.[86] 그리고 또 다른 그림은 두 아

84) 1권, 16, 90.
85) 1권, 20, 102-103.
86) 왕상 8:18-20, "여호와께서 내 부친 다윗에게 이르시되 네가 내 이름을 위하

이의 엄마가 한 아이를 데이고 나타나 서로 자기 아이라 주장했을 때 지혜롭게 재판한 장면이었다.[87]

왕상 3:16-28, "때에 창기 두 계집이 왕에게 와서 그 앞에 서며 한 계집은 말하되 내 주여 나와 이 계집이 한 집에서 사는데 내가 저와 함께 집에 있으며 아이를 낳았더니 나의 해산한 지 삼 일에 이 계집도 해산하고 우리가 함께 있었고 우리 둘 외에는 집에 다른 사람이 없었나이다 그런데 밤에 저 계집이 그 아들 위에 누우므로 그 아들이 죽으니 저가 밤중에 일어나서 계집종 나의 잠든 사이에 내 아들을 내 곁에서 가져다가 자기의 품에 누이고 자기의 죽은 아들을 내 품에 뉘었나이다 미명에 내가 내 아들을 젖 먹이려고 일어나 본즉 죽었기로 내가 아침에 자세히 보니 내가 낳은 아들이 아니더이다 하매 다른 계집은 이르되 아니라 산 것은 내 아들이요 죽은 것은 네 아들이라 하고 이 계집은 이르되 아니라 죽은 것이 네 아들이요 산 것이 내 아들이라 하며 왕 앞에서 그와 같이 쟁론하는지라 왕이 가로되 이는 말하기를 산 것은 내 아들이요 죽은 것은 네 아들이라 하고 저는 말하기를 아니라 죽은 것이 네 아들이요 산 것이 내 아들이라 하는도다 하고 또 가로되 칼을 내게로 가져오라 하니 칼을 왕의 앞으로 가져온지라 왕이 이르되 산 아들을 둘에 나눠 반은 이에게 주고 반은 저에게 주라 그 산 아들의 어미 되는 계집이 그 아들을 위하여 마음이 불붙는 것 같아서 왕께 아뢰어 가로되 청컨대 내 주여 산 아들을 저에게 주시고 아무쪼록 죽이지 마옵소서 하되 한 계집은 말하기를 내 것도 되게 말고 네 것도 되게 말고 나누게 하라 하는지라 왕이 대답하여 가로되 산 아들을 저 계집에게 주고 결코 죽이지 말라 저가 그 어미니라 하매 온 이스라엘이 왕의 심리하여 판결함을 듣고 왕을 두려워하였으니 이는 하나님

여 전을 건축할 마음이 있으니 이 마음이 네게 있는 것이 좋도다. 그러나 너는 그 전을 건축하지 못할 것이요 네 몸에서 낳을 네 아들 그가 내 이름을 위하여 전을 건축하리라 하시더니, 이제 여호와께서 말씀하신 대로 이루시도다". 왕상 8:26-30, "그런즉 이스라엘 하나님이여 원컨대 주는 주의 종 내 아비 다윗에게 하신 말씀이 확실하게 하옵소서. 하나님이 참으로 땅에 거하시리이까 하늘과 하늘들의 하늘이라도 주를 용납지 못하겠거든 하물며

의 지혜가 저의 속에 있어 판결함을 봄이더라". 그곳에는 솔로몬의 나쁜 일들은 벽에 없고 좋은 일만 걸려 있었다. 천국에서만 누릴 수 있는 영광스런 모습이라 할 것이다.

(3) **지옥의 실상-징계와 심판:** 서 목사의 천국지옥 간증 수기는 지옥에서 심각한 도전과 경고로 우리를 깨우치며, 적절한 성경 인용으로 교훈한다. 먼저 고려할 것은 지옥은 누가 가는 곳인가이다. 서 목사에 의하면 지옥은 천국과 대조되는 곳으로,[88] 수기에 의하면, 지옥의 아리엘 카스트로[89]를 시작으로 불륜 가정파괴자들[90]과 이단의 괴수들,[91] 예수를 믿지 않은 불신자들,[92] 독재자와 돈 따른 자들,[93] 술 중독자들,[94] 도적질한 자들,[95] 이단을 섬긴 자들,[96] 주의 종들,[97] 교회 분당 자들과 분열자들,[98] 가룟유

내가 건축한 이 전이오리이까. 그러나 나의 하나님 여호와여 종의 기도와 간구를 돌아보시며 종이 오늘날 주의 앞에서 부르짖음과 비는 기도를 들으시옵소서. 주께서 전에 말씀하시기를 내 이름이 거기 있으리라 하신 곳 이 전을 향하여 주의 눈이 주야로 보옵시며 종이 이곳을 향하여 비는 기도를 들으시옵소서. 종과 주의 백성 이스라엘이 이곳을 향하여 기도할 때에 주는 그 간구함을 들으시되 주의 계신 곳 하늘에서 들으시고 들으시사 사하여 주옵소서".

87) 1권, 20. 105.

88) 서요한, "3 서사라 목사의 천국 지옥 간증수기에 대한 평가: 십계명의 관점에서 본 지옥의 실상을 중심으로", 「성경해석의 새 지평」, (하늘빛출판사, 2020), 173-189. 상기한 논문에서 필자는 서사라 목사가 체험한 77 종의 지옥이 주로 수기 6권 지옥편에 기록되었다. 그런데 수기 1-2에는 그 중에 일부 약 20개가 중복 개제되었다. 자세한 것은 위 논문을 참고하라. 그리고 지면 관계상 아래에 제시된 지옥에 간 자들에 대한 성경 인용은 대표적인 몇몇 사례들, 예를 들면, 각주 91, 96, 97, 98, 100번 외에는 생략하였다. 보다 자세한 것은 본 논문의 도표1과 도표2를 참고하라.

89) 1권, 3. 31-32.

90) 1권, 17. 92-93.

91) 2권 16. 70.

92) 1권, 52-58.

93) 1권, 29. 151-153.

94) 1권, 30. 154-157.

95) 1권, 34. 171-174.

96) 1권, 38. 183-184. 요 14:6, "예수께서 이르시되 내가 곧 길이요 진리요 생명

다,99) 이웃 거짓 증거한 자들,100) 세습한 자들,101) 불교와 석가모니 추종 자들,102) 자살자들,103) 동성애자들,104) 유산한 자들,105) 적그리스도,106)

이니 나로 말미암지 않고는 아버지께로 올 자가 없느니라".

97) 2권, 4. 29-32.

98) 2권, 9. 48-49.

99) 2권, 12. 56-57.

100) 2권, 14. 60-61.

101) 2권, 21. 87-89. 삼상 16:7, "여호와께서 사무엘에게 이르시되 그의 용모와 키를 보지 말라 내가 이미 그를 버렸노라 내가 보는 것은 사람과 같지 아니하니 사람은 외모를 보거니와 나 여호와는 중심을 보느니라 하시더라".

102) 2권, 23. 96-99. 엘리베이터가 내려 가듯이 빠르게 아래로 내려 갔다. 지옥은 여러 층인데, 가장 깊은 곳에 벌거벗은 대머리인들이 한 군데 모여 고통을 당하였다. 이들은 중들로 불교를 믿고 지옥에 온 자들이었다. 이들은 불가운데서 고통을 당하였고, 안쪽으로는 상하 쇠창살로 된 감옥이었다. 그 중에 한 노인이 벗은 채 대머리였다. 머리는 한 두 가락 밖에 없었다. 그의 목 주위로는 큰 원판 같은 불이 그 목을 감고 고통을 주었다. 쇠창살에 개구리처럼 매달려 있었다. 요일 4:3, "예수를 시인하지 아니하는 영마다 하나님께 속한 것이 아니니 이것이 곧 적그리스도의 영이니라 오리라 한 말을 너희가 들었거니와 이제 벌써 세상에 있느니라". 막 9:48-49, "거기는 구더기도 죽지 않고 불도 꺼지지 아니하느니라. 사람마다 불로서 소금 치듯함을 받으리라". 요이 1:7, "미혹하는 자가 많이 세상에 나왔나니 이는 예수 그리스도께서 육체로 임하심을 부인하는 자라 이것이 미혹하는 자요 적그리스도니". 마 15:14, "그냥 두어라 저희는 소경이 되어 소경을 인도하는 자로다 만일 소경이 소경을 인도하면 둘이 다 구덩이에 빠지리라 하신대". 신 4:28, "너희는 거기서 사람의 손으로 만든 바 보지도 못하며 듣지도 못하며 먹지도 못하며 냄새도 맡지 못하는 목석의 신들을 섬기리라".

103) 2권, 42. 167-169.

104) 2권, 43.170-172. 롬 1:21-27, "하나님을 알되 하나님을 영화롭게도 아니하며 감사하지도 아니하고 오히려 그 생각이 허망하여지며 미련한 마음이 어두워졌나니, 스스로 지혜 있다 하나 어리석게 되어, 썩어지지 아니하는 하나님의 영광을 썩어질 사람과 새와 짐승과 기어다니는 동물 모양의 우상으로 바꾸었느니라. 그러므로 하나님께서 그들을 마음의 정욕대로 더러움에 내버려 두사 그들의 몸을 서로 욕되게 하셨으니, 이는 그들이 하나님의 진리를 거짓 것으로 바꾸어 피조물을 조물주보다 더 경배하고 섬김이라 주는 곧 영원히 찬송할 이시로다 아멘. 이 때문에 하나님께서 그들을 부끄러운 욕심에 내버려 두셨으니 곧 그들의 여자들도 순리대로 쓸 것을 바꾸어 역리로 쓰며, 그와 같이 남자들도 순리대로 여자 쓰기를 버리고 서로 향하여 음욕이 불 일듯 하매 남자가 남자와 더불어 부끄러운 일을 행하여 그들의 그릇됨에 상당한 보응을 그들 자신이 받았느니라".

105) 2권, 44. 173-175.

106) 2권, 53. 203-204.

등이다. 이들 중에서 대표적으로 예수 믿지 않은 불신자들은 머리가 빽빽한 넓은 곳에서, 마치 성냥개비 머리같은 캄캄한 지옥에 있었다. 그곳의 한 가운데는 뜨거운 불이 사람들을 태웠다. 그곳은 아비규환으로 사람들은 불을 피하려고 야단 법석이었다.[107] 이곳은 바로 예수를 믿지 아니하는 자들이 간 지옥이었다. 이와 관련하여 서 목사는 계 20:15, "누구든지 생명책에 기록되지 못한 자는 불못에 던지우더라"를 인용하였다.

한편 독재자와 돈 따른 자들과 관련하여 전자의 경우 마귀 부하가 절벽에 매달려 있는 사람의 목에 줄을 감아 힘 있게 양쪽 끝에서 잡아 당기니 목이 끊어지고 머리만 절벽에 달려 있었다. 그런데 그 목 밑에는 목뼈가 조금 남아서 아래로 덜렁덜렁하였다. 그리고 살아있는 듯이 말하는데 절벽 아래는 코브라 같은 상체 납작한 뱀들이 많았다. 그 뱀들이 절벽 아래로 떨어진 몸을 먹어 치웠다. 그곳에는 또 다른 독재자가 있었는데, 서로 욕하였다. 이와 관련하여 서 목사는 눅 16:20-26, "나사로라 이름한 한 거지가 헌데를 앓으며 그 부자의 대문에 누워, 부자의 상에서 떨어지는 것으로 배불리려 하매 심지어 개들이 와서 그 헌데를 핥더라. 이에 그 거지가 죽어 천사들에게 받들려 아브라함의 품에 들어가고 부자도 죽어 장사되매, 저가 음부에서 고통 중에 눈을 들어 멀리 아브라함과 그의 품에 있는 나사로를 보고, 불러 가로되 아버지 아브라함이여 나를 긍휼히 여기사 나사로를 보내어 그 손가락 끝에 물을 찍어 내 혀를 서늘하게 하소서 내가 이 불꽃 가운데서 고민하나이다. 아브라함이 가로되 얘 너는 살았을 때에 네 좋은 것을 받았고 나사로는 고난을 받았으니 이것을 기억하라 이제 저는 여기서 위로를 받고 너는 고민을 받느니라. 이뿐 아니라 너희와 우리 사이에 큰 구렁이 끼어 있어 여기서 너희에게 건너가고자 하되 할 수 없고 거기서 우리에게 건너올 수도 없게 하였느니라"[108]를 인용하였다.

---

107) 1권, 8. 52-53.
108) 1권, 29. 151-153.

그리고 후자 돈 따라간 자들도 지옥에서 돈이 그려져 있는 형틀에서 고통을 당하였다. 그 때 한 벌거벗은 여자가 돈이다라고 외치는 순간 돈이 그려져 있는 형틀의 판에 박혔다. 거기에는 날카로운 못들이 나와서 그녀의 몸에 박혔다. 이러한 돈 그림의 형틀이 이쪽 저쪽 네 개로 사방에 있었다. 마귀의 부하들이 틀에 그 여자를 형틀에 번갈아 가면서 던졌다. 이와 관련하여 인용된 말씀은 신 5:7, "나 외에는 다른 신들을 네게 두지 말지니라". 마 6:24, "한 사람이 두 주인을 섬기지 못할 것이니 혹 이를 미워하고 저를 사랑하거나 혹 이를 중히 여기고 저를 경히 여김이라 너희가 하나님과 재물을 겸하여 섬기지 못하느니라". 인용한 두 말씀이 모두 매우 실제적이다.[109]

이 광경을 본 서 목사는 지옥을 보고 싶지 않다고 했으나 갑자기 왼쪽 눈에 눈알이 없고 푹 파져 있는 자를 보았다. 그것은 마귀의 부하가 눈 알을 벌써 파 먹은 것이다.[110] 그리고 다른 마귀 부하가 다른 한 쪽 눈도 파 먹으려고 하였다. 이 사람은 두 손이 뒤로 묶여 있었고 다른 한 부하가 창으로 배를 찔러서 창에 묻어 나오는 창자를 먹었다. 그는 어떤 자였는가 하면 땅에서 원한을 풀지 않은 자였다.[111] 이와 관련하여 서 목사는 마 18:23-35, "그러므로 천국은 그 종들과 결산하려 하던 어떤 임금과 같으니, 결산할 때에 만 달란트 빚진 자 하나를 데려오매, 갚을 것이 없는지라 주인이 명하여 그 몸과 아내와 자식들과 모든 소유를 다 팔아 갚게 하라 하니, 그 종이 엎드려 절하며 이르되 내게 참으소서 다 갚으리이다 하거늘, 그 종의 주인이 불쌍히 여겨 놓아 보내며 그 빚을 탕감하여 주었더니, 그 종이 나가서 자기에게 백 데나리온 빚진 동료 한 사람을 만나 붙들어 목을 잡고 이르되 빚을 갚으라 하매, 그 동료가 엎드려 간구하여 이르되 나에게 참아 주소서 갚으리이다 하되, 허락하지 아니하고 이에 가서 그가 빚

---

109) 1권, 29. 151-153.
110) 1권, 8. 56.
111) 1권, 8. 56.

을 갚도록 옥에 가두거늘, 그 동료들이 그것을 보고 몹시 딱하게 여겨 주인에게 가서 그 일을 다 알리니, 이에 주인이 그를 불러다가 말하되 악한 종아 네가 빌기에 내가 네 빚을 전부 탕감하여 주었거늘, 내가 너를 불쌍히 여김과 같이 너도 네 동료를 불쌍히 여김이 마땅하지 아니하냐 하고, 주인이 노하여 그 빚을 다 갚도록 그를 옥졸들에게 넘기니라. 너희가 각각 마음으로부터 형제를 용서하지 아니하면 나의 하늘 아버지께서도 너희에게 이와 같이 하시리라". 그리고 고후 5:10, "이는 우리가 다 반드시 그리스도의 심판대 앞에 드러나 각각 선악 간에 그 몸으로 행한 것을 따라 받으려 함이라".를 인용하였다. 이 얼마나 적절한 인용인가?

그리고 다른 날 서 목사는 또 다른 지옥을 보았다. 그곳은 질퍽한 도랑으로 피가 흘렀다. 주님과 서 목사는 함께 그 도랑을 건넜더니 그곳에서는 마귀 부하가 사람을 톱으로 토막 내고 있었다.[112] 그리고 작두로 머리와 몸을 잘랐다. 여기저기에 머리가 떨어져서 굴러 다녔다. 그리고 그 피들이 한군데로 모여서 도랑으로 흘렀다. 그들은 생전에 사람을 토막낸 자들이었다.[113] 이 광경을 본 후 서 목사는 고후 5:10, "이는 우리가 다 반드시 그리스도의 심판대 앞에 드러나 각각 선악간에 그 몸으로 행한 것을 따라 받으려 함이라"를 인용하였다. 실로 도전이 되는 말씀이라 할 것이다.

(4) **사도 요한의 모범**: 서 목사는 천사들의 안내를 따라서 황금보석 꽃마차를 타고 천국에 갔다. 오늘은 평소의 주님과 달리 황금 면류관을 쓰시고 하얀 색 긴 옷에 황금 허리띠를 하셨다. 그런데 이날은 서 목사도 주님과 같은 모습으로[114] 너무나 좋아서 주님 품에 안긴 채 시간이 멈추었으면 하였다. 그런데 좋아하는 동안 길 양 옆에 흰 옷 입은 사람들이 수없이 보였다. 이들이 좋은 시간되라고 박수를 쳤다. 그 중에 한 단발 머리를 한

---

112) 1권, 8. 57.

113) 1권, 8. 58.

114) 1권, 28. 138.

여인이 군중 속에서 머리를 내 밀었다. 이것은 이 무리들이 천사가 아니라 사람들이라는 사실을 나에게 알려 주었고, 이 흰옷 입은 사람들은 요한의 집으로 가는 길을 따라 갔을 때 점점 적어지더니 사람들이 안 보이고 구불구불한 길만 보였다.[115] 마침내 그 길 끝에 빛나는 한 성이 보였는데,[116] 사도 요한의 궁전 같은 집이었다. 사도 요한은 머리가 흰색과 노란색 중간의 색깔로 빛난 젊은 청년이었다. 함께 테이블에 앉았을 때 주님이 요한에게 사라에게 연필과 펜을 주라고 하였다.[117] 그리고 질문한 것들을 기록하라고 하였다.

서 목사는 마지막 때의 일이 궁금하던 차에 사도 요한에게 몇 가지 질문을 하였다. (i) 사도 요한 선생님은 지상에 있을 때에 얼마나 주님을 사랑했습니까. 이에 대하여 요한은 "나는 내 목숨을 다하고 내 마음을 다하고 내 힘을 다하고 내 뜻을 다하여 내 주님을 사랑했습니다." 서 목사는 가슴이 뭉클하였다.[118] 주여 나도 그렇게 주를 사랑하게 하옵소서. 마 22:37-38, "예수께서 이르시되, 네 마음을 다하고 목숨을 다하고 뜻을 다하여 주 너의 하나님을 사랑하라 하셨으니, 이것이 크고 첫째되는 계명이요"를 인용하였다.

(ii) 두 번째 서 목사는 사도 요한이 요한복음에서 그의 신성에 대하여 말하는데, 즉 그가 하나님이라고 누누이 외친 것을 생각하면서 다음과 같이 물었다.[119] 사도 요한은 선생님은 어떻게 주님이 하나님이신 것을 알았습니까? 그 때 그 순간 서 목사는 주님이 자신에게 당신이 하나님이라는 것을 계시한 18년 전의 일이 생각났다.[120] 그 때 삼위일체 하나님이

---

115) 1권, 28. 139.
116) 1권, 28. 139.
117) 1권, 28. 140.
118) 1권, 28. 141.
119) 1권, 28. 142.
120) 1권, 28. 142.

누군지 몰랐으나, 벽에 걸린 예수님 사진 속 얼굴 모습이었다. 그런데 갑자기 그 그림에 영롱한 빛이 반짝이며 예수님이 하나님이심이 믿어졌다.[121] 누가 가르쳐 준 것도 아닌데 전적으로 하나님의 은혜였다. 하나님의 계시로 하나님이심을 알게 되었다. 그리하여 감히 말씀이 하나님이시고 그 말씀이 육신이 되었다는 것을 고백하였다.[122] 실로 놀라운 은혜요 축복이다.

그리고 서 목사는 인간은 하나님이 계시하지 않으면 그분의 능력을 알 수 없다. 모든 것이 하나님의 은혜임을 고백하였다.[123] 그리고 요 1:1, "태초에 말씀이 계시니라 이 말씀이 하나님과 함께 계셨으니 이 말씀은 곧 하나님이시니라". 요 1:14, "말씀이 육신이 되어 우리 가운데 거하시매 우리가 그의 영광을 보니 아버지의 독생자의 영광이요 은혜와 진리가 충만하더라"를 인용하였다. 그리고 무슨 이유로 마지막 일을 사도 요한에게 계시하셨나요 물었다. "내가 마지막 날에 될 일을 계시하기 위하여 요한을 일부러 밧모섬으로 보내었노라".[124] 이것은 두 가지 의미로, (i) 주님 때문에 격리되고 핍박받을 그 때 주님을 정말 더 진지하게 만날 수 있고, (ii) 주님은 자신을 요한에게 많이 그리고 크고 넓게 계시하기 위하여 사람들이 없는 외롭고 고독한 유배지로 보냈다는 것이다.

계 1:9-11, "나 요한은 너희 형제요 예수의 환난과 나라와 참음에 동참하는 자라 하나님의 말씀과 예수를 증언하였음으로 말미암아 밧모라 하는

---

121) 1권, 28. 142.

122) 1권, 28. 143. 존 칼빈에 의하면 하나님은 창조주 하나님, 구속주 하나님, 성령 하나님으로 모두 각각 그 자체로 영원히 진리이시며 한 분 하나님이시다. 삼위일체는 사람의 어떤 개념과 설명으로 이해가 불가능하고, 인간의 지능이나 헤아림으로도 결코 이해할 수 없는 신비한 존재이시다. 그러나 이것은 우리가 예수님을 믿을 때 신앙이 확증되며, 따라서 모든 만물과 주변에서 일어나는 일체의 사건 사고가 모두 살아계신 하나님의 연합으로 하나님을 드러낸다. 이것은 오직 믿음으로만 이해 가능한 하나님의 선물로, 결코 사람에게서 나지 않은 은혜이다.

123) 1권, 28. 143.

124) 1권, 28. 144-145.

섬에 있었더니, 주의 날에 내가 성령에 감동되어 내 뒤에서 나는 나팔 소리 같은 큰 음성을 들으니, 이르되 네가 보는 것을 두루마리에 써서 에베소, 서머나, 버가모, 두아디라, 사데, 빌라델비아, 라오디게아 등 일곱 교회에 보내라 하시기로". 끝으로 휴거는 언제 일어나는지 물었다. 이에 대하여 주님께서는 계 3:10, "네가 나의 인내의 말씀을 지켰은 즉 내가 또한 너를 지키어 시험의 때를 면하게 하리니 이는 장차 온 세상에 임하여 땅에 거하는 자들을 시험할 때라" 하셨다.125) 그리고 서 목사는 계 22:18-19, "내가 이 책의 예언의 말씀을 듣는 각인에게 증거하노니 만일 누구든지 이것들 외에 더하면 하나님이 이 책에 기록된 재앙들을 그에게 더하실 터이요. 만일 누구든지 이 책의 예언의 말씀에서 제하여 버리면 하나님이 이 책에 기록된 생명나무와 및 거룩한 성에 참예함을 제하여 버리시리라"를 인용하였다. 서 목사는 당시 직면한 상황에서 자신이 깨달은 말씀을 적절히 인용하였다. 그리고 사도 요한과의 대화로 많은 도전을 받았다.

(5) **사명의식의 고취**: 성도가 죽어 천국에서 왕권을 가진 자가 되려면, 어떻게 해야 하는지를 보여 주었다. 그것은 이 땅에서 감투를 쓰지 않고, 화려한 옷을 피하며, 돈을 사랑하지 않고 주를 위해 쓰는 것이다. 항상 겸손한 자세로 나보다 남을 낮게 여기며, 오직 그의 나라와 그 의를 구하는 것이다. 여기서 감투를 쓰는 것은 이생의 자랑이요, 화려한 옷을 입는 것은 안목의 정욕이며, 돈을 사랑하는 것은 육신의 정욕이다. 소위 무엇을 먹을까 무엇을 마실까 무엇을 입을까 걱정하는 것이다.126) 그 과정에서 서 목사는 요일 2:15-17을 인용하였다. "이 세상이나 세상에 있는 것들을 사랑하지 말라 누구든지 세상을 사랑하면 아버지의 사랑이 그 안에 있지

---

125) 1권, 28. 146. 그 때 서 목사가 깨달은 것은 (i) 주님의 놀라운 배려였다. 당시 주님은 황금 면류관을 쓰시고 또 황금 허리띠를 하고 계셨다. 이러한 모습은 주님께서 휴거에 대한 대화를 하기 위해서 준비하신 것으로 서 목사는 자신의 연약함을 돌아보았다. (ii) 천국 길 양 옆에 흰 옷 입은 자들이 계시록에 나오는 수많은 흰 옷 입은 무리들이라는 사실이었다. (iii) 하나님의 계시는 성경 하나로 완성되었다는 것이다.

126) 2권, 63. 239-240

아니하니, 이는 세상에 있는 모든 것이 육신의 정욕과 안목의 정욕과 이생의 자랑이니 다 아버지께로부터 온 것이 아니요 세상으로부터 온 것이라. 이 세상도, 그 정욕도 지나가되 오직 하나님의 뜻을 행하는 자는 영원히 거하느니라". 매우 적절한 인용이다.

뿐만 아니라 사역 중에 감당해야 할 일들을 주님께서 말씀해 주셨다. (i) 당신들 중에 중풍병자를 하나님이 고치시겠답니다 라고 선포하라. (ii) 그 다음 암 병을 주님이 고치신다고 하라. 주님이 암덩어리를 녹이십니다 라고 말하라. (iii) 또 눈이 안 좋거나 눈이 안 보이는 자를 주님이 고치십니다 라고 말하라. (iv) 그리고 또 주님은 허리 아픈 자를 고치십니다 라고 말하라. (v) 또 주님이 피부병도 고치시겠답니다 라고 말하라. 그리고 집회를 마치기 전에 각 사람에게 안수하고 기도해 주면, 주님께서 기도 받는 각 사람에게 말씀을 주시겠다고 하셨다.[127] 이 말씀을 받고 서 목사는 크게 감동하였다. 그리고 사 53:5-6, "그가 찔림은 우리의 허물을 인함이요 그가 상함은 우리의 죄악을 인함이라 그가 징계를 받음으로 우리가 평화를 누리고 그가 채찍에 맞음으로 우리가 나음을 입었도다. 우리는 다 양 같아서 그릇 행하여 각기 제 길로 갔거늘 여호와께서는 우리 무리의 죄악을 그에게 담당시키셨도다"를 인용하였다. 이것은 권력을 탐하거나 돈을 숭상하지 않는 것과 관련된 바, 웬만한 성도라면 충분히 이해할 수 있는 말씀이다. 특별히 사역자에게 요청되는 매우 실제적인 다짐과 결단의 인용이다.

(6) **대형교회의 세습 경고**: 서 목사의 성경 인용은 최근에 대형교회를 섬기신 목사가 어디 계시냐고 물었을 때에 쇠창살 지옥에서 고통당하고 있었다. 서 목사가 궁금하여 물었더니 주님께서 "그는 나의 개였다"라고 하셨다. 그러면서 서 목사는 사 56:9-12을 인용하였다. "들의 짐승들아 삼림 중의 짐승들아 다 와서 삼키라 그 파수꾼들은 소경이요 다 무지하며

---

127) 2권, 63. 239-241; 65. 245-247.

벙어리 개라 능히 짖지 못하며 다 꿈꾸는 자요 누운 자요 잠자기를 좋아
하는 자니 이 개들은 탐욕이 심하여 족한 줄을 알지 못하는 자요 그들은
몰각한 목자들이라 다 자기 길로 돌이키며 어디 있는 자이든지 자기 이만
도모하며 피차 이르기를 오라 내가 포도주를 가져오리라 우리가 독주를
잔뜩 먹자 내일도 오늘같이 또 크게 넘치리라 하느니라". 큰 충격을 받은
서 목사는 자신이 본 것을 다 믿지 않는다고 하였다. 그러나 천국에 갔을
때 완전히 알게 될 것이라고 하면서 마 7:21-23을 인용하였다. "나더러 주
여, 주여 하는 자마다 다 천국에 들어갈 것이 아니요, 다만 하늘에 계신
내 아버지의 뜻대로 행하는 자라야 들어가리라. 그 날에 많은 사람이 나더
러 이르되 주여 주여 우리가 주의 이름으로 선지자 노릇하며, 주의 이름으
로 귀신을 쫓아내며, 주의 이름으로 많은 권능을 행하지 아니하였나이까
하리니, 그 때에 내가 그들에게 밝히 말하되 내가 너희를 도무지 알지 못
하니 불법을 행하는 자들아, 내게서 떠나가라 하리라"를 인용하였다.

한편 세습자들에 대해서는 담임 목사가 아들의 먹고 사는 문제 때문에
즉 육신적인 생각으로 욕심에서 교회를 아들에게 물려주면, 그것은 대단히
잘 못되었다지적 하셨다. 그 이유는 교회의 주인은 하나님이신데, 자기가
주인인 듯이 교회를 아들에게물려 주는 것은 성령모독죄로 이는 결국 교
회를 팔아 먹는 것과 같은 죄라고 하셨다. 물론 교회 세습은 그 마음의 동
기에서 상과 벌을 내리실 것이다. 이와 관련하여 서 목사는 삼상 16:7을
인용하였다. "여호와께서 사무엘에게 이르시되 그의 용모와 키를 보지 말
라 내가 이미 그를 버렸노라 내가 보는 것은 사람과 같지 아니하니 사람
은 외모를 보거니와 나 여호와는 중심을 보느니라 하시더라"를 인용하였
다. 이는 서 목사가 한국인으로서 한국적 신앙에 기초하였음을 보여주는
경고성 인용이라 할 것이다.

(7) **한국전쟁과 미래＝신적 통치와 준비**: 서 목사는 한국전쟁과 관련하

---

128) 1권, 1-3, 13, 26, 45, 55; 2권, 19. 20, 24, 35, 52,

여 모두 12번128)의 진행 상황을 천국에서 접하였다. 그것은 서 목사의 조국 대한민국이 이미 전쟁으로 어려움을 겪었음을 잘 알기 때문이다. 그런데 갑자기 기도 중에 38선에 불붙은 탱크들이 줄줄이 서서 서울로 향하여 내려 오는 것을 본 것이다. 하늘에서는 벌써 미국과 북한의 공중전이 벌어진 것이다. 놀란 서 목사는 전쟁이 일어나느냐고 주님께 물었다. 주님은 전쟁이 곧 일어난다고 하셨다.129) 괴로워서 울고 또 우는 중에 결과는 미국의 승리라는 것이다. 하지만 북한에 있는 주님의 자녀들은 구해야 한다고 말씀하셨다. 그곳에는 구원받을 영혼들이 많기 때문이다.130) 그리고 다음 날 천국에 갔을 때 여전히 우리나라에 전쟁이 발생한다.131) 하지만 모든 것은 주님이 다스리신다는 것이다. 감사한 것은 전쟁 후 북한에 빛이 그려지는 것이다. 그 과정에서 서 목사는 요 1:9-13, "참 빛 곧 세상에 와서 각 사람에게 비추는 빛이 있었나니, 그가 세상에 계셨으며 세상은 그로 말미암아 지은 바 되었으되 세상이 그를 알지 못하였고, 자기 땅에 오매 자기 백성이 영접하지 아니하였으나, 영접하는 자 곧 그 이름을 믿는 자들에게는 하나님의 자녀가 되는 권세를 주셨으니, 이는 혈통으로나 육정으로나 사람의 뜻으로 나지 아니하고 오직 하나님께로부터 난 자들이니라"을 인용하고, 예수 그리스도 안에서의 참 소망과 하나님의 긍휼을 소망하였다.

따라서 서 목사는 할 수 있으면 전쟁을 피하기 위해 기도하였다. 그런데 주님께서 남북이 통일될 것을 말씀해 주신 것이다. 여기서 서 목사는 마 24:45-51을 인용하였다. "충성되고 지혜 있는 종이 되어 주인에게 그 집 사람들을 맡아 때를 따라 양식을 나눠 줄 자가 누구뇨. 주인이 올 때에 그 종의 이렇게 하는 것을 보면 그 종이 복이 있으리로다. 내가 진실로 너희에게 이르노니 주인이 그 모든 소유를 저에게 맡기리라. 만일 그 악한

---

128) 2권, 1. 21.
129) 2권, 1. 22.
131) 2권, 2. 24; 2권, 2. 26; 13. 58-59; 45. 176-177; 55. 210-211.

종이 마음에 생각하기를 주인이 더디 오리라 하여, 동무들을 때리며 술친구들로 더불어 먹고 마시게 되면, 생각지 않은 날 알지 못하는 시간에 그종의 주인이 이르러, 엄히 때리고 외식하는 자의 받는 율에 처하리니 거기서 슬피 울며 이를 갊이 있으리라"를 인용하였다. 주님의 말씀에 오른 편에는 마리아와 다윗, 솔로몬, 사도 요한과 에스더가 왼편에는 바울과 베드로, 세례요한과 삭개오가 앉았다. 이 또한 매우 실제적인 인용이지만 두렵고 떨리는 말씀이다. 사도 요한은 한국 전쟁은 결국 마 24:7-8, "민족이 민족을, 나라가 나라를 대적하여 일어나겠고 처처에 기근과 지진이 있으리니, 이 모든 것이 재난의 시작이니라"의 응답이라고 하였다. 그 과정에서 주님은 반드시 북한의 최고 지도자들을 악의 도구로 사용하여 전쟁을 일으켜야 한다[132]고 하셨다.

8. 결론: 종합적 평가

8.1. 성경 저자들의 인용 특징

(1) 성경 저자들의 인용은 삼각형 구조의 일관성과 통일성, 완전성으로 잘 훈련된 오케스트라에 비유할 것이다. 성경의 저자들은 성령의 감동하심과 인도를 따라서 철저히 말씀 중심으로 구약과 신약 할 것 없이 가장 적절히 성경을 인용하였다. 그들의 성경 인용은 예수 그리스도의 구속 경륜과 언약을 성취하는 과정에서 완벽하게 전개되었다. 물론 그 중심에 구원의 성취자이신 예수님이 자리한다. 요 5:24, "내가 진실로 진실로 너희에게 이르노니 내 말을 듣고 또 나 보내신 이를 믿는 자는 영생을 얻었고 심판에 이르지 아니하나니 사망에서 생명으로 옮겼느니라". 요 5:39, "너희가 성경에서 영생을 얻는 줄 생각하고 성경을 연구하거니와 이 성경이 곧

---

132) 2권, 24. 100-101.

나에 대하여 증언하는 것이니라". 요 17:3, "영생은 곧 유일하신 참 하나님과 그의 보내신 자 예수 그리스도를 아는 것이니이다".

딤후 3:16-17, "모든 성경은 하나님의 감동으로 된 것으로 교훈과 책망과 바르게 함과 의로 교육하기에 유익하니, 이는 하나님의 사람으로 온전하게 하며 모든 선한 일을 행할 능력을 갖추게 하려 함이라". 성경과 관련하여 지금까지 수많은 이야기가 시와 소설, 연극과 영화로 촬영되었다. 스케일 면에서 비교할 수 없는 일이 지난 2,000년 역사였다. 극단적으로 예수와 기독교가 없으면, 오늘 날의 역사는 무슨 의미가 있겠는가 실제로 성경을 통하여 역사는 완전히 바뀌었다. 그것이 인류 역사의 사고와 체계, 문명을 바꾸고, 현재도 세계의 문명과 역사를 주도하고 있다. 이처럼 예수님은 언약의 당사자로서 구약의 중심으로 신약에서는 탄생에서 부활 승천, 장차 구름타고 오실 재림까지를 온전히 성취하실 것이다.

(2) 성경은 영감으로 기록된 살아있는 말씀, 예언서이다. 이는 실제로 현실적인 문화와 생활에 관심을 두되, 하나님의 말씀을 세상에 증거하며, 또한 메시지를 들은 사람들의 삶의 변화를 요청하고 있다. 이러한 목적 아래서 사적 견해나 자신의 경험을 완전히 배제하였다. 그리하여 오류없이 주의 말씀을 성령의 감동으로 기록하였다. 그러므로 하나님의 메시지를 선포한 예언자들은 진정한 소명자라 할 것이다. 여기서 예수님은 옛 언약을 당신과 직접 연결하여, 자신의 소명을 이루었다. 그리고 제자들에게 그 말씀을 삶에 실제적으로 적용할 것을 역설하셨다. 뿐만 아니라 자신을 추종하는 무리들에게 가장 친숙한 방식으로 교훈하셨다. 그런데 놀라운 것은 성경은 각 시대마다 소명받은 대략 40명의 저자들이 약 1,600년에 걸쳐 인용했음에도 불구하고, 그들이 인용한 말씀은 대부분 역사 속에서 성취되었다는 것이다. 특별히 지난 2,000년 동안 동서고금의 성경 학자들이 이 문제를 줄기차게 연구하였다. 오늘 날 기독교가 이처럼 견고히 서게 된 이

---

133) 각주 7번 참조.

유 중에 하나는 기독교의 진실성 때문이다. 만약 성경의 내용 중에 어느 하나라도 성취되지 않았다면, 기독교는 벌써 파멸했을 것이다. 그런데 기독교가 기독교가 된 초석 중에 하나는 바로 부활신앙이며,[133] 다른 하나는 말씀대로 구름타고 다시 오실 예수 그리스도의 재림 신앙이다. 천국과 지옥의 체험은 바로 예수 그리스도의 재림 신앙에 기초하였다.

(3) 성경, 구약의 선지자들과 신약의 예수님, 그리고 제자들은 성경을 정확히 인용하였다. 성경의 저자들이, 특별히 신약의 저자들이 구약의 언약을 인용하는 상황에서 그들에게는 특별한 영적 권위가 있었다. 그들은 직업에 귀천 없이, 소명에 응답하였다. 그리고 당시 처한 예측할 수 없는 상황에서 불의 사자처럼 타협하지 않고, 이스라엘을 포함한 주변 나라들을 혹독하게 책망하고 심판하였다. 하지만 저자들 자신은 하나님 앞에서 온전한 헌신, 일사각오였다. 구약은 구약대로, 특별히 신약의 저자들, 예수님의 제자들 대부분은 순교하였다. 이것은 당시 시대적 상황이 얼마나 처절했는지를 잘 보여준다. 소위 순교가 아니면 안 되는 죄악된 시대였다. 이렇게 한 주된 이유는 하나님의 구속경륜을 성취하여, 하나님의 뜻을 이 땅에 실현하는 열망 때문이었다. 그리하여 하나님은 이 모든 일을 주권적으로 역사하셨다. 예를 들면, 족장시대에 아브라함을 소명하시고, 모세와 여호수아, 사사들, 다윗과 솔로몬, 그리고 선지자들을 소명하였다. 신약에서도 갈릴리 어부들을 부르시고, 특별히 사도 바울을 통하여 놀라운 역사를 이루셨다. 그리고 마지막에 밧모섬에서 사도 요한을 통하여 당신의 큰 뜻을 계시하셨다.

(4) 당시 이스라엘을 교훈하기 위함이었다. 오늘날 우리가 두려워하는 바 자유스러운 성경본문의 인용을 그들이 서슴없이 행한 이유는 그들이 성경의 감동으로 구약을 특히 그들의 상황에 철저히 적용되는 하나님의 말씀으로 확신하였고 또 그들의 독자들에게 이 사실을 깨우쳐 주는 일에 수고를 아끼지 아니한 데에 있었다. 딤후 3:16-17, "또 어린아이 때부터 네가 거룩한 성경 기록들을 알았나니 그것들은 능히 너를 지혜롭게 하여

그리스도 예수님 안에 있는 믿음을 통해 구원에 이르게 하느니라. 모든 성경 기록은 하나님의 영감으로 주신 것으로 교리와 책망과 바로잡음과 의로 교육하기에 유익하니, 이것은 하나님의 사람이 완전하게 되어 모든 선한 일에 철저히 갖추어지게 하려 함이라".

(5) 성경 인용의 또 하나의 특징은 일반 학문과 달리 성경의 인용은 크게 두가지로 정리된다. (i) 인용의 특징: 성경의 인용에 나타나는 특징은 구약의 예언에 대한 신학의 현저한 인용이다. 다양한 사람들이 두 개 혹은 그 이상의 본문들을 결합한 채 각자의 처지에서 다양한 양식으로 반복적으로 인용하였다. 이것은 장기간에 걸친 저술과 다양한 저자들의 구절 연결과 주석적 형태, 복합적으로 인용되었다. (ii) 증언과 성취: 장기간에 걸친 언약의 발전, 그 과정에서 예수의 메시야성에 대한 "증언"이 매우 폭넓게 인용되었다. 대부분의 인용은 예수 그리스도 중심의 기독론 형태였다. 무엇보다도 큰 특징은 구약의 인용이 그대로 역사 속에 예수 그리스도를 통하여 성취되었다는 것이다.

8.2. 서 목사의 성경 인용 특징

서 목사의 성경 인용의 특징을 간략히 네 가지로 정리하였다.

---

134) 서사라 목사의 출간 된 저서 제1권 총 40편 중에서 7편, 3(지옥의 카스트로), 11(천국의 꽃과 동물원 방문), 15(천국 어린이 놀이터 방문), 17(불륜가정 파괴자들 지옥), 22(천국에서 서 목사 아이를 보다), 32(내 방식 대로 산 기독교인이 가는 곳), 33(주님의 집무실), 제2권 총 77편 중에서 18편, 1-3(한국전쟁), 13(한국전쟁), 16(이단 괴수), 17(다윗의 전쟁기도), 26(한국전쟁), 38(처음 황금대문 봄), 39(간증집회기뻐하심), 45(남북통일), 55(한국전쟁 서울 초토화), 56(육신의 아버지 거처방문), 58(천국에서 스크린으로 지상 생활 확인), 59(아버지 지상 모친 쪽지), 66, 7세 이진에 죽은자 천국에, 67, 천국에서 집회 때 전할 내용 선진들로 듣다, 68. 7세 이전에 죽은 이이들 천국과 지옥에, 70. 주님이 머플러 선물, 73. 천국지옥 간증이유(불교와 천주교 회개) 등 총 25편이다. 서사라,「이제도 있고 전에도 있었고 장차 올 자 예수 그리스도」, (하늘빛출판사, 2017), 1권 (1-40), 20-197; 2권(1-77), 20-281.

(i) **구술체적 저술:** 먼저 기억할 것은 서 목사의 천국지옥 간증은 대부분 준 설교 형태의 구술체로 기록되었다. 서 목사는 천국지옥 체험 후, 그것을 기록, 출간하는 과정에서 마치 공인하듯이 극히 일부를 제외하고[134]는 확신 중에 반드시 말씀을 인용함으로 끝을 맺었다. 물론 서 목사가 천당과 지옥 체험에 성경 말씀을 인용 한 것은 정말 성경이 말하는 그대로 영적 세계에서 일어난다는 것을 강조하기 위함이었다. 하지만 이는 자칫 중세 로마 교황제의 감독들이 일반 성도들을 겁주던 형식, 소위 상선벌악으로 이해될 수도 있다. 이러한 오해를 불식하기 위해서는 양극 사이에서 균형잡힌 신앙의 기초를 확립하는 것이 중요하다. 그럼에도 불구하고 놀라운 것은 도표 1과 도표 2에서 보듯이 서 목사의 성경 인용은 개인적이지만 매우 성경적이고 역사적이며 실제적이라는 것이다. 이것은 몇 몇 천국지옥 체험 자들이 보여준 단순한 간증과 확연히 구분되는 점이다. 특별히 서 목사의 천국의 실상은 인간창조 역사관으로 압축되었다.[135]

(ii) **균형잡힌 인용:** 서 목사는 천국지옥을 체험하면서 한편으로 기울지 않고 필요를 따라서 양쪽을 공히 방문하고, 의도하지 않았지만 자연스럽게 천국과 지옥을 대조하면서 자신이 몸소 체험한 것을 목회적 관점에서 말씀 인용을 효과적으로 적용하였다. 물론 성경의 저자들이 시대와 장소를 뛰어 넘어, 성경의 통합적인 계시의 발전과 성취를 완벽히 전개한 것에 비할 수 없지만, 그럼에도 불구하고 인용은 매우 실제적이다. 그리하여 자신이 추구하는 천국지옥 체험을 최대한 지지하며 교훈하였다. 서 목사는 천국에서 성경에 기록된 옛 신앙의 선진들을 만났고, 그들의 집을 방문하였

---

135) 1권, 14. 113. 이 역사관은 기본 층, 우리 주님의 관, 출생에서 승천, 천국의 생활을 중심으로 지하 1층, 2층, 3층 그리고 지상 1층 2층, 3층 총 7층으로 구성되었다. 지하는 주로 구약의 선진들의 생전 사역과 활동으로, 지상은 신약 시대의 제자들의 면면이 전시되었다.

136) 지옥은 단지 사람이 죽어서 가는 음부가 다가 아니다. 지금도 지구촌 저편에는 지옥을 방불케하는 실로 끔찍한, 감히 상상할 수 없는 곳이 많다. 그 중에 하나가 현재 아프카니스탄이 잘 보여준다. 2021-08-13, AP=연합뉴스 이광빈 기자(lkbin@yna.co.kr)에 의하면, 2021년 8월 13일 현재 아프칸에서는 미국 철수 후 탈레반의 점령지가 확대되

으며 또한 그들과 직접 대화하였다. 그리고 그들에게 직접 묻고 답하는 과정에서 신앙적 교훈과 도전을 받고 자신의 사명감을 새롭게 하였다. 주목할 것은 서 목사가 특별히 지옥 체험[136])을 통해서 오늘 현대 교회와 성도들을 깨우며 강력히 도전한다[137])는 것이다. 서 목사의 이러한 점은 소위 천국 지옥 체험자들이 통상적으로 하는 간증을 뛰어 넘어, 자신의 간증이 보다 영적으로 그리고 실제적으로 강력히 역사하는 능력의 보루이다.

(iii) **사명감의 고취**: 세기 말적 시대를 살아가는 성도들에게 종말 신앙을 고취하였다. 다시 말하면 신앙생활 중에 혹여 나태할 수 있는 부분에 대하여 체험을 통해서 한편 보다 적극적으로 꿈과 이상을 심어주고 다른 한편 심각하게 경고하였다. 즉 그 때 그때 자신이 직면한 상황을 천국에서 주님께 직접 묻고 말씀을 인용하였다. 따라서 서 목사의 인용은 주로 교훈적이다. 그리하여 서 목사는 성도들에게 진리의 성령께서 그들 속에 내재하실 뿐 아니라 성령의 역사를 이룰 수 있는 소명의식을 새롭게 하였다. 그것은 바로 성경의 특별한 약속에(요 14:16-25; 15:26; 16:12-15) 기초하였다. 성령은 그들에게 그리스도의 사명과 역할을 선포하심으로, 주님이 가르치신 교훈을 상기시켜 주었다. 그 과정에서 잠시 후 도래할 그리스도의 재림을 준비하며 증거하셨다. 이러한 방법으로 성령은 예수님이 제자들에게 가르치신 교훈을 완성시켜 주셨다.

(iv) **서 목사의 천국지옥 체험**: 이것은 서 목사 개인의 순수한 신앙 열정, 하나님을 만나보고자 하는 단순한 소원에서 비롯되었다. 그리하여 서 목사는 자신이 감당할 수 있는 영역에서 직접 하늘의 계시를 잠정적으로

면서 여성들에게 공포의 지옥문이 열렸다. 그곳의 15세 이상의 모든 소녀와 40세 미만의 과부들은 속수무책으로 탈레반 전사들과 강제 혼인을 해야하기 때문이다. 탈레반은 과거 1996-2001년 당시 미군에 쫓겨나기 전보다 더욱 강압적으로 이슬람 샤리아법(종교법)에 따라서 여성의 사회활동, 외출, 교육 등을 제약하고 있다. 외부로는 평화를 주장하면서도 내부로는 엄청나게 인권을 유린하고 있다.

137) 보다 자세한 것은 서요한, 서요한, "3 서사라 목사의 천국 지옥 간증수기에 대한 평가: 십계명의 관점에서 본 지옥의 실상을 중심으로",「성경해석의 새 지평」, (하늘빛출판사, 2020), 160-241.

체험하였다. 체험 후 서 목사는 자신의 여력과 능력 안에서 교회 내 다른 지체들과 그 내용을 분석하고 함께 나누었다. 물론 간증 중에 서 목사가 천국에서 주님이 체험을 출간할 것을 부탁하셨지만, 이후 서 목사는 개인의 한계를 넘어서서 복음 전파와 영혼 구원, 세계 선교의 확장 과정에서 자신의 체험을 극대화하고 실제로 헌신하고 있다.

8.3. 제언

필자는 본 논문을 마무리 하면서 4가지를 제시하였다.

(i) 서 목사는 자신의 개인적인 한계와 능력을 명확히 인식하는 것이다. 연주회로 비교하면 성경의 저자들은 대형 심포니 오케스트라이다. 하지만 서 목사는 그 중에 솔로 독창자 혹은 소 음악회의 독주자라 할 것이다. 다시 말하면 성경 저자들의 인용은 창조주 하나님의 거대한 구속 경륜의 역사적 발전, 파노라마로 그리스도 중심과 종말론적인 인용과 달리 서사라 목사의 인용은 단편적이고 주로 단일 차원에 관련되었다. 소명 받은 한 인간으로서 자신이 직면한 상황과 관련한 인용이 대부분이다. 이는 사도 바울의 세계 복음화나 유대인과 헬라인을 넘어서는 인류의 참 복을 위한 인용과 대조된다. 하지만 이러한 한계에도 불구하고 서 목사는 남달리 천국지옥 체험을 하였다. 이것은 실로 놀라운 은총이 아닐 수 없다. 그러므로 이후로는 성경에 기초한 바른 신학에 대한 지속적인 연구와 탐구가 요청

---

138) 한국을 대표하는 주경 신학자 박윤선 박사(전 합동신학대학원대학교 초대 총장, 수원)는 평생의 업적으로 전 성경 주석 출간과 함께 가장 바람직한 성경해석법을 제시하였다. 그에 의하면 (i) 성경이 하나님의 영감으로 된 정확무오한 말씀임을 믿어야 한다. 그가 제시한 성경관은 계시의존 사색으로 성경은 성경으로 해석되어야 한다는 것이다. 이것은 이후 정통 장로교(예장 합동측과 합신계열의 교단 신학교인 총신대학교와 합동신학대학원대학교)에 개혁주의적 성경 해석법을 제시하고 정착시켰다. 따라서 요즘처럼 인간의 이성과 경험에 기초한 소위 자유주의와 신정통신학, 나아가 세속주의에 맞서 개혁주의 신학을 수립하는 근거를 제공하였다. (ii) 성경은 성경으로 해석되어야 한다는 명제 안에서 그는 일부 보수 교회 내의 반지성적 및 신비적, 특별히 주관주의적 영성주의에 빠질

된다. 그 이유는 온전한 성도라면 영적 체험이 요청되지만, 말씀을 떠난 체험은 공중누각일 수 있기 때문이다. 소위 앙고 없는 찐빵이다. 경험과 체험보다 중요한 것은 말씀과 계시에 대한 확신으로, 그것이 신앙의 본질[138]이기 때문이다. 우선순위를 잊지 않고 기억하는 것이 중요하다 할 것이다.

(ii) 천당과 지옥 체험은 사람이 쉽게 접할 수 없는 하나님의 특별 영역이다. 그런데 서 목사는 자신의 천당과 지옥 체험을 말씀에 기초하여 영적 세계를 이해하려 했다. 이것은 신앙인이면 누구나 열망하는 것으로 지극히 정상적인 것이다. 서 목사는 물론 이것을 천국지옥 체험 이전에도 믿었으나 이후에는 더욱 온전한 하나님의 역사와 성령의 능력으로 확증하였다. 즉 체험을 통하여 성경이 살아있는 말씀과 진리로 더욱 굳게 믿게 된 것이다. 사도 바울은 엡 2:8-9, "너희가 그 은혜를 인하여 믿음으로 말미암아 구원을 얻었나니 이것이 너희에게서 난 것이 아니요 하나님의 선물이라. 행위에서 난 것이 아니니 이는 누구든지 자랑치 못하게 함이니라"고 하였다. 이 말씀에서 보듯이 우리의 신앙, 즉 그리스도를 믿는 것은 전적인 하나님의 은혜이다. 참고로 저서의 여러 내용 중에 특별히 권력과 돈을 쫓지 않아야 한다 혹은 교회를 사유화하고 세습하지 않아야 한다는 등의 몇 몇 주제는 반드시 천국 체험을 하지 않아도 성경을 바르게 읽으면 인식할 수 있는 것이다. 하지만 주님께서는 서 목사의 체험을 통하여 성도들이 정말로 그렇게 살아야 할 것을 재차 교훈하셨다.

(iii) 서사라 목사는 향후 사역과 관련하여 성경을 인용 할 때 천당과 지옥을 아우르되, 현재의 체험적 신앙을 생활 속에 실천하는 보다 성숙한 신앙을 확립해야 할 것이다. 기억하듯이 지상 교회는 무형과 유형이 있는

우려를 씻고 학문과 경건의 조화와 균형을 이루었다. 이는 박 박사가 이미 전제한 원리에 따라서 학문적, 문법적, 역사적, 심리적, 영적 해석을 포용함으로써 혹시 야기될지 모르는 모든 우려를 불식하였다. (iii) 특별히 박윤선 박사는 자신이 성취한 학문과 경건의 조화를 실제적 신앙으로 승화시키고, 일관되게 성경해석자의 영성을 강조하였다. 세속학문의 지식과 신학적 지식의 중요성을 말하면서, 무엇보다 중요한 지식은 영적이어야 함을 강조하였다.

바, 그리스도가 머리이시고 모든 성도는 그분의 지체이다. 전 세계의 모든 교회가 한 분 그리스도를 머리로 유기적으로 하나가 된다. 따라서 서 목사는 사역, 즉 개 교회의 설립이 거시적으로 하나님 나라의 확장인바, 소명에 더욱 충실해야 할 것이다. 그리고 서 목사는 자신의 고백처럼 목회자의 사명이 온전히 하나님의 은혜, 고전 15:10에 기초했음을 확증하고, 행 1:8, 예루살렘과 유대와 사마리아와 땅 끝까지 전도를 이루어야 할 것이다. 서 목사는 자신이 체험한 내용을 하나하나 기억하여 그것을 총서 8권으로 출간하였다. 이것은 실로 대단한 작업이요 역사이다. 여기에 자신이 체험한 것을 말씀으로 적용하고 확증한 것은 매우 긍정적이다. 이를 위해서 서 목사는 받은바 은사를 따라서 갑절로, 주님 다시 오시는 날까지 더욱 충성해야 할 것이다.

(iv) 끝으로 부연할 것은 서 목사의 영혼 구원에 대한 열망과 복음 증거, 그리고 교회 설립에 교회 재정을 투자하는 것은 너무나 소중한 일이다. 이 모든 일을 주님께서 열납하시고 영광받으실 줄로 믿는다. 행 20:24, "내가 달려갈 길과 주 예수께 받은 사명 곧 하나님의 은혜의 복음을 증언하는 일을 마치려 함에는 나의 생명조차 조금도 귀한 것으로 여기지 아니하노라". 딤후 4:7, "내가 선한 싸움을 싸우고 나의 달려갈 길을 마치고 믿음을 지켰으니, 이제 후로는 나를 위하여 의의 면류관이 예비되었으므로 주 곧 의로우신 재판장이 그 날에 내게 주실 것이니 내게만 아니라 주의 나타나심을 사모하는 모든 자에게니라". 아멘! 마지막 때에 큰 뜻 이루기를 마음으로 격려하는 바이다.

Key Words: 성경, 계시, 영감, 사명, 체험, 천국, 지옥, 인용, 이단, 간증, 구약, 메시야, 선지자, 제사장, 왕, 솔로몬, 다니엘, 독재자, 신약, 제자들, 베드로, 요한, 종말, 성취, 마귀, 재림, 심판, 대형교회, 세습, 한국전쟁

창 1:1, "태초에 하나님이 천지를 창조하시니라". 요 1:1-4, "태초에 말씀이 계시니라 이 말씀이 하나님과 함께 계셨으니 이 말씀은 곧 하나님이시니라. 그가 태초에 하나님과 함께 계셨고, 만물이 그로 말미암아 지은 바 되었으니 지은 것이 하나도 그가 없이는 된 것이 없느니라. 그 안에 생명이 있었으니 이 생명은 사람들의 빛이라".

요일 1:1-4, "태초부터 있는 생명의 말씀에 관하여는 우리가 들은 바요 눈으로 본 바요 자세히 보고 우리의 손으로 만진 바라. 이 생명이 나타내신 바 된지라 이 영원한 생명을 우리가 보았고 증언하여 너희에게 전하노니 이는 아버지와 함께 계시다가 우리에게 나타내신 바 된 이시니라. 우리가 보고 들은 바를 너희에게도 전함은 너희로 우리와 사귐이 있게 하려 함이니 우리의 사귐은 아버지와 그의 아들 예수 그리스도와 더불어 누림이라. 우리가 이것을 씀은 우리의 기쁨이 충만하게 하려 함이라".

계 22:18-21, "내가 이 책의 예언의 말씀을 듣는 각인에게 증거하노니 만일 누구든지 이것들 외에 더하면 하나님이 이 책에 기록된 재앙들을 그에게 더하실 터이요. 만일 누구든지 이 책의 예언의 말씀에서 제하여 버리면 하나님이 이 책에 기록된 생명나무와 및 거룩한 성에 참예함을 제하여 버리시리라. 이것들을 증거하신 이가 가라사대 내가 진실로 속히 오리라 하시거늘 아멘 주 예수여 오시옵소서. 주 예수의 은혜가 모든 자들에게 있을지어다 아멘".

논문 한글 초록:

본 논문은 서사라 목사의 천국지옥 간증수기, 1-2권에서 발견되는 성경 인용에 관한 것이다. 필자는 이를 위하여 먼저 학술적 관점에서 인용을 정의하고, 이어서 구약과 신약, 특별히 예수님과 제자들의 성경의 인용 사례, 그리고 서사라 목사의 성경 인용을 분석하고 평가하였다.

먼저 구약에서 성경 인용은 극히 제한적이지만 선지자들은 처음부터 옛 언약을 지속적으로 예수 그리스도와 연결하였다. 신약에서는 매우 폭넓게 구약을 언약의 성취 과정에서 인용하였다. 그 과정에서 특별히 언약의 당사자인 예수님은 옛 언약을 자신이 직접 인용함으로 확증하였고, 제자들 또한 실제적으로 적용하였다. 예수님의 대표적인 인용은 마 4:1-44, 40일 광야에서 금식한 후 인용한 말씀이며, 요 5:39, "...성경이 곧 나에 대하여 증거한다"고 하셨다. 여기서 예수님이 말씀하는 성경은 구약성경 전체를 가리킨다. 그리고 예수님은 부활 후 눅 24:44-49, 엠마오 도상에서 제자들에게 자신을 새롭게 나타내셨다. 복음서 저자들은 예수님의 출생과 사역에 초점을 맞추었다.

한편 서사라 목사는 자신의 천국지옥 체험 과정에서 성경을 폭넓게 그리고 적절히 인용하였다. 성경의 저자들의 인용과 서 사라 목사의 차이점은 전자는 하나님이 구속경륜을 성취하는 과정에서 통시적 및 유기적으로 인용하였고, 그 중심은 기독론 적이었다. 후자는 단지 자신이 체험한 것을 말씀을 인용함으로 실제 목회에 적용하였다. 그러나 서 사라 목사의 성경 인용은 다른 체험자들에게서는 찾아 볼 수 없는 독보적이다. 복음을 전파하는 소명자로서 말씀의 적절한 인용은 증거자의 영적 상태를 대변하는 바, 항상 기억해야 할 사역이라 할 것이다.

영문 초록(Summary):

Evaluation on Pastor Sarah Seoh's testimonial records of Heaven and Hell

-Centering on Pastor Seoh's testimonial records of volumes 1-2-

Former Prof. at Chongshin Presbyterian Theological Seminary

Rev. Yohahn Su(Historical Theology, Ph.D.)

This paper is about the biblical citations found in volumes 1-2 of Pastor Seoh' s experience of heaven and hell. To this end, I first defined quotations from an academic point of view, followed by analyzing and evaluating the Old and New Testament, especially the biblical citations of Jesus and his disciples, and the biblical citations of Pastor Seoh' s experience.

In the Old Testament, biblical quotations in themselves were extremely limited, but the prophets continued to link the old covenant to Jesus Christ from the beginning. However, the New Testament cites the Old Testament very widely in the course of its achievement. In the process, Jesus, as the party to the covenant, confirmed the old covenant by quoting it himself, and practically applied it to his disciples. Jesus' representative quote is the Old Testament after 40 days fasting in the wilderness on Matthew 4:1-14, and John 5:39, "He said the Bible will prove itself to me and achieved the covenant by his divine nature". Here, Jesus is referring to the entire Old Testament as himself. And after the resurrection, Jesus presented himself to his disciples on the way to Emmao Diagram at Luk, 24:44-49. The Gospel authors focused on Jesus' birth and ministry.

Meanwhile, Pastor Seoh Sa-ra quoted the Bible extensively and appropriately during his experience in heaven and hell. The difference between the authors' quotations of the Bible and Pastor Sarah's differences was that the former cited both synthetically and organically in the process of God's accomplishment of the bondage, and the center was Christology. The latter applied to the actual ministry merely by quoting the words he had experienced. However, Pastor Seoh's Bible citations are unique to other experiences. The proper citation of the Word as a minister to preach the gospel represents the spiritual state of the witness, and should always be remembered.

[참고도서]

서사라, 「이제도 있고 전에도 있었고 장차 올 자 예수 그리스도」, (하늘빛출판사, 2016-2017), 제1-2권

조상열 외 5인, 「성경해석의 새 지평: 서사라 목사 저서에 대한 신학적 평가」, (하늘빛출판사, 2020), 6-429

서울동노회주관, 「서사라 목사 저서에 대한 질의응답 기자간담회」, (하늘빛출판사, 2021), 1-81.

원만희 외 6인 공저, 「학술적 글쓰기」, (성균관대학교 출판부, 2021), 263-280

전북대학교 국어국문학과, 「인문계 글쓰기」, (전북대학교 출판문화원, 2020), 316-325

「대학 글쓰기」, (대학글쓰기 편찬위원회 편, 2021), 298-316

정희모, 「대학 글쓰기」, (삼인, 2016), 228-239.

「이단 사이비 연구: 종합 자료 II」, (한국기독교총연합회, 이단사이비문제상담소, 2007), 3-170.

서요한, "사이비 이단 천부교 경전 '하나님 말씀' 소고: 천부교 초대 교주 자칭 하나님 박태선 장로의 설교 비판적 평가", 「한국교회신흥사이비이단의 실태와 대처방안」, (국제기독교뉴스사, 2017), 1-37.

서요한, 「초대교회사」, (도서출판 그리심, 2010), 1-630.

서요한, 「중세교회사」, (도서출판 그리심, 2010), 1-818.

안명준, "21세기를 위한 해석자: 칼빈의 해석학에 있어서 성령과 해석의 관계를 중심으로." 「복음과 신학」, 2 (1999): 164-210.

신성종, 「내가 본 지옥과 천국」, 크리스챤월드리뷰(http:..www.christianwr.com.

Paul R. Noble, *The Canonical Approach: A Critical Reconstruction of the Hermeneutics of Brevard S. Childs*, 290

J. Barton Payne, *Encyclopedia of Biblical Prophecy: The Complete Guide to Scriptural Predictions and their Fulfillment*, (New York: Harper and Row, 1973), 631-682.

http:..reformednews.co.kr.bbs.html Table=ins_bbs9&mode=view&uid=4832& page=1&section;npgo.tistory.com.197; cafe.daum.net.prayingchurch.9Pjt.77; cafe.daum.net.yh8815.4bZi.555.

제4논문

이마에 친 하나님의 인(印)은 십자가인가?

권 호 덕 교수
(콜부루게신학연구소 소장)

이마에 친 하나님의 인(印)은 십자가인가? 1)

0. 들어가면서

서사라 목사의 부흥 사역 가운데 중요한 비중을 차지하는 것들 중에 하나는 성도들의 이마에 인(印)치는 사역이다. 물론 서목사가 인치는 것이 아니라 하나님이 천사들을 통해 인치시는 것을 보여주고 확인해 주는 사역이다. 요한계시록 7장은 이마에 인치는 문제를 언급한다.

> "계 7:1 이 일 후에 내가 네 천사가 땅 네 모퉁이에 선 것을 보니 땅의 사방의 바람을 붙잡아 바람으로 하여금 땅에나 바다에나 각종 나무에 불지 못하게 하더라 2 또 보매 다른 천사가 살아 계신 **하나님의 인**을 가지고 해 돋는 데로부터 올라와서 땅과 바다를 해롭게 할 권세를 받은 네 천사를 향하여 큰 소리로 외쳐 3 이르되 우리가 우리 하나님의 종들의 이마에 **인치기까지** 땅이나 바다나 나무들을 해하지 말라 하더라 4 내가 인침을 받은 자의 수를 들으니 이스라엘 자손의 각 지파 중에서 **인침을 받은 자들이** 십사만 사천이니"

(BNT Revelation 7:1 Pê. 7·1 Μετὰ τοῦτο εἶδον τέσσαρας ἀγγέλους ἑστῶτας ἐπὶ τὰς τέσσαρας γωνίας τῆς γῆς, κρατοῦντας τοὺς

---

1) 이 논문은 소책자에 이미 발간된 것이나 다시 수정 보완하여 여기에 다시 실었음.

τέσσαρας ἀνέμους τῆς γῆς ἵνα μὴ πνέῃ ἄνεμος ἐπὶ τῆς γῆς μήτε ἐπὶ τῆς θαλάσσης μήτε ἐπὶ πᾶν δένδρον. ²Καὶ εἶδον ἄλλον ἄγγελον ἀναβαίνοντα ἀπὸ ἀνατολῆς ἡλίου ἔχοντα **σφραγῖδα θεοῦ ζῶντος**, καὶ ἔκραξεν φωνῇ μεγάλῃ τοῖς τέσσαρσιν ἀγγέλοις οἷς ἐδόθη αὐτοῖς ἀδικῆσαι τὴν γῆν καὶ τὴν θάλασσαν ³λέγων· μὴ ἀδικήσητε τὴν γῆν μήτε τὴν θάλασσαν μήτε τὰ δένδρα, ἄχρι **σφραγίσωμεν** τοὺς δούλους τοῦ θεοῦ ἡμῶν ἐπὶ τῶν μετώπων αὐτῶν. ⁴Καὶ ἤκουσα τὸν ἀριθμὸν **τῶν ἐσφραγισμένων**, ἑκατὸν τεσσεράκοντα τέσσαρες χιλιάδες, **ἐσφραγισμένοι** ἐκ πάσης φυλῆς υἱῶν Ἰσραήλ·

우리의 질문은 인(印) 친 내용이 무엇이냐 하는 것이다. 요한계시록은 인치는 내용을 구체적으로 말하지 않고 단순히 인(印)이라고 말한다. 놀랍게도 에스겔서 9:3-4은 그 내용을 분명하게 보여준다.

필자는 서사라 목사 집회에 참석한 지인(知人)을 통해 이 집회가 어떻게 진행되고 있는지 조심스럽게 들어보았다. 서목사의 인치는 사역 내용은 한 마디로 에스겔서 9:3-4의 내용과 똑 같았다. 이것은 매우 놀라운 일이다. 필자가 이 구절에 대해 맨 처음을 관심의 대상이 되었던 것은 중학교를 마치고 고등학교에 들어갈 즈음 이웃 교회인 경북 의성읍에 있는 의성 제일교회에서 '김용문' 목사를 모시고 부흥회 때였다. 그 당시는 통합측과 합동측이 갈라져 한국 장로교회가 매우 어수선하고 양쪽 노선의 교인들이 매우 서먹서먹한 관계를 유지하며 신앙생활을 할 때였다. 그것이 1964년 겨울이었던 것으로 기억된다. 필자가 그 목사님의 이름을 지금까지 기억하는 것으로 보아 그의 설교는 내게 깊은 인상을 주었던 것 같다. 김용문 목사는 회개의 심각성을 설명하면서 매우 안타까운 마음으로 설교를 했다. 그 후 필자는 이 구절에 대해 한참 동안 잊고 살았다. 많은 시간이 지난 다음 구약신학자이던 苦 최의원 박사님이 세상을 떠나기 전에

2012년 가을에 자신이 번역한 순우리말 구약 성경인 "새즈믄 하나님 말씀"[2])을 언급하면서 이 구절의 특징을 설명했을 때 새로운 관심을 가지게된 것이다. 그는 번역서에서 에스겔서 9:4에 나오는 이 '표'를 곱셈표로번역했다.[3]) 그는 이 구절이 구약성경에 유일하게 나타난 '십자가' 라고 했다.

서사라 목사는 집회 시간에 영안(靈眼)으로 먹 그릇을 찬 천사들이 진실한 마음으로 회개한 사람들의 이마에 십자가를 그려주는 것을 보았다고한다는 것이다. 말하자면 서 목사는 인(印)사역 집회 때마다 자기의 영안(靈眼)으로 이런 장면을 본다고 한다. 우리의 질문은 회개하는 자의 이마에 십자가를 그린다는 발언이 성경적인가 하는 것이다. 그의 발언의 진위문제는 이 장면을 문자 그대로 표현하는 에스겔서 9:3-4이 어떻게 말하는가를 살펴보면 될 것이다. 이를 위해 우리는 먼저 히브리원문은 물론 여러가지 번역본을 살펴보아야 할 것이다. 우선 여기서는 고대 번역서들과 우리말 번역서들을 소개한다.

BHS(히브리어 구약성경)

Ezekiel 9:4[4])

וַיֹּאמֶר יְהֹוָה אֵלוֹ [אֵלָיו] עֲבֹר בְּתוֹךְ הָעִיר בְּתוֹךְ יְרוּשָׁלִָם
וְהִתְוִיתָ תָּו עַל־מִצְחוֹת הָאֲנָשִׁים הַנֶּאֱנָחִים וְהַנֶּאֱנָקִים עַל
כָּל־הַתּוֹעֵבוֹת הַנַּעֲשׂוֹת בְּתוֹכָהּ

---

2) 최의원(번역 편집), 『새즈믄 하나님의 말씀 』(서울: 예영커뮤니케이션, 2008), 850.

3) 최의원(번역 편집), 『새즈믄 하나님의 말씀 』…, 850. 그는 여기서 이 표를 '곱셈표' (×)로 번역했다. 그는 개정판에서는 덧셈표(+)로 번역하겠다고 했는데 그 전에 이세상을 떠난 것이다.

4) *Biblia Hebraica Stuttgartensia(BHS)*. Hrsg. von K. Elliger et W. Rudolph. (Stuttgart: Deutsch Bibelgesellschafgt, 1990. vierte verbesserte Auflage), 908.

5) LXX

6) *Biblia Sacra Iuxta Vulagatam Versionem* Adiuvantibus Bonifatio OSB, Iohanne Gribomont OSB, H.F.D. Sparks, W. Thiele. Recensuit et Brevi Apparatu Instruxit robertus Weber OSB. Editio Altera Emendata Tomus II Proverbia - Apocalypsis Appendix (Stuttgart: W?rttembergische Bibelanstalt, 1975. Zweite, verbesserte Aufl.)

LXX 70인경[5]
9:4 καὶ εἶπεν πρὸς αὐτόν δίελθε μέσην τὴν Ιερουσαλημ
καὶ **δὸς τὸ σημεῖον** ἐπὶ τὰ μέτωπα τῶν ἀνδρῶν τῶν
καταστεναζόντων καὶ τῶν κατωδυνωμένων ἐπὶ πάσαις ταῖς
ἀνομίαις ταῖς γινομέναις ἐν μέσῳ αὐτῆς

라틴어 성경 Biblia Sacra Iuxta Vulagatam Versionem[6]
Ezekiel 9:4 et dixit Dominus ad eum transi per mediam civitatem
in medio Hierusalem et **signa thau** super frontes virorum gementium
et dolentium super cunctis abominationibus quae fiunt in medio
eius.⋯ 9:6 ⋯ super quem videritis thau ne occidatis

개역한글
3. 그룹에 머물러 있던 이스라엘 하나님의 영광이 올라 성전 문지방에
이르더니 여호와께서 그 가는 베옷을 입고 서기관의 먹 그릇을 찬 사람을
불러 4. 이르시되 너는 예루살렘 성읍 중에 군행하여 그 가운데서 행하는
모든 가증한 일로 인하여 탄식하며 우리는 자의 **이마에 표하라** 하시고

개역개정
겔 9:3 그룹에 머물러 있던 이스라엘 하나님의 영광이 성전 문지방에
이르더니 여호와께서 그 가는 베 옷을 입고 서기관의 먹 그릇을 찬 사람
을 불러 4.여호와께서 이르시되 너는 예루살렘 성읍 중에 순행하여 그 가
운데에서 행하는 모든 가증한 일로 말미암아 탄식하며 우는 자의 **이마에
표를 그리라** 하시고

공동번역
겔 9:3 이스라엘의 하느님의 영광이 자리잡고 계시던 거룹에서 떠올라
성전 문턱으로 나오시어 모시옷을 입고 필묵통을 허리에 찬 그 사람을 부
르시며 4 말씀하셨다. "너는 예루살렘 시내를 돌아다니며, 그 안에서 일어

나는 모든 발칙한 짓을 역겨워하여 탄식하며 우는 사람들의 **이마에 표를 해주어라.**"

새번역

겔 9:3 이스라엘 하나님의 영광이 이제까지 머물러 있던 그룹에서 떠올라 성전 문지방으로 옮겨갔다. 그는 모시옷을 입고 허리에 서기관의 먹통을 찬 그 사람을 부르셨다. 4 주님께서 그에게 말씀하셨다. "너는 저 성읍 가운데로 곧 예루살렘으로 두루 돌아다니면서, 그 안에서 일어나는 모든 역겨운 일 때문에 슬퍼하고 신음하는 사람들의 **이마에 표를 그려 놓아라.**"

현대인의 성경

겔 9:3 그룹 천사 사이에 머물러 있던 이스라엘 하나님의 영광의 광채가 올라와서 성전 문지방에 머물렀다 그때 여호와께서 가는 모시옷을 입고 서기관의 먹그릇을 찬 그 사람을 불러 4.말씀하셨다. '너는 예루살렘을 순회하면서 그 성에서 행해지는 모든 더러운 일 때문에 탄식하고 우는 자들의 **이마에 표를 하라.**'

위에 언급한 우리말 성경 번역서들은 그렇게 큰 도움이 되지 않는다. 매우 이 구절을 피상적으로 번역한 것으로 보인다. 후론하겠거니와 영어권과 독일어권 번역서들은 이 구절을 매우 정확하게 이해하고 번역했음을 볼 수 있다. 따라서 우리는 먼저 에스겔 시대의 성경원본에로 관심을 옮겨야 할 것이다.

1. 에스겔 시대의 히브리어 문자

에스겔서 9:4의 히브리어 원문은 "그 이마에 타우(ת)를 그리라"(וְהִתְוִיתָ) 라고 한다. 다른 문자도 많은데 왜 타우를 그리라고 했을까? 여기서 타우가 무엇인지를 규명하지 못하면 이 구절의 의미를 알 수 없다. 유감스럽게도 우리말 성경을 포함한 많은 역본들은 그 인(印) 내용을 말하지 않는다.

따라서 먼저 에스겔서로 눈을 돌려야 한다.

우리말 번역에는 에스겔서 9:4은 "표를 그리라"고 기록되어 있는데 에스겔 자신은 그 당시에 이것을 어떻게 표현했을까? 원문 그대로는 "타우를 그리라"이다. 여기서 타우(ת)란 무엇일까? 이것은 히브리어 맨 끝 글자이다. 그러면 하나님께서 왜 히브리어 맨 끝 글자를 그리라고 했을까? 에스겔이 사용한 히브리어는 "옛 히브리 문자"(Die althebräische Schrift)였다.[7] 이 문자는 지금 우리가 가지고 있는 히브리어 성경(BHS)의 문자와는 다르다. 매우 흥미롭게도 아래 도표의 두 번째 열(列) "옛 히브리 문자"에서 타우는 '곱셈표'와 비슷하다.[8]

1	2	3	4	5	6	7	8
				'	Aleph	1	A
				b	Beth	2	B
				g	Gimel	3	Γ
				d	Daleth	4	Δ
				h	He	5	E
				w	Waw	6	Y
				z	Zajin	7	Z
				ḥ	Chet	8	H
				ṭ	Tet	9	Θ
				j	Jod	10	I
				k	Kaph	20	K
				l	Lamed	30	Λ
				m	Mem	40	M
				n	Nun	50	N
				s	Samech	60	Ξ
				'	Ajin	70	O
				p	Pe	80	Π
				ṣ	Sade	90	
				q	Qoph	100	
				r	Resch	200	P
				ś/š	S(ch)in	300	Σ
				t	Taw	400	T

---

7) Ernst Jeni, *Lehrbuch der Hebräischen Sprache des Alten Testaments* (Basel und Frankfurt am Main: Verlag Helbing & Lichtenhahn, 1981), 17.

8) Ernst Jeni, *Lehrbuch der Hebräischen Sprache des Alten Testaments* ···, 18. 도표에서 **두 번째 열**의 알파벳은 옛 이스라엘 문자이다.

매우 흥미롭게도 "옛 히브리 문자" 이전의 문자 곧 히브리어가 파생되어 나온 "옛 페니키아언"에서 타우는 덧셈표(+)와 유사하다.[9] 위의 도표의 첫 번째 열(列)이 그것이다. 그러면 그동안 여러 가지 성경 번역본들은 이 구절을 어떻게 번역했을까?

2. 번역본들의 비교

70인경은 "표를 그리라"를 단순히 "표를 주라"(δὸς τὸ σημεῖον)라고 번역했다. 그런데 불가타 라틴어역은 "타우를 인(印) 처라"(signa thau)라고 번역하여 이 표의 의미를 부각시키려고 하는 것 같다. 매우 우수한 스위스 '츄리히 성경'은 이것을 "한 십자가를 그리라"(ein Kreuz)로 번역했다.[10] '교회연합역본'은 이 표를 T로 번역했다.[11] 매우 흥미롭게도 한국 교회역사의 최초 순 우리말 구약성경 번역인 최의원 박사의 "새즈믄 성경"은 이 표를 "곱셈표"라고 했는데 이것은 X를 그렇게 표현한 것이다.[12] 최의원에 의하면 유대인들은 십자가를 매우 싫어하기 때문에 그것을 숨겼다고 한다. 그가 10여 년 전에 소천(召天) 했는데 마지막으로 한국을 방문한 자리에서 필자에게 새즈믄 성경을 더 좋은 번역으로 다지기 위해 자기 호를 따라 주토(朱土)학회를 만들 것을 요구했고 둘째 판에서는 곱셈표(×)를 덧셈표(+)로 바꾸어 십자가를 드러내려고 했는데 애석하게도 그 이전에 소천하신 것이다. 그런데 그가 번역한 이 성경은 아직 덜 다듬어졌자는 인상을 받는다.

---

9) 도표에서 첫 번째 열(列)의 알파벳은 옛 페니키아 문자이다.

10) *Die Heilige Schrift des Alten und des Neuen Testaments* (Zürich: Verlag der Züricher Bibel, 1971)

11) *Die Bibel Einheitsübersetzung der Heiligen Schrift* (Stuutgart: Katholosche Bibelanstalt/ Stuttgart: Deutsche Bibelstiftung/ Klosterneuburg: Österreichisches Katholisches Bibelwerk, 1982)

12) 최의원, 『새즈믄 하나님의 말씀』 (서울: 예영커뮤니캐이션, 2008)

루터성경은 이것을 단순히 "하나의 표를 그리라"라고만 말한다.[13) 아마 이 표에 대한 관심이 적었던 것 같다. 영어권의 NASB역본도 단순히 한 표시라고만 한다.[14) 화란어 성경은 이 표를 단순히 "maak een teken" (한 표시를 만들라)라고 번역하며 공동번역, 중국번역도 이 표가 무엇인지에 대해서는 침묵한다. 스코필드 성경도 단순히 표시라고만 한다.[15)

WCC의 '교회연합역본'에는 이 표를 라틴어 T로 번역했는데,[16) 위의 도표에서 보듯이 이것은 헬라어 대문자 마지막 글씨이다. 도표에서 여덟 번째 열(列)의 마지막 글씨이다.

히브리어 문자 변천사를 보더라도 그리고 매우 권위 있는 역본들이 이 표를 십자가로 해석했다는 점에서 우리는 거기에 동의할 수 있는 것이다. 그 옛날 십자가가 무엇인지 알지 못할 때 하나님은 이렇게 문자로 '십자가를 그리라'고 하신 것이다. 그러면 주석가들은 어떻게 설명할까?

3. 주석들의 번역과 해석

여러 가지 주석들은 크게 두 가지로 나누어진다. 한편으로는 이 표를 단순한 표나 T로 번역하고 다른 한편은 십자가로 번역했다.

13) Luther, *Die Bibel oder Die ganze Heilige Schrift des Alten und des Neuen Testaments nach der übersetzung Martin Luthers*. revidierter Text 1975 (Stuttgart: Deutsche Bibelstiftung, 1979)

14) *New American Standard Bible* (Nashville Camden New York: Thomas Nelson Publisher, 1977)

15) *Scofield Bible* revidierte Elberfelder übersetzung mit Einleitungen, Erklärungen und Ketten β Angaben (Wuppertal: R. Brockhaus Verlag, 1992)

16) *Einheitsübersetzung der Heiligen Schrift DIE BIBEL Gesamtausgabe Psalmen und Neues Testament Ökumenischer Text* (Stuttgart: Katholische Bibelanstalt Stuttgart: Deutsche Bibelstiftung Klosternuburg: Österreichisches Katholisches Bibelwerk, 1982 2. Aufl.). "Geh mitten durch die Stadt Jerusalem und schreib **ein T** auf die Stiern aller Männer ……"

a. 십자가로 해석한 주석

카일과 델리취는 이 표를 십자가라(cross)고 지적한다. 카일과 델리취는 본문의 타우(ת)가 히브리어 알파베트 맨 나중 글자임을 지적하면서 히브리어 더 초기 문헌에서는 '십자가 형태'(×)를 가졌다고 한다.[17] 위의 도표는 이를 명백히 보여준다. 본문의 "וְהִתְוִיתָ תָו"(표를 그리다)는 말은 "ת표를 그리다"라는 말임을 지적한다.[18] 고대 히브리어 문자를 알고 있던 카일과 델리취는 이 구절이 십자가를 그린다는 말로 알았던 것이다.

주석가 Block도 본문의 타우(ת)가 히브리어 알파벳의 마지막 글자임을 지적하며 고대 문서에는 X 형태 또는 십자가 형태를 취했음과 아람어로부터 문자를 채용하기까지는 초기에는 이 형태를 취했음을 주장했다.[19] 그리고 그는 Western 사본에서는 오늘까지 타우(ת)를 T자로 보존되어 있다고 했다. 그리고 Block는 이 표시를 유월절 어린양의 피를 문설주에 바르는 사건 그리고 라합의 붉은 줄(수 2:18-21; 6:22-25)과 연관시키며 이것은 소망의 표시임을 지적한다.[20]

Cooper는 본문의 '표'가 히브리어 알파벳 맨 마지막 문자인 타우임을 지적하고 이 타우가 히브리어 "tam"(무흠한)의 첫 글자라고 주장한다. 동시에 그는 BC 7-6세기에는 히브리어 타우가 X 또는 기울어진 십자가 모양으로 사용되었음을 지적한다.[21] 그런데 쿠퍼는 자기의 주장과는 달리

---

17) C.F. Keil and F. Delitzsch, *Ezekiel, Daniel* in 「Commentary on the Old Testament」 in ten volumes vol. IX (Grand Rapids: Eerdmans, 1976), 921.

18) C.F. Keil and F. Delitzsch, *Ezekiel, Daniel* ⋯⋯, 921.

19) Daniel I. Block, *The Book of Ezekiel Chapters 1-24* in NICOT (Grand Rapids: Eerdmans, 1997), 307.

20) Daniel I. Block, *The Book of Ezekiel Chapters 1-24* in NICOT ⋯, 307.

21) Lamar Eugene Cooper. Sr., *Ezekiel* in 「The New American Commentary. An Exegetical and Theological Exposition of Holy Scriture NIV Rext」 (Broadman & Holman Publishers, 1994), 127.

Ellison의 말을 참고하여 본문에서 '아낌을 받은 자들'이 십자가 표를 받
아서 미래 회복의 남은자가 되었다고 한다. 그리고 그는 계 7:3-4과 14:1
을 이와 연관시킨다.[22] 매우 합당한 해석으로 보인다.

「The Anchor Bible」 주석 시리즈의 에스겔서 주석가인 M. Greenberg
도 이 구절의 비밀을 잘 알고 있다. 그는 에스겔시대의 문자가 고대히브리
분자임을 지적하면서 이 표를 십자가로 해석했다.[23]

이런 주석가들은 에스겔 시대의 히브리문자가 고대 히브리어였음을 알
고 있었다.

b. 십자가로 보지 않은 주석들

칼빈은 본문의 타우를, 토라의 첫 글자가 타우로 시작하기 때문에, 이
표가 토라를 의미하는 것으로 설명한다. 이것은 상당히 피상적인 번역이
다. 동시에 제롬의 설명을 부가한다. 제롬은 자기가 살던 시대에 사마리아
사람들은 문자 타우(ה)십자가와 같았다고 하며 기독교인들은 이 문자로
자신들이 기독교인임을 표시하는데 익숙했다고 한다.[24] 그런데 칼빈은 이
런 견해를 지지하지 않는다.

Cooke는 이 표의 모양에 대해서는 침묵한다. 그리고 그는 우상숭배자
와 구별되며 여호와의 보호를 받던 예루살렘의 신실한 남은 자들이 받은
이 표가 유월절 이스라엘 백성들의 집 문설주에 발려진 피(출 12:23)와 비
교한다.[25] Brownlee도 여기서 이 타우 표의 모양에 대해서는 침묵하고
다만 이 표가 유월절에 이스라엘을 보호하시는 문설주의 피와 비교됨을

---

22) Lamar Eugene Cooper. Sr., *Ezekiel* ……, 127.

23) Moshe Greenberg, *Ezekiel*, 1-20. 「The Anchor Bible」 (New York: Doubleday
& Company, Inc., 1983), 176f.

24) John Calvin, *Ezekiel* Vol. I tr. by Thomas Myers in 「Calvin's Old
Testament Commentaries」 (Grand Rapids: Eerdmans,), 305.

25) G. A. Cooke, *The Book of Ezekiel* in ICC (Edinburgh: T.&T. Clark,
1970), 106.

지적한다.[26]

이상근은 이 표 '타우'가 히브리어 맨 마지막 문자임을 지적하면서 고대 사본에서는 X로 표기됨을 말하고 터툴리안이나 제롬과 같은 고대교부들이 그리스도의 상징으로 여겼음을 언급한다.[27] 그런데 그는 이 표시가 유월절의 문설주 피와 유사하다는 것을 지적할 뿐, 이것이 무엇인가에 대해 분명히 규명하려는 노력은 보이지 않는다.[28]

상당히 권위 있는 주석가들도 이 표를 십자가로 해석한 점으로 보아 우리는 이 구절이 요한계시록 7:3과 9:4에 나오는 인침과 연관하여 십자가로 봄이 가할 것이다.

4. 성령의 인과 하나님의 인은 다르다.

그 다음 질문은 이 하나님의 인은 성령의 인과 동일한 것인가? 많은 주석가들은 이 둘은 별개의 것으로 본다.

성경은 성령의 인(印)을 말할 때는 그리스도 밖에 있던 사람이 그리스도 안으로 들어오는 구원(救援) 사건과 더불어 언급한다. 신약성경에는 인치심이란 말을 그렇게 많이 언급하지는 않는다. 성경은 구원과 연관하여 성령의 인치심에 대해 몇 번 언급한다.

"엡 1:13 그 안에서 너희도 진리의 말씀 곧 너희의 구원의 복음을 듣고 그 안에서 또한 믿어 약속의 성령으로 **인치심을 받았으니** 14 이는 우리 기업의 보증이 되사 그 얻으신 것을 속량하시고 그의 영광을 찬송하게 하려 하심이라" 여기 성령의 인(印)치심은 분명히 구원사건과 관계한다.

---

26) William H. Brownlee, *Ezekiel 1-19* in WBC 28 (Waco, Texas: Word Books, Publisher, 1986)

27) 이상근, 『에스겔 - 다니엘』 in 「구약주해」 (대구: 성등사, 1993), 70.

28) 이상근, 『에스겔 - 다니엘』……, 70.

"엡 4:30 하나님의 성령을 근심하게 하지 말라 그 안에서 너희가 구원의 날까지 **인치심을 받았느니라**" 이 구절은 구원을 받은 자들이 지니는 인(印)인데 성령의 인(印)을 의미한다.

"고후 1:22 우리를 너희와 함께 그리스도 안에서 굳건하게 하시고 우리에게 기름을 부으신 이는 하나님이시니 23 그가 또한 **우리에게 인치시고** 보증으로 우리 마음에 성령을 주셨느니라" 이 구절은 헬라어 원문에서는 중간태(中間態)로 표현되어 있다. 즉 "자기를 위하여 너희를 인(印)치신 자"라고 표현하는데 이 구절이 가리키는 인치심은 요한계시록 7장에 나오는 '하나님의 인'과는 달리 '성령의 인'으로 봐야 할 것이다.

사실 그 동안 이 주제 곧 '성령의 인'과 '하나님의 인'에 대한 문제는 한국 신학계에서는 논의와 연구의 대상이 되지 못했다. 그 이유는 대부분의 신학자들은 일방적으로 이 둘이 동일한 것으로 보고 쉽게 지나쳤기 때문인 것으로 보인다. 신약주석가 윌리암 헨드릭슨(W. Hendriksen)은 그의 요한계시록 주석인 『More than conqueror』 7장을 주석하면서 하나님의 인을 에스겔서와 연결시키지도 않고 단지 인(印)에 대한 세 가지 의미만 언급했다. 첫째는 유혹으로부터 보호를 받음, 둘째 소유의 표시, 셋째, 진짜라는 의미.29) 역사적 전천년기설자인 조지 엘던 랫드(G.E. Ladd)는 이 구절을 해석하면서 '성령의 인'과 '하나님의 인' 사이의 구별하는 일에는 관심이 없고 이 '하나님의 인'은 구원 사건이 아니라 하나님의 백성들이 하나님의 진노로부터 보호를 받는 문제와 연관시킨다. "하나님께서 인치신 자들은 하나님의 진노의 쏟아짐으로부터 안전하게 보호를 받을 것이다. 비록 그들이 순교를 당한다 해도"30)

---

29) William Hendriksen, *More than Conquerors. An Interpretation of the Book of Revelation* (Grand Rapids: Baker Book House, 1977. 22nd. printing), 132f.

30) George Eldon Ladd, *A Commentary on the Revelation of John* (Grand Rapids: Eerdmans, 1972), 110.

그리고 성경의 문맥으로 봐도 이 두 가지가 서로 다른 것임을 보여준다. 요한계시록 7장을 보면 '하나님의 인' 은 '하나님의 종들' 에게 치신 것이라고 한다. 이 말은 이미 믿음을 가진 성도들에게 부여한 것이 '하나님의 인' 이라는 말이다. 언젠가 이 문제는 논문으로 답해야 될 것 같다.

보링(M. Eugene Boring)은 「교사와 설교를 위한 성경 주석」 시리즈에서 요한이 요한계시록 7:1-8에 나오는 하나님의 종들의 이마에 인(印)을 치는 것은 에스겔서 9:3-4의 내용과 일치함을 전제하고 인(印) 맞은 신실한 기독교인들이 대환난 곧 파괴적인 광풍과 같은 바람처럼 그들 위에 몰아칠 대환난을 통과할 때 보존함을 받음을 지적했다.[31] 그리고 그는 요한계시록 7:1-11을 주석하면서 '짐승의 표' 와 연관하여 하나님의 인을 설명한다. 그는 짐승이 자기를 추종하는 자들의 이마에 표시를 준 것은 어린양이 그를 따르는 자들에게 준 '하나님의 인' 을 모방했다는 것이라 말하며 '하나님의 인' 이 성도들에게 준 인임을 암시한다. 즉 어린양이 자기를 따르는 자들에게 '하나님의 인' 을 주신 것을 보고 짐승도 자기를 따르는 무리들에게 짐승의 표를 주었다는 말이다.[32]

NICNT 주석 시리즈의 요한계시록 주석가인 마운스(Mounce)는 매우 명백하게 이 '하나님의 인' 이 구원 사건과 관계하지 않음을 말한다. "이 인(印)은 성례식의 의미로 세례를 언급하는 것으로 해석되어서는 안 된다. 이 인침의 으뜸 목적은 성도들을 다가오는 심판에서 보호를 받음을 보증하는 것이다."[33] 세례는 구원 사건과 관계한다. 그는 계속해서 이런 사실을 강조한다. "그들은 (하나님의) 분노를 받지 않도록 인침을 받았지 환난

---

31) M. Eugene Boring, *Revelation* in 「A Bible Commentary for Teaching and Preaching」 (Louisville, Lentucky: John Knox Press, 1989), 128.

32) M. Eugene Boring, *Revelation* in 「A Bible Commentary for Teaching and Preaching」 (Louisville, Lentucky: John Knox Press, 1989), 129.

33) Robert H. Mounce, *The Book of Revelation* in NICNT (Grand Rapids: Eerdmans, 1998. revised ed.), 157.

을 당하지 않도록 인침을 받지 않았다. 인치심은 하나님의 종들을 공개적
으로 드러나는 마귀세력의 공격에 대항하여 안전하게 하기 위한 것이다."
34) 즉 성도들은 '하나님의 인'을 받음으로써 환난을 당하나 견딜 수 있
으며 하나님의 진노하심을 받지 않는다는 말이다.

해링턴(Harrington)은 「Sacra Pagina Series」의 요한계시록 주석에서
요한계시록 7장의 인치심에 대한 내용이 에스겔서 9:4-6절과 관계함을 전
제하고 주석을 시작한다. "요한계시록에서 하나님의 종들에게 인치심은
이들이 환난과 죽음으로부터 보호를 받는 것을 상징하지 않고 환난 기간
동안 환난을 통과하면서 인내하는 것을 상징한다"35)라고 말하며 이 인침
을 출애굽 사건과 연관하여 설명한다. "택한 백성을 인치는 것은 애굽 사
람들을 쳤던 재앙으로부터 이스라엘 사람들이 면역을 가진 것을 연상시킨
다. … 하나님의 종들이 대환난을 통과할 때 보호를 받기 위해 인침을 받
을 것이라는 것이다. 이들은 오직 기독교인의 삶의 방식 곧 '죽기까지 자
기 생명을 아끼지 않는' 방식으로 승리를 얻는다."36)

그리고 독일 성경주석가 아돌프 폴(Adolf Pohl)은 그의 요한계시록 주
석에서 '하나님의 인'을 설명하면서 요한계시록 7:1-11은 '그리스도인이
되는 것', '수세자(受洗者)가 되는 것'을 다루지 않는다고 단정한다. 여기
인침은 하나님의 종으로 만드는 것이 아니고 이미 하나님의 종이 된 자들
과 관계한다고 했다. Pohl은 이 구절이 에스겔서 9:1-11과 연관된다고 지
적한다. 그는 에스겔서 9:1-11을 세상 마지막에 일어날 대배도, 대환난과
연관시킨다. 하나님은 신실한 자들을 모든 악으로부터 즉 대배도 곧 타락
으로부터 보호하신다. 즉 인치심을 통해 하나님은 자기 백성들이 타락하지

---

34) Robert H. Mounce, *The Book of Revelation* in NICNT (Grand Rapids: Eerdmans, 1998. revised ed.), 157. note 15.

35) Wilfrid J. Harrington, *Revelation* in 「Sacra Pagina Series」 Vol. 16. (Collegeville. Minnesota: The Liturgical Press, 1993), 98.

36) Wilfrid J. Harrington, *Revelation* in 「Sacra Pagina Series」 Vol. 16. (Collegeville. Minnesota: The Liturgical Press, 1993), 99.

않도록 하는 힘을 주는 것이다.[37] 이런 점에서 인간의 사고방식을 붉은 용의 하수인 짐승을 위한 쪽으로 조종하는 베리칩의 대칭 사건으로 보인다.

말하자면 '하나님의 인'은 적그리스도 원형이 등장하기 이전에 곧 대배도 사건이 일어날 때 환난을 잘 견딜 수 있도록 부여하는 표시하는 말이다. 이처럼 대부분의 주석가들은 성령의 인과 하나님의 인이 구별됨을 분명하게 말한다. 이런 의미에서 서 목사가 '성령의 인'은 우리가 예수를 믿을 때 것으로 보고 '하나님의 인'은 재앙을 피하는 문제와 구원을 잃어버리지 않는 일과 연관함을 말한 것은 긍정적으로 평가할 수 있을 것이다.

5. 글을 맺으며

위의 내용을 정리해 보면, 요한계시록에서 "인을 치라는"(계 7:3) 말은 마지막 시대에 구원의 백성들에게 이마에 십자가를 그린다는 말이다. 그렇다면 지금부터 약 2,500년 전의 사건이 2,000여년 전에 신약성경의 기자를 통해 언급되고 다시 이 일이 지금 현재 서 목사를 통해 이 일이 확인되는 것을 보면 회개하고 이마에 십자가 표를 받는 것은 오래전부터 매우 중요한 일로 여겨지는 것 같다. 더구나 환난의 시기를 성공적으로 지내기 위해 하나님의 인을 맞는 것이 필요하다는 것은 심각하게 받아들여야 할 것이다. 이런 점에서 서사라 목사의 증거는 옳은 것이다. 따라서 그녀를 비판하기 이전에 공정한 평가가 있어야 할 것이다.

서사라 목사를 무조건 이상한 시각으로 일방적으로 비판하는 사람들은 이 사실 하나만 보더라도 그에 대해 무책임하게 비판하는 일은 삼가야 할 것이다. '성경 제일주의'를 주장하는 소위 보수측 사람들은 에스겔 시대에 예언한 그 내용이 지금 문자 그대로 이루어지고 있는데 왜 그것을 있는 그대로 받아들이지 못하고 왜 그렇게 함부로 비판할까? 이들은 명목상

---

37) Adolf Pohl, *Die Offenbarung des Johannes* (Wuppertal und Z?rich: R. Brockhaus Verlag/ Giessen: Brunnen, 1989), 223.

으로 '성경제일주의'를 말하면서 성경 본문을 문자 그대로 이루어지는 것
을 부인하는데 왜 그런 것일까? 이런 자세는 이율배반적인 태도가 아닌
가? 극단적 보수주의 사람들의 특징 중에 하나는 자기들이 모르는 것을
말하면, 그것이 진리라도 일단 부인하고 본다는 것이다. 어쩌면 이들은 어
떤 문제를 공정하게 평가할 수 있는 능력이 없기 때문인 것으로 판단된다.
이런 자들에게는 '신학의 개혁'과 '교회의 개혁'을 기대할 수 없을 것이다.
이들은 예수 시대에 자기 기득권을 유지하기 위해 진리를 전하신 예수를
그리스도를 죽여 버린 바리새인들과 서기관들의 행위와 다를 바가 무엇인
가? 한번 심각하게 반추(反芻)해볼 일이다.

　우리는 기존의 신학의 틀로 종말에 대한 성경구절을 이해하려고 하지
말고 일단 문법적으로 그리고 역사적으로 정직하게 해석하는 자세를 가져
야 할 것이다.

참고문헌

최의원(번역 편집), 『새즈믄 하나님의 말씀』 서울: 예영커뮤니케이션,
　　2008.

Biblia Hebraica Stuttgartensia(BHS). Hrsg. von K. Elliger et W. Rudolph.
　　Stuttgart: Deutsch Bibelgesellschafgt, 1990. vierte verbesserte
　　Auflage.

LXX

Nestle-Aland NOVUM TESTAMRENTUM GRAECE. Begründet von
　　Eberhard und Erwin Nestle. hrsg. von Barbara und Kurt Aland,
　　Johannes Karavidopoulos, Carlo M. Martini, Bruce M. Metzger.
　　28. revidierte Auflage. Herausgegeben vom Institut für
　　Neutestamentliche Textforschung Münster Westfalen unter der
　　Leitung von Holger Strutwolf. Stuttgart: Deutsch
　　Bibelgesellschafgt, 2012.

Biblia *Sacra Iuxta Vulagatam Versionem* Adiuvantibus Bonifatio OSB, Iohanne Gribomont OSB, H.F.D. Sparks, W. Thiele. Recensuit et Brevi Apparatu Instruxit robertus Weber OSB. Editio Altera Emendata Tomus II Proverbia - Apocalypsis Appendix. Stuttgart: W?rttembergische Bibelanstalt, 1975. Zweite, verbesserte Aufl.

Die Heilige Schrift des Alten und des Neuen Testaments. Zürich: Verlag der Züricher Bibel, 1971.

Die Bibel Einheitsübersetzung der Heiligen Schrift. Stuutgart: Katholosche Bibelanstalt/ Stuttgart: Deutsche Bibelstiftung/ Klosterneuburg: Österreichisches Katholisches Bibelwerk, 1982.

Jeni, Ernst. *Lehrbuch der Hebräischen Sprache des Alten Testaments.* Basel und Frankfurt am Main: Verlag Helbing & Lichtenhahn, 1981.

Luther, M. *Die Bibel oder Die ganze Heilige Schrift des Alten und des Neuen Testaments* nach der übersetzung Martin Luthers. revidierter Text 1975. Stuttgart: Deutsche Bibelstiftung, 1979.

New American Standard Bible. (Nashville Camden New York: Thomas Nelson Publisher, 1977.

Scofield Bible. revidierte Elberfelder übersetzung mit Einleitungen, Erklßrungen und KettenßAngaben. Wuppertal: R. Brockhaus Verlag, 1992.

이상근, 「에스겔 - 다니엘」 in 「구약주해」 대구: 성등, 1993.

Block, Daniel I. *The Book of Ezekiel Chapters 1-24.* in NICOT. Grand Rapids: Eerdmans, 1997.

Boring, M. Eugene. *Revelation* in 「A Bible Commentary for Teaching and Preachig」 Louisville, Lentucky: John Knox Press, 1989.

Brownlee, William H. *Ezekiel 1-19.* in WBC 28. Waco, Texas: Word Books, Publisher, 1986.

Calvin, John. *Ezekiel.* Vol. I tr. by Thomas Myers in 「Calvin' s Old

Testament Commentaries」 Grand Rapids: Eerdmans,　．

Cooke, G. A. *The Book of Ezekiel*. ICC. Edinburgh: T.&T. Clark, 1970.

Cooper. Lamar Eugene Sr., *Ezekiel*. in 「The New American Commentary. An Exegetical and Theological Exposition of Holy Scriture NIV Rext」 Broadman & Holman Publishers, 1994.

Greenberg, Moshe. *Ezekiel, 1-20*. 「The Anchor Bible」 New York: Doubleday & Company, Inc., 1983.

Harrington, Wilfrid J. *Revelation* 「Sacra Pagina Series」 Vol. 16. Collegeville. Minnesota: The Liturgical Press, 1993.

Hendriksen, William. *More than Conquerors. An Interpretation of the Book of Revelation*. Grand Rapids: Baker Book House, 1977. 22nd. printing.

Keil, C.F. and Delitzsch, F. *Ezekiel, Daniel*. in 「Commentary on the Old Testament」 in ten volumes vol. IX. Grand Rapids: Eerdmans, 1976.

Ladd, A George Eldon. *Commentary on the Revelation of John*. Grand Rapids: Eerdmans, 1972.

Mounce, Robert H. *The Book of Revelation*. in NICNT. Grand Rapids: Eerdmans, 1998. revised ed..

Pohl, Adolf. *Die Offenbarung des Johannes*. Wuppertal und Z?rich: R. Brockhaus Verlag/ Giessen: Brunnen, 1989.

Is the seal of God on the forehead a cross?

2021 10 15

Professor Dr. theol. Ho Duck Kwon

(Director of H.F. Kolbrüge Theological Research Institute)

Contents

0. Introduction

1. Hebrew letters in Ezekiel's time

2. Comparison between various translations of the Bible

3. The Bible Commentators' Translations and Interpretations

4. The seal of the Holy Spirit and the seal of God are different.

5. Conclusion

Is the seal of God on the forehead a cross?[1]

0. Introduction

One of the important things in Pastor Sarah Seoh's revival work is the ministry of sealing the foreheads of the saints. Of course, it is not Pastor Seoh herself who seals the saints, but the ministry that shows and confirms that God seals through angels. Revelation 7 refers to the sealing of the foreheads of the saints.

> "Rev 7:1 After this I saw four angels standing at the four corners of the earth, holding back the four winds of the earth to prevent any wind from blowing on the land or on the sea or on any tree. 2 Then I saw another angel coming up from the east, having the seal of the living God. He called out in a loud voice to the four angels who had been given power to harm the land and the sea: 3 'Do not harm the land or the sea or the trees until we put a seal on the foreheads of the servants of our God.' 4 Then I heard the number of those who were sealed: 144,000 from all the tribes of Israel. 5 From the tribe of Judah 12,000 were sealed, from the tribe of Reuben 12,000, from the tribe of Gad 12,000,"

(BNT Revelation 7:1 Pê. 7·1 Μετὰ τοῦτο εἶδον τέσσαρας ἀγγέλους ἑστῶτας ἐπὶ τὰς τέσσαρας γωνίας τῆς γῆς, κρατοῦντας τοὺς τέσσαρας ἀνέμους τῆς γῆς ἵνα μὴ

---

1) This paper has already been published in a booklet, but it has been revised and supplemented and republished here.

πνέῃ ἄνεμος ἐπὶ τῆς γῆς μήτε ἐπὶ τῆς θαλάσσης μήτε ἐπὶ πᾶν δένδρον. ²Καὶ εἶδον ἄλλον ἄγγελον ἀναβαίνοντα ἀπὸ ἀνατολῆς ἡλίου ἔχοντα **σφραγῖδα θεοῦ ζῶντος**, καὶ ἔκραξεν φωνῇ μεγάλῃ τοῖς τέσσαρσιν ἀγγέλοις οἷς ἐδόθη αὐτοῖς ἀδικῆσαι τὴν γῆν καὶ τὴν θάλασσαν ³λέγων· μὴ ἀδικήσητε τὴν γῆν μήτε τὴν θάλασσαν μήτε τὰ δένδρα, ἄχρι **σφραγίσωμεν** τοὺς δούλους τοῦ θεοῦ ἡμῶν ἐπὶ τῶν μετώπων αὐτῶν. ⁴Καὶ ἤκουσα τὸν ἀριθμὸν **τῶν ἐσφραγισμένων**, ἑκατὸν τεσσεράκοντα τέσσαρες χιλιάδες, **ἐσφραγισμένοι** ἐκ πάσης φυλῆς υἱῶν Ἰσραήλ·

Our question is, what is the content of the seal? The book of Revelation does not specifically say what the seal is, but simply says it is a seal. Surprisingly, Ezekiel 9:3-4 makes it clear.

I listened carefully to what an acquaintance who attended Pastor Sarah Seoh's meeting said about how this meeting was going. The sealing ministry that took place at Pastor Seoh's meeting was, in a word, the same as in Ezekiel 9:3-4. The equivalence between the two is very surprising. The first time I became interested in this verse (Ezekiel 9:4) was at the revival meeting with Pastor Yong-Moon Kim at the neighboring church, Uiseong Jeil Church which is in Uiseong-eup, Gyeongsangbuk-do, after middle school and entering high school. At that time, the Tonghap denomination and the Hapdong denomination were split and the Korean Presbyterian Church was very chaotic, and the members of both lines maintained a very awkward relationship leading a Christian life. I remember it was the winter of 1964. Judging from the fact that I still remember the pastor's name, his sermons seem to have made a deep impression on me. Pastor Yongmoon Kim preached with a very sad heart, explaining the urgency of repentance at that time. After that, I forgot about this verse for a long time. After a lot of time, Dr. Choi Won-won, an Old Testament theologian explained in the fall of 2012 me the characteristics of this verse by referring to the "Words of God in New Millennium", 'the pure Korean Old Testament', which he had translated,[2] which brought new interest to me. In his translation, he translated this 'mark' in Ezekiel 9:4 as 'multiplication sign' (X). He said he would translate it with a plus sign (+) in the revised version, but he had passed away before that time. He said that this verse is the only sign of the 'cross' in the Old Testament.

Pastor Sarah Seoh said that during the meeting, she saw angels with ink bowls through their spiritual eyes painting crosses on the foreheads of those who sincerely repented. In other words, it is said that Pastor Seoh sees such a scene with her own spiritual eyes at every meeting for the ministry. Our question is, is it biblical to put the cross on the forehead of the repentant? The question of the authenticity of her remarks can be examined by looking at how Ezekiel 9:3-4, which literally expresses this scene, says.

For this, we should first look at the Hebrew text as well as several translations. First of all, we introduce ancient translations of the Bible, various modern translations, and Korean translations.

BHS

Ezekiel 9:4[3]

וַיֹּאמֶר יְהוָה אֵלֹו [אֵלָיו] עֲבֹר בְּתוֹךְ הָעִיר בְּתוֹךְ יְרוּשָׁלָ͏ם
וְהִתְוִיתָ תָּו עַל־מִצְחוֹת הָאֲנָשִׁים הַנֶּאֱנָחִים וְהַנֶּאֱנָקִים עַל
כָּל־הַתּוֹעֵבוֹת הַנַּעֲשׂוֹת בְּתוֹכָהּ

2) Prof. Dr. Choi Ui Won (trans. and ed.), *The Word of God in New Millenium* (Seoul : Yeyoung Communications, 2008), 850.

LXX[4]

9:4 καὶ εἶπεν πρὸς αὐτόν δίελθε μέσην τὴν Ιερουσαλημ καὶ **δὸς τὸ σημεῖον** ἐπὶ τὰ μέτωπα τῶν ἀνδρῶν τῶν καταστεναζόντων καὶ τῶν κατωδυνωμένων ἐπὶ πάσαις ταῖς ἀνομίαις ταῖς γινομέναις ἐν μέσῳ αὐτῆς

Biblia Sacra Iuxta Vulagatam Versionem[5]

Ezekiel 9:4 et dixit Dominus ad eum transi per mediam civitatem in medio Hierusalem et **signa thau** super frontes virorum gementium et dolentium super cunctis abominationibus quae fiunt in medio eius.··· 9:6 ··· super quem videritis **thau** ne occidatis

New Korean translation (개역성경)

3. The glory of the God of Israel, who had stayed in the cherub, went up and came to the threshold of the temple, and the Lord summoned a man in his fine linen and clad in the scribe's ink bowl 4. He said to them, "You went through military service in the city of Jerusalem, and because of all the abominations that were done in it, with groaning, let us put a mark on their foreheads.

Korean Revised version(개역개정)

Ezekiel 9:3 The glory of the God of Israel who had stayed in the cherub arrived at the threshold of the temple, and the LORD called a man clothed

---

3) *Biblia Hebraica Stuttgartensia(BHS)*. Hrsg. von K. Elliger et W. Rudolph. (Stuttgart: Deutsch Bibelgesellschafgt, 1990. vierte verbesserte Auflage), 908.

4) Alfred Rahlfs(ed.), Septuaginta. Id est Vertus Testamentum graece iuxta IXX interpretes Vol. II. Stuttgart: Deutsch Bibelstiftung, 1935.

5) *Biblia Sacra Iuxta Vulagatam Versionem* Adiuvantibus Bonifatio OSB, Iohanne Gribomont OSB, H.F.D. Sparks, W. Thiele. Recensuit et Brevi Apparatu Instruxit robertus Weber OSB. Editio Altera Emendata Tomus II Proverbia - Apocalypsis Appendix (Stuttgart: W?rttembergische Bibelanstalt, 1975. Zweite, verbesserte Aufl.).

in linen and wearing the scribe's ink bowl. Put a mark on the foreheads of those who groan and weep over all abominations.

Ecumenical translation Bible(공동번역)

Ezekiel 9:3 The glory of the God of Israel rose from the cherub where he was, and came out to the threshold of the temple, and he called the man clothed in linen and had a pencil case around his waist, 4 saying, "Go through the city of Jerusalem, and mark the foreheads of those who groan and weep at the disgust that takes place in it."

New Korean translation Bible(새번역)

Ezekiel 9:3 The glory of the God of Israel rose from the cherub where he had stayed and moved to the threshold of the temple. He called the man clothed in linen and had the scribe's ink around his waist. 4 The Lord said to him, "Go through the middle of that city, even to Jerusalem, and put a mark on the foreheads of those who mourn and groan over all the abominations that take place therein."

Korean modern Bible(현대성경)

Ezekiel 9:3 The brilliance of the glory of the God of Israel, who had stayed among the cherubim, came up and stayed at the threshold of the temple. At that time, the Lord called the man dressed in fine linen and had the scribe's ink bowl. 'As you tour Jerusalem, put a mark on the foreheads of those who groan and weep over all the unclean things that are done in that city.'

The Korean translations of the Bible mentioned above are not very helpful in understanding the seal in Ezekiel 9:4. These translations appear to be very superficial translations of this verse. As I will mention later, it can be seen that the English and German translations understood and translated this verse very accurately. Therefore, we should first shift our attention to the original text of the Bible in Ezekiel's time.

1. Hebrew Letters in Ezekiel's Day

The original Hebrew text of Ezekiel 9:4 says, "Draw tau on his forehead"[6] (וְהִתְוִיתָ תָּו). There are many other characters, so why was he told to draw tau? There are many other characters, so why did God tell him to draw Tau? If we can't figure out what tau is here, we don't know the meaning of this verse. Unfortunately, many translations, including the Korean Bible, do not say the contents of the seal, so we must first turn to the book of Ezekiel.

In the Korean translation, Ezekiel 9:4 says, "Make a mark." How did Ezekiel himself express this at that time? It literally means "draw tau". What does tau mean here? This is the last letter of the Hebrew alpha bet. Then why did God tell us to draw the last letter of Hebrew? The Hebrew language used by Ezekiel was "Old Hebrew" (Die althebr?ische Schrift).[7]

This script is different from the writing of the Bible (BHS) written in the final Hebrew script that we have now. Interestingly enough, in the second column "Old Hebrew Letters" of the diagram below, tau resembles a 'multiplication table'.[8]

---

6) Ezekiel 9:4

וַיֹּאמֶר יְהוָה אֵלוֹ [אֵלָיו] עֲבֹר בְּתוֹךְ הָעִיר בְּתוֹךְ
יְרוּשָׁלָ͏ִם וְהִתְוִיתָ תָּו עַל־מִצְחוֹת הָאֲנָשִׁים הַנֶּאֱנָחִים
וְהַנֶּאֱנָקִים עַל כָּל־הַתּוֹעֵבוֹת הַנַּעֲשׂוֹת בְּתוֹכָהּ

7) Ernst Jeni, Lehrbuch der Hebräischen Sprache des Alten Testaments (Basel und Frankfurt am Main: Verlag Helbing & Lichtenhahn, 1981), 17.

1	2	3	4	5	6	7	8
				'	Aleph	1	A
				b	Beth	2	B
				g	Gimel	3	Γ
				d	Daleth	4	Δ
				h	He	5	E
				w	Waw	6	Y
				z	Zajin	7	Z
				ḥ	Chet	8	H
				ṭ	Tet	9	Θ
				j	Jod	10	I
				k	Kaph	20	K
				l	Lamed	30	Λ
				m	Mem	40	M
				n	Nun	50	N
				s	Samech	60	Ξ
				'	Ajin	70	O
				p	Pe	80	Π
				ṣ	Sade	90	
				q	Qoph	100	
				r	Resch	200	P
				š/ś	S(ch)in	300	Σ
				t	Taw	400	T

Interestingly enough, in "Old Phoenician" from which "Old Hebrew" is derived, tau is similar to the plus sign (+).[9] The alphabet in the first column of the diagram is the Old Phoenician alphabet. That's the first column in the diagram above. So, how have various Bible translations translated this verse?

2. Comparison of various Bible translations

The LXX translated "paint a mark" simply as "give a mark" (δὸς τὸ σημεῖον). However, the Latin Vulgate seems to try to emphasize the meaning of this

8) Ernst Jeni, *Lehrbuch der Hebräischen Sprache des Alten Testaments...*, 18. The alphabet in the second column of the diagram is the Old Hebrew alphabet.

9) The alphabet in the first column of the diagram is the old Phoenician alphabet.

mark by translating it as "signa thau". The very good Swiss Zurich Bible translates this as "draw a cross" (ein Kreuz).[10] The Bible of the "ecumenical Church Union" translated this mark as T.[11] Very interestingly, Dr. Ui Won Choi's **The Word of God in the New Millenium**, the first pure Korean Old Testament translation in Korean church history, translated this table as a "multiplication table", which is how X is expressed.[12] According to Choi, the Jews hid the cross because they hated it. He passed away about 10 years ago, but on his last visit to Korea, he asked me to make a Zhuto Conference according to his own name in order to improve the translation of the Saizumun Bible, and in the second edition, X) was replaced with a plus sign (+) to reveal the cross, but unfortunately, he passed away before that. However, I get the impression that this Bible he has translated has not yet been refined.

The Lutheran Bible simply translates this as "paint a mark".[13] Perhaps he had little interest in this table. The NASB, an English translation of the Bible, also refers to this mark as simply a mark.[14] The Dutch Bible simply translates this mark as "maak een teken" (make a mark), and an Ecumenical translation Bible and Chinese translation Bible are silent about what this

---

10) *Die Heilige Schrift des Alten und des Neuen Testaments* (Zürich: Verlag der Züricher Bibel, 1971).

11) *Die Bibel Einheits übersetzung der Heiligen Schrift* (Stuutgart: Katholosche Bibelanstalt/ Stuttgart: Deutsche Bibelstiftung/ Klosterneuburg: Österreichisches Katholisches Bibelwerk, 1982).

12) Ui Won Choi, ⌜The Word of God in the New Millenium⌟ (Seoul: Yeyoung Communication, 2008).

13) Luther, *Die Bibel oder Die ganze Heilige Schrift des Alten und des Neuen Testaments nach der übersetzung Martin Luthers.* revidierter Text 1975 (Stuttgart: Deutsche Bibelstiftung, 1979).

14) *New American Standard Bible* (Nashville Camden New York: Thomas Nelson Publisher, 1977).

mark is. The Scofield Bible also refers to this mark simply as a sign.[15]

The Bible of Church union translates this table into Latin T,[16] As you can see in the diagram above, this is the last letter of the Greek capital letter. It is the last letter of the eighth column in the diagram.

Looking at the history of the Hebrew characters, and in that very authoritative versions interpreted this mark as a cross, we can agree with it. In the old days, when we did not know what a cross was, God literally said, "Paint a cross." So how do commentators explain it?

3. Translation and Interpretation of Comments

Various commentaries are broadly divided into two categories. On the one hand, this mark was translated as a simple mark or T, and on the other hand as a cross.

Keil and Delitzsch point out that this mark is a cross. Keil and Delitzsch pointed out that the tau in the text is the last letter of the Hebrew alphabet, and that it had a 'cross shape' (**X**) in the earlier texts.[17] The diagram above shows this clearly. "וְהִתְוִיתָ תָּו" in the text means "to draw ת mark"[18] Keil and Delitzsch, who knew the ancient Hebrew script, knew this passage

15) *Scofield Bible revidierte* Elberfelder übersetzung mit Einleitungen, Erklßrungen und Ketten©¨Angaben (Wuppertal: R. Brockhaus Verlag, 1992).

16) *Einheitsübersetzung der Heiligen Schrift DIE BIBEL* Gesamtausgabe Psalmen und Neues Testament Ökumenischer Text (Stuttgart: Katholische Bibelanstalt Stuttgart: 1982 Austere K.).

17) C.F. Keil and F. Delitzsch, *Ezekiel-Daniel* in Commentary on the Old Testament in ten volumes vol. IX (Grand Rapids: Eerdmans, 1976), 921.

18) C.F. Keil and F. Delitzsch, *Ezekiel-Daniel...*, 921.

as referring to a cross.

Commentator Block also points out that the tau(ת) in the text is the last letter of the Hebrew alphabet, and asserts that in ancient texts the tau took the form of a X or a cross, and that it took this form early before adopting letters from Aramaic.[19] And he said that Western manuscripts have preserved Tau(ת) as T to this day. And Block associates this sign with the anointing of the Passover lamb's blood on the doorposts and Rahab's red line (Joshua 2:18-21; 6:22-25), pointing out that this is a sign of hope.[20]

Cooper points out that the 'mark' in the text is the last letter of the Hebrew alphabet, tau, and asserts that this tau is the first letter of the Hebrew word "tam" (perfect). At the same time, he points out that in the 7th-6th centuries BC the Hebrew word tau was used in the form of a X or an inclined cross.[21] But, contrary to his claim, Cooper refers to Ellison's words and says that in the text, the "reserved ones" received the mark of the cross and became the remnant of the future recovery. And he associates Revelation 7:3-4 and 14:1 with this.[22] This seems to be a very reasonable interpretation.

M. Greenberg, a commentator on the book of Ezekiel in The Anchor Bible commentary series, also knows the secret of this passage. He interpreted this mark as a cross, pointing out that the letters of Ezekiel's time were ancient Hebrew elements.[23]

19) Daniel I. Block, *The Book of Ezekiel Chapters 1-24* in NICOT (Grand Rapids: Eerdmans, 1997), 307.

20) Daniel I. Block, *The Book of Ezekiel Chapters 1-24* in NICOT..., 307.

21) Lamar Eugene Cooper. Sr., *Ezekiel* in The New American Commentary. An Exegetical and Theological Exposition of Holy Scriture NIV Rext (Broadman & Holman Publishers, 1994), 127.

22) Lamar Eugene Cooper. Sr., *Ezekiel*... ..., 127.

Commentaries that did not view the Tau as a cross

Calvin explains the tau in the text as meaning the Torah because the first letter of the Torah begins with tau. This is a fairly superficial translation. At the same time he adds Jerome's explanation. According to Calvin, Jerome said that in his day the Samaritans were like the letter tau cross, and Christians were accustomed to using this letter to indicate that they were Christians.[24] But Calvin does not support this view.

Cooke is silent about the shape of this table. And he distinguishes those who are sealed from idolaters, and compares this mark given to the faithful remnant of Jerusalem, protected by Jehovah, with the blood on the doorposts of the Passover Israelites (Ex. 12:23).[25] Brownlee here is also silent on the appearance of this tau mark, but points out that it is compared to the blood of the doorpost that protects Israel at the Passover.[26]

Lee Sang-geun points out that this mark 'tau' is the last letter in Hebrew, saying that it is denoted as X in ancient manuscripts, and mentions that the ancient church fathers such as Tertullian and Jerome regarded it as a symbol of Christ.[27] However, he points out that this mark resembles the blood on the doorpost of the Passover, and makes no effort to clarify what it is.[28]

---

23) Moshe Greenberg, *Ezekiel. 1-20.* The Anchor Bible (New York: Doubleday & Company, Inc., 1983), 176f.

24) John Calvin, *Ezekiel* Vol. I tr. by Thomas Myers in 「Calvin's Old Testament Commentaries」 (Grand Rapids: Eerdmans,), 305.

25) G. A. Cooke, *The Book of Ezekiel* in ICC (Edinburgh: T.&T. Clark, 1970), 106.

26) William H. Brownlee, *Ezekiel 1-19* in WBC 28 (Waco, Texas: Word Books, Publisher, 1986),

27) Lee Sang-geun, *Ezekiel-Daniel* in 「Commentary on the Old Testament」 (Daegu: Seong Deungsa, 1993), 70.

Considering that even the most authoritative commentators have interpreted this mark as a cross, we will see this verse as a cross in connection with the sealing in Revelation 7:3 and Ezekiel 9:4.

4. The seal of the Holy Spirit and the seal of God are different.

The next question is, is this seal of God the same as the seal of the Holy Spirit? Many commentators see the two as distinct.

When the Bible speaks of the seal of the Holy Spirit, it mentions the event of salvation (救援) in which someone who was outside of Christ came into Christ. The New Testament does not mention much of the word sealing. The Bible mentions the sealing of the Holy Spirit several times in connection with salvation.

"Eph 1:13 And you also were included in Christ when you heard the word of truth, the gospel of your salvation. Having believed, **you were marked in him with a seal**, the promised Holy Spirit, 14 who is a deposit guaranteeing our inheritance until the redemption of those who are God's possession--to the praise of his glory." Here, the sealing of the Holy Spirit is clearly related to the event of salvation.

"2 Cor 1:21 Now it is God who makes both us and you stand firm in Christ. He anointed us, 22 *set his seal of ownership on us*, and put his Spirit in our hearts as a deposit, guaranteeing what is to come. 23 I call God as my witness that it was in order to spare you that I did not return to Corinth."

This verse is expressed in Medium form in the original Greek. In other

---

28) Lee Sang-geun, *Ezekiel-Daniel* in....., 70.

206 ● 성경과 영적 체험

words, it is expressed as "the one who sealed you for himself," and the sealing that this verse refers to should be viewed as a 'seal of the Holy Spirit', unlike the 'seal of God' in Revelation 7.

In fact, until now, the issue of 'the seal of the Holy Spirit' and 'the seal of God' has not been the subject of discussion and research in Korean theological circles. The reason seems to be that most theologians unilaterally overlooked the two as the same. New Testament commentator William Hendriksen commented on the 7th chapter of his commentary on the book of Revelation, 'More than conqueror', without linking the seal of God with the book of Ezekiel, but only mentioning three meanings of the seal. The first is protection from temptation, the second is a sign of possession, and the third is the meaning of authenticity.[29] Historic premillennialist GE Ladd, in interpreting this passage, is not interested in the distinction between the 'seal of the Holy Spirit' and the 'seal of God', and that this 'seal of God' is not a salvation event, but it concerns the protection of the people from the wrath of God. "Those whom God has sealed will be safeguarded from the pouring out of God's wrath. Even if they are martyred."[30]

M. Eugene Boring, in his commentary on Revelation included in the series of Commentary on the Bible for Teachers and Preachers, presupposes that the sealing on the foreheads of the servants of God in Revelation 7:1-8 is consistent with the contents of Eziekiel 9:3-4 and he pointed out that sealed faithful Christians are preserved as they go through the great tribulation, the great tribulation that will blow over them like a destructive

---

29) William Hendriksen, *More than Conquerors. An Interpretation of the Book of Revelation* (Grand Rapids: Baker Book House, 1977. 22nd. printing), 132f.

30) George Eldon Ladd, *A Commentary on the Revelation of John* (Grand Rapids: Eerdmans, 1972), 110.

storm-like wind.[31] And he explains the seal of God in relation to the 'mark of the beast' while commenting on Revelation 7:1-11. He says that the beast places a mark on the foreheads of his followers, imitating the 'seal of God' that the Lamb gives to his followers, implying that the 'seal of God' is the seal given to the saints. In other words, when the Lamb saw that the "seal of God" was given to those who followed him, the beast also gave the mark of the beast to those who followed him.[32]

Mounce, a commentator on the Book of Revelation in the NICNT commentary series, makes it very clear that this 'seal of God' has nothing to do with salvation events. "This seal is not to be construed as referring to baptism in the sense of a sacrament. The chief purpose of this seal is to ensure that the saints are protected from the coming judgment."[33] Baptism is related to the event of salvation. He continues to emphasize this fact. "They were sealed lest they receive (God's) wrath, but they were sealed lest they suffer tribulation. The sealing is to keep God's servants safe against the open attack of demonic forces."[34] In other words, the saints can endure tribulation by receiving the 'seal of God', and they will not receive God's wrath.

In the commentary on Revelation of the Sacra Pagina Series, Harrington begins his commentary on the premise that the sealing content of Revelation 7 is related to Ezekiel 9:4-6. He said, "The seals of God's servants in the book of Revelation do not symbolize protection from tribulation and death, but

---

31) M. Eugene Boring, *Revelation* in ⌜A Bible Commentary for Teaching and Preaching⌟ (Louisville, Lentucky: John Knox Press, 1989), 128.

32) M. Eugene Boring, *Revelation*..., 129.

33) Robert H. Mounce, *The Book of Revelation* in NICNT (Grand Rapids: Eerdmans, 1998. revised ed.), 157.

34) Robert H. Mounce, *The Book of Revelation* in NICNT (Grand Rapids: Eerdmans, 1998. revised ed.), 157. note 15.

perseverance through tribulation during the tribulation period",[35] and explains this sealing in connection with the Exodus event. "The sealing of the chosen people is reminiscent of the immunity of the Israelites from the plague that struck the Egyptians. ...... God's servants will be sealed for protection when they go through the great tribulation. They only gain victory by the Christian way of life, which 'will not spare one's life to the point of death.'"[36]

And German biblical commentator Adolf Pohl, explaining 'the seal of God' in his commentary on Revelation, insists that Revelation 7:1-11 does not have relation relation to 'to be a Christian' and 'to be baptized'. It is said that the seal here does not make the servants of God, but relates to those who have already become servants of God. Pohl points out that this passage is related to Ezekiel 9:1-11. He associates Ezekiel 9:1-11 with the Great Tribulation, the Great Apostasy at the end of the world. God protects the faithful from all evil, from the Great Apostasy, the Fall. In other words, through the sealing, God gives the strength to keep His people from falling.[37] In this respect, 'God's Seal' seems to be a symmetrical event of receiving a verichip, which manipulates the human mind toward serving the red dragon's minion beast.

In other words, the 'seal of God' is a mark given to be able to withstand tribulation well when the Great Apostasy occurs before the appearance of the antichrist archetype. As such, most commentators make it clear that the seal of the Holy Spirit and the seal of God are distinct. In this sense, Pastor

35) Wilfrid J. Harrington, Revelation in Sacra Pagina Series Vol. 16. (Collegeville. Minnesota: The Liturgical Press, 1993), 98.

36) Wilfrid J. Harrington, *Revelation* in 「Sacra Pagina Series」 Vol. 16. (Collegeville. Minnesota: The Liturgical Press, 1993), 99.

37) Adolf Pohl, *Die Offenbarung des Johannes* (Wuppertal und Zürich: R. Brockhaus Verlag/ Giessen: Brunnen, 1989), 223.

Seoh regards the 'seal of the Holy Spirit' as something we receive when we believe in Jesus, and that the 'seal of God' is related to the problem of avoiding disasters and not losing our salvation. Therefore Rev. Sarah Seoh's Explaining can be evaluated positively.

5. Conclusion

To summarize the above, the Word "put the seal" (Rev. 7:3) means drawing a cross on their foreheads of the people of salvation in the last days. Then, if you see that an event about 2,500 years ago was mentioned by a reporter in the New Testament 2,000 years ago and this event is realized through Pastor Seoh now, it seems very important to repent and receive the mark of the cross on your forehead from a long time ago. Moreover, the need to receive God's seal in order to successfully pass through the time of tribulation must be taken seriously. In this respect, Pastor Sarah Seoh's testimony must be correct. Therefore, before criticizing her, you should first give a fair evaluation of her remarks.

Those who unilaterally criticize Pastor Sara Seo from an unconditional and abnormal perspective should refrain from irresponsibly criticizing him even if they see this fact alone. The so-called conservatives who advocate 'regarding Bible as first' cannot accept the prophecies of Ezekiel's time, and now they are being fulfilled literally, so why are they criticizing them so harshly? They nominally refer to themselves as "biblical first" person, however deny the literal fulfillment of the biblical text, but why? Isn't this attitude contradictory? One of the characteristics of extreme conservatives is that when someone says something they don't know, they reject it first, even if it's the truth. Perhaps it is because they do not have the ability to fairly evaluate any problem. "Theological reform" and "church reform" cannot be expected from such people. How is the actions of these people different from those of the Pharisees and scribes, who killed Jesus Christ, who preached the truth, in order to maintain their vested interests in the time of Jesus? It is something to seriously reconsider. We should not try to understand the Bible verses about the end times with the existing theological framework, but first have an attitude of interpreting them grammatically and historically honestly.

Bibliography

Choi, Won-won (translated and edited). 『Saizumeum's Word of God』(The
Word of God in the New Millennium). Seoul: Yeyoung
Communications, 2008.

Biblia Hebraica Stuttgartensia(*BHS*). Hrsg. von K. Elliger et W. Rudolph.
Stuttgart: Deutsch Bibelgesellschafgt, 1990. vierte verbesserte Auflage.

Alfred Rahlfs(ed.), *Septuaginta*. *Id est Vertus Testamentum graece iuxta IXX
interpretes* Vol. II. Stuttgart: Deutsch Bibelstiftung, 1935.

Nestle-Aland NOVUM TESTAMRENTUM GRAECE. Begründet von Eberhard und
Erwin Nestle. hrsg. von Barbara und Kurt Aland, Johannes
Karavidopoulos, Carlo M. Martini, Bruce M. Metzger. 28. revidierte
Auflage. Herausgegeben vom Institut für Neutestamentliche
Textforschung Münster Westfalen unter der Leitung von Holger
Strutwolf. Stuttgart: Deutsch Bibelgesellschafgt, 2012.

Biblia Sacra Iuxta Vulagatam Versionem Adiuvantibus Bonifatio OSB, Iohanne
Gribomont OSB, H.F.D. Sparks, W. Thiele. Recensuit et Brevi
Apparatu Instruxit robertus Weber OSB. Editio Altera Emendata Tomus
II Proverbia - Apocalypsis Appendix. Stuttgart: Württembergische
Bibelanstalt, 1975. Zweite, verbesserte Aufl.

Die Heilige Schrift des Alten und des Neuen Testaments. Zürich: Verlag der
Z?richer Bibel, 1971.

Die Bibel Einheitsübersetzung der Heiligen Schrift. Stuutgart: Katholosche
Bibelanstalt/ Stuttgart: Deutsche Bibelstiftung/ Klosterneuburg:
?sterreichisches Katholisches Bibelwerk, 1982.

Luther, M. *Die Bibel oder Die ganze Heilige Schrift des Alten und des Neuen
Testaments nach* der übersetzung Martin Luthers. revidierter Text 1975.
Stuttgart: Deutsche Bibelstiftung, 1979.

New American Standard Bible. (Nashville Camden New York: Thomas Nelson
Publisher, 1977.

Scofield Bible. revidierte Elberfelder übersetzung mit Einleitungen, Erklärungen und Kettenß Angaben. Wuppertal: R. Brockhaus Verlag, 1992.

Block, Daniel I. *The Book of Ezekiel Chapters 1-24.* in NICOT. Grand Rapids: Eerdmans, 1997.

Boring, M. Eugene. *Revelation in* ﹁A Bible Commentary for Teaching and Preachig﹂ Louisville, Lentucky: John Knox Press, 1989.

Brownlee, William H. *Ezekiel 1-19.* in WBC 28. Waco, Texas: Word Books, Publisher, 1986.

Calvin, John. *Ezekiel.* Vol. I tr. by Thomas Myers in ﹁Calvin's Old Testament Commentaries﹂ Grand Rapids: Eerdmans, .

Cooke, G. A. *The Book of Ezekiel.* ICC. Edinburgh: T.&T. Clark, 1970.

Cooper. Lamar Eugene Sr., *Ezekiel.* in ﹁The New American Commentary. An Exegetical and Theological Exposition of Holy Scriture NIV Rext﹂ Broadman & Holman Publishers, 1994.

Greenberg, Moshe. *Ezekiel, 1-20.* ﹁The Anchor Bible﹂ New York: Doubleday & Company, Inc., 1983.

Harrington, Wilfrid J. *Revelation* ﹁Sacra Pagina Series﹂ Vol. 16. Collegeville. Minnesota: The Liturgical Press, 1993.

Hendriksen, William. *More than Conquerors. An Interpretation of the Book of Revelation.* Grand Rapids: Baker Book House, 1977. 22nd. printing.

Jeni, Ernst. *Lehrbuch der Hebräischen Sprache des Alten Testaments.* Basel und Frankfurt am Main: Verlag Helbing & Lichtenhahn, 1981.

Keil, C.F. and Delitzsch, F. *Ezekiel-Daniel.* in ﹁Commentary on the Old Testament﹂ in ten volumes vol. IX. Grand Rapids: Eerdmans, 1976.

Ladd, A George Eldon. *Commentary on the Revelation of John.* Grand Rapids: Eerdmans, 1972.

Lee, Sang-geun. ﹁Ezekiel-Daniel﹂ in Commentary to the Old Testament, Daegu: Seongdeung, 1993.

Mounce, Robert H. *The Book of Revelation.* in NICNT. Grand Rapids: Eerdmans, 1998. revised ed..

Pohl, Adolf. *Die Offenbarung des Johannes.* Wuppertal und Z?rich: R. Brockhaus Verlag/ Giessen: Brunnen, 1989.

서사라 목사

저자

- 1960년 진주 출생
- 1980년 진주여자고등학교 졸업
- 1986년 이화여대 의과대학 졸업, 의사면허(M.D.) 취득
- 1989년 서울의대 의과대학 생리학석사 취득
- 1993년 미국 브라운대 의대 생물학박사(Ph.D.) 취득
- 1993년-1997년 미국 UCLA 의과대학 연구원 생활 (POSTDOCTORAL FELLOW)
- 2004년 미국 탈봇 신학대학 목회학 석사(M.Div.) 취득
- 2004년 미국교단 CHRISTIAN CHURCHES (DISCIPLES)에서 목사 안수 받음

- 2004년 - 현재 미국 로스엔젤레스 코리아타운 소재 '주님의 사랑교회' 담임목사
- 2009년 - 현재 'LA 새사람 영성 훈련원' 원장 역임
- 2014년 - 현재 천국지옥 간증수기 8권의 저자
- 2015년 - 현재 '주님의 사랑 세계선교 센터' 원장으로 역임
- 2018년 - 현재 '한국복음화운동본부' (피종진 목사 대표총재) 해외선교총재 역임
- 2020년 - 현재 남가주 '한인 목사회' 부회장 역임
- 2020년 - 현재 사단법인 '기독교국제선교협회', '성경국제선교재단' 선교총재 역임
- 2021년 - 현재 사단법인 '한국교회연합' 공동회장과 실행위원

저자 연구논문

▶ 서울대학교 의과대학원 석사논문:
서상아(Sang-Ah Seoh) (지도교수: 김전), 1989.
• "흰 쥐에서 전기 자극을 가한 후 꼬리 반사기능이 일어나기까지의 잠복기에 대한 연구"(A Study of the Latent Period of Tail Flick Reflex Evoked by Electrical Stimulation in Rat). Thesis for Master Degree. Seoul National University, Seoul, Korea.

▶ 미국 브라운대학교 의과대학 박사논문:
• 서상아 (Sang-Ah Seoh) (Advisor: David Busath), 1993. "Gramicidin A channel에서 포름아미디니움의 통과할 때 나타나는 특성에 대한 연구" (Novel Permeation Proprties of Formamidinium with the Gramicidin A Channel and Its Analogs).
Ph.D. thesis. Brown University, Providence, RI., USA

주요 논문:
• Sang-Ah Seoh, Daniel Sigg, Diane M. Papazian, and Francisco Bezanilla, 1996.
Shaker K+ channel에서 "S2와 S4분절에서 전압을 감지하는 아미노 레시드들"
(Voltage-Sensing Residues in the S2 and S4 Segments of the Shaker K+ channel. Neuron 16): 1159-1167. 그 외 논문 다수

서사라 목사의 저서 소개

【이제도 있고 전에도 있었고 장차 올 자 예수그리스도 1~8권】

천국과 지옥 간증 수기 1	천국과 지옥 간증 수기 2	성경편 제1권 -창세기	성경편 제2권 -모세편

성경편 제 3권 - 계시록 이해	지옥편	하나님의 인	여호수아와 사사기

발제자 소개

조상열 박사
- 평택대학교 신학과 졸업
- 미국 Gordon-Conwell Theological Seminary, M.Div., Th.M.
- 영국 University of Edinburgh., Ph.D.
- 평택대학교 피어선신학전문대학원 구약학 부교수 역임
- 건신대학원대학교 구약학 전임강사 역임
- 가인의 표(The Mark of Cain)
- 피어선 기념 성경학원
- Lesser Deities in the Ugaritic Texts and the Hebrew Bible

서요한 박사
- 총신대 신학과 및 합동신학원 졸업
- 영국 런던신학교, 스코틀랜드 자유교회대학(Post Dipl., in Theo.)
- 영국 애버딘대학교 신학석사(Th.M., 역사신학)
- 영국 남 웨일스 글라모르간대학교(Ph.D., 역사신학)
- 영국 옥스퍼드대학교, Green College(Post Doctoral)
- 총신대학교 신학대학원 교수 역임(역사신학)

저서:
- 언약사상사(Ph.D.), 초대교회사, 중세교회사
- 종교개혁사, 개혁신학의 전통
- 청교도 유산, 근현대교회사
- 스코틀랜드 교회와 한국장로교
- 만화초대교회사 I, II(2015)
- 만화중세교회사 I, II(2016)
- 설교집(I): 빈들에 임한 계시(2015),
- 설교집(II): 광야에서 맺은 사랑(2015)
- 시집1권: 내 가슴에 타는 불은(2013) 외 다수의 논문
- 시집2권: 연풍연가(2021. 12) 출간예정
- 시집3집: 밧모섬 초상(2021. 12) 출간예정
- 성가곡과 서정가곡 작사:
- 서요한 작사:최영섭 작곡(그리운 금강산), 성가곡, 찬송가,
- 서정가곡 모음집(1), 총 99곡(2018) 출간
- 서요한 작사:임긍수 작곡(강건너 봄이 오듯)

- 성가곡 "나는 가리라"와 "영원한 사랑"
- 서정가곡, "님의 찬가"(2021. 3), 잠실 롯데월드 시연
- 서정가곡, "신데렐라", 윤봉길 기념관 시연(2021. 10).
- 현재 청교도개혁신학연구소 소장
- 현재 한국가곡세계선양회(최영섭) 부회장 겸 사무총장

권호덕 박사

-학력 및 경력
- 총신대학교 신학과(BA)
- 총신대학교 신대원 (M. Div. eq.)
- 독일 뮌스터대학교 신학석사 (Mag. theol.)
- 독일 하이델베르크대학교 신학박사 (Dr. theol.)
- 現 콜부르게학파 연구소 소장
- 現 홍콩생명길신학대 (Hong Kong Liferoad Theological Seminary) 총장
- 백석대 조직신학 교수 역임(정년퇴임)
- 서울성경대학원대학교 총장 역임
- 한국개혁신학회 회장 역임

-저서
- 『먼저 그의 나라』 (보이스)
- 『종교개혁신학의 내포적 원리』 (그리심)
- 『교의학의 성경해석』 (도서출판 Th.&R.)
- 『성경해석으로서 교의학』 (도서출판 Th.&R.)
- 『율법의 세 가지 용도와 그 사회적 적용』 (그리심) 등 12권
- 신학논문 80여편

-역서
- 로버트 지 클라우스(편집), 『천년왕국』 *The Meaning of the Millenium* (성광문화사)
- H.B. 스웨트(H.B. Swete), 『신약속의 성령』 *The Holy Spirit in the New Testament* (은성)
- 에드와드 뷜, 『구약속의 그리스도』 *Christologie des Alten Testraments* (그리심) 등 10여권

성경해석의 새 지평

한미신학포럼

성경해석의 새 지평

서사라 목사 저서에 대한 신학적 평가

발제자　조상열 박사(Ph.D.)
　　　　서영곤 박사(Th.D.)
　　　　서요한 박사(Ph.D.)
　　　　권호덕 박사(Dr.theol.)
　　　　이재범 박사(Ph.D.)
　　　　Dr. Masters(Ph.D.)

하늘빛출판사

서사라 목사 저서에 대한 신학적 평가

이 책은 서사라 목사의 저서를 평가하는데 초점을 맞추었다.
서 목사가 특별한 은혜로 천국과 지옥을 다녀와서 기록한 책들은
한편으로는 사람들을 회개하게 만들고,
다른 한편으로는 지적 호기심을 가진 자들에게는 지옥의 비밀이나 천국의 비밀을 조금
이라도 맛보게 할 것이다.
그녀의 저서에는 기존 신학이 언급하지 않는 주제도 있다는 것이 주목거리이다. 특별
히 성안과 성밖의 문제, 그리고 기독교인도 잘못 살면 그 이름이 지워질 수 있다는 것
등등.
이런 새로운 면을 대할 때 우리는 어떻게 반응할 것인가?
단순히 기존 신학과 다르다는 이유만으로 정죄할 것인가?
이런 데서는 신학의 발전이 있을 수 없을 것이다.

• 조상열 박사 : 하와의 회개에 관한 연구
• 서영곤 박사 : 서사라 목사의 간증수기 [천국과 지옥]에서의 「 '이기는 자와
            이기지 못하는 자' 그리고 '성(城)밖과 지옥'」에 대한 신학
            적 고찰
• 서요한 박사 : 서사라 목사의 천국지옥 간증 수기에 대한 평가(십계명 관점
            에서 저서 1-2권 지옥 간증에 대한 분석과 적용을 중심으로)
• 권호덕 박사 : 서사라 목사의 7년 환난기 설명에 대한 신학적 고찰
• 이재범 박사 : 서사라 목사가 본 천국과 지옥이 선교에 미치는 영향에 관한
            선교신학적인 연구
• Dr. Elmer Ray Masters : 서사라 목사의 저서 '하나님의 인'에 대한 신학
            적 고찰

서사라 목사 저서에 대한

질의 응답 기자간담회

서울동노회 주관

패널 조상열 박사(Ph.D.)
서영곤 박사(Th.D.)
서요한 박사(Ph.D.)
권호덕 박사(Dr.theol.)

하늘빛출판사

서사라 목사 저서에 대한
질의 응답 기자간담회

서울동노회 주관